Pour Alha
et Saskia

Valorisez votre Image

Eyrolles
1, rue Thénard
75240 Paris Cedex 05

Consultez notre site :
www.editions-organisation.com

Du même auteur
chez le même éditeur
L'Intelligence Relationnelle, 2003.

À paraître :
L'Image de soi.

© Eyrolles, 1997, 2004

ISBN : 2-7081-2831-0

Marie-Louise Pierson

Valorisez votre Image

Deuxième édition

EYROLLES

NOTES DE LECTURE

« L'IMAGE DE SOI® » est un concept « pétale » protégé par copyright. Il recouvre différentes approches concernant le marketing, la communication, la publicité, l'esthétique, la formation, le management, le développement personnel, la psychothérapie, etc. Certains termes sont des néologismes que nous avons créés et qui lui sont spécifiques : ils sont aussi protégés par copyright. Il en va de même pour les outils d'analyse et de diagnostic.

« Pourquoi l'art du vêtement est-il abandonné tout entier
au caprice des tailleurs et des couturières
dans une civilisation où l'habit est d'une grande importance ? »

Théophile Gauthier

« L'homme est cet être étrange
qui aime à se dissimuler sous les masques,
et qui en appelle constamment au prestige du caché ».

Jean Starobinski (*La relation critique*)

Sommaire

Introduction 1

1. On n'a jamais deux fois l'occasion de faire une première impression 5
   Comment suis-je ? Comment les autres me voient-ils ? 6
   Le gisement inexploré de l'Image de Soi 9
   Pour une image personnelle porteuse de sens 15
   Les ennemis jurés de votre image 21

2. S'adapter au milieu 29
   À la rencontre des tribus 30
   La culture corporate : une identité rendue visible 34
   Totems, tabous et tribus 36
   L'esprit de corps et la liberté 40
   Les Vecteurs d'Image et vous 45
   Faites vous-même votre Lecture d'Image 47

3. Le langage idéologique du vêtement 49
   Corps social et corps physique : l'ordre des hiérarchies 51
   Votre héritage européen en 12 tendances 56

4. Soyez votre supporter n° 1 ! 69
   Que dites-vous avant d'avoir dit bonjour ? 71
   Les dessous de votre image : le poids des rêves 73
   La cohérence commence dans votre placard 83

5. Adapter sa garde-robe professionnelle 87
   L'achat des basiques 88
   L'achat des accessoires 90
   L'achat mode 91

Pour bien acheter, cherchez les signes-refuges.................................... 93
Dites OUI aux codes gagnants.. 99
L'étoffe des héros.. 104
Mettez la gloire des archétypes dans votre image............................. 105
Les accessoires sont essentiels... 120

6. Décaler, c'est créer !.. 139
Comment être le créateur de son image... 139
Kitsch, *grunge*, *destroy* ou gothic : le chic décontracté ?.................. 141
Le ridicule ne tue que ceux qui n'assurent pas.................................. 146
Du bon usage du friday wear : s'habiller casual................................. 149

7. La communication des dirigeant(e)s
et de ceux (celles) qui veulent le devenir............................ 153
Manager les chocs culturels.. 154
Dirigeant(e)s, liftez votre image !... 156
L'élégance des décideurs : le prestige du caché................................. 158
Faire évoluer, rectifier ou modifier un message vestimentaire dans l'entreprise........ 165
Le zéro défaut.. 170

8. Tout est langage : couleurs, chevelures, regards et maquillages........... 173
Le langage des couleurs... 173
Le langage des cheveux.. 177
Un regard bien en vue... 188
Les lunettes : un supplément d'âme... 190

9. Être femme dans l'entreprise.. 197
Un vestiaire sous le signe de la prudence... 198
Et la parité vestimentaire ?... 199
Construire sa garde-robe professionnelle... 201
Les dix secrets des « tops »... 226
Je suis ronde et alors ?.. 229

10. Les nouveaux savoir-vivre... 233
Les Territoires du Moi... 234
Mettez-vous sous le signe du lien !.. 236
La présence, l'allure et la photogénie.. 238
Transformez ce qui cloche en événement... 241
Faites un allié du naturel... 243
Votre image et les médias... 249
La photogénie bien comprise.. 253
J'ai des émotions, tu as des émotions…... 257

CONCLUSION 267

SOLUTION DES JEUX 269
    Questionnaire :
    Votre image vous fait-elle du tort ? 271
    Réponse au jeu : L'effet Gestalt... 275

LECTURE D'IMAGE 277
    Faites vous-même votre Lecture d'Image... 279
    Questionnaire : Évaluez vos Vecteurs d'Image 282
    Questionnaire : Les héroïnes compatibles avec l'entreprise............ 285
    Questionnaire : Les héros compatibles avec l'entreprise................. 285
    Le quiz des dirigeants 286
    Le questionnaire des dirigeants 287
    Le zéro défaut des dirigeants : Le jeu des sept erreurs.................... 288
    Le *quid* des lunettes 288
    Le *quid* des jupes... 288

BIBLIOGRAPHIE 291

Introduction

Jetons ensemble un coup d'œil sur votre apparence. Comment vous êtes-vous habillé(e), coiffé(e), ce matin ? Avez-vous repris le vêtement d'hier ou en avez-vous mis un autre ? Pourquoi avez-vous changé ? Ce veston et sa couleur, pourquoi les avez-vous choisis ? Pourquoi ces bas ? Ces chaussettes ? Et vos cheveux, pourquoi cette coiffure ? Pourquoi cette robe ? Et cet imprimé ? Ce rouge à lèvres ? Ce sac ? Cette cravate ? Quel effet recherchez-vous en les portant ?

Êtes-vous surpris(se) par ma question ? C'est que vous faites partie de la grande majorité des personnes qui pensent encore que « parler chiffon » est tabou et qu'une question frivole comme celle de l'Image de Soi n'offre aucun intérêt. Quelque espoir demeure, cependant, de vous faire changer d'avis, puisque vous avez acheté ce livre.

« L'élégance c'est une idée qui flotte autour d'un corps. » Qui à dit cela ? Comment expliquer aussi que tout ceci n'est pas une question de vêtements, mais plutôt une façon de faire oublier qu'on les porte ?

Alors que la pression sociale s'accroît sur l'apparence physique (des études montrent qu'on prête aux « beaux » des valeurs telles que la bonté, la générosité, le talent…) la tendance française à tenir pour insignifiante la question de l'apparence va s'accroissant. Cette question n'est pas simple. Les « beaux » bénéficient de jugements favorables qui peuvent se retourner contre les « trop beaux » qui génèreront envie et agressivité de la part des personnes de leur propre sexe.

Et pourtant, ce n'est pas le *look* qui est important, c'est la personne qui est derrière et son désir. Toute démarche pédagogique qui manipulerait un peu plus tout un chacun vers *la pensée unique* d'un habillement *politiquement correct,* me paraît impensable ; autant que de décréter que tel ou tel élément vestimentaire est nécessaire à leur bonheur. Cet abus de pouvoir, au demeurant inutile – l'expérience montre que si elle n'est pas le maître d'œuvre de son image, la personne revient rapidement à l'état précédent – serait comme de retourner aux lois somptuaires d'avant la Renaissance.

Le vêtement est un marqueur qui vient à point pour équilibrer nos relations au monde social. Ramages et plumages ne servent pas seulement à nous tenir chaud ou à masquer notre nudité. Ils sont *l'interface* où s'équilibre le rapport entre le Moi et le monde, l'intérieur (l'intime) et l'extérieur (l'Autre). Image externe et image interne inter-réagissent et s'influencent. C'est que l'Image de Soi est directement liée à l'estime de soi, ce regard bienveillant ou destructeur que nous posons sur nous-mêmes. C'est une des nombreuses raisons qui font qu'il est aujourd'hui nécessaire de renverser les tabous et de questionner, pour mieux apporter les réponses, les enjeux de l'apparence dans la vie privée et professionnelle.

Pour l'heure, et avant d'ouvrir le premier chapitre, faisons ensemble un petit exercice. Tâchez de répondre aux questions posées ci-dessus sans utiliser les mots, « c'est joli » ou « ça me va bien », qui sont des réponses subjectives ; essayez de trouver les raisons objectives. Voyez que c'est une véritable stratégie, parfois inconsciente, qui préside aux choix que vous faites sur votre apparence. Vous désirez ménager votre confort mais aussi influencer le jugement d'autrui à votre égard. Vous ménagez des effets et comptez donner une certaine image de vous-même.

Chaque matin vous tentez de résoudre une énigme. Comment suis-je ? Comment les autres me voient-ils ? Pour la première fois une méthode de communication se consacre à votre image et vous offre de résoudre l'énigme. Cette méthode est novatrice car elle est globale et ne laisse dans l'ombre aucune des composantes de votre image. En fin de volume, nous vous proposons les premiers éléments de votre Lecture d'Image. Vous constaterez que ce n'est pas le *look* qui est important, mais la personne qui est derrière, et son désir.

On a coutume en effet d'enseigner la communication par petits bouts : un tiers d'expression verbale, un tiers de gestuelle, un tiers de psychologie ; et vous voilà bel et bien découpés, écartelés, saucissonnés. Or, tous les éléments de votre image sont indissociables : ils forment son contenant et son contenu et ils inter-réagissent les uns par rapport aux autres.

Si votre image ne dépendait que de votre bon plaisir, les entreprises seraient des lieux bigarrés et l'on se rendrait au travail en salopette, en pyjamas, en queue-de-pie ou en robe du soir... Les managers viendraient présider une réunion enveloppés dans la cape rouge de Goldorak, et la secrétaire mettrait des bas résille et des oreilles de « Bunny » américain. Mais chacun sait que pour composer son image il doit, non pas puiser dans un réservoir illimité, mais puiser dans des codes corporate bien définis. Connaître les codes cela s'appelle le « bon goût » ou les « bonnes manières ». Lesquels ne sont pas universels mais changent avec l'époque, le pays, le climat politique et religieux. Ils fluctuent en fonction du goût et de la manière.

Parfois vous en avez conçu une méfiance légitime pour les apparences et décidé, fort d'un grand projet d'authenticité, que tout cela ne vous concernait pas ! Le problème commence là, car le « naturel » que vous invoquez n'existe pas. Votre chandail, votre modeste T-shirt portent l'empreinte d'une industrie et de choix commerciaux desquels aucun de nous ne peut s'abstraire. Car il est impossible de ne pas communiquer. Et un refus de communiquer… c'est déjà un message !

Rassurez-vous, il n'y a nul projet dans ce livre de vous faire entrer dans un moule et de faire de vous une *fashion victim*. Pas plus celui de vous modéliser sur une star quelconque, ou sur le manager de l'année. La beauté, disent les poètes est une promesse de bonheur, mais sa définition a bien varié au fil des temps et, le savez-vous, il existe des contextes où trop de beauté ou d'élégance peut vous nuire.

Ce que nous rechercherons ensemble ici est plus une *adéquation* de votre image à votre projet personnel qu'une *modélisation* de votre personne. La différence est d'importance car vous n'êtes pas une Poupée Barbie, un *objet*, mais une personne, *un sujet*, avec son histoire personnelle et unique.

C'est donc une véritable méthode de développement personnel prenant en compte *le fond* et *la forme* de votre image que nous vous proposons avec *Valorisez votre image*.

Vous *n'êtes* pas une image, vous *avez* une image. Prenez-en ici possession. Et permettez que, très amicalement, je vous souhaite bonne chance !

Chapitre 1

On n'a jamais deux fois l'occasion de faire une première impression

> « Seuls les imbéciles ne jugent pas d'après les apparences. »
>
> Oscar Wilde

« Les humains sont des singes nus », écrit Desmond Morris. Le vêtement est une prothèse nécessaire dont la forme, véritable écriture vestimentaire, plonge ses racines dans notre personnalité propre et les rapports que nous entretenons avec le monde social. Nos gestes, notre allure, nos manières, notre démarche, notre voix, nos rituels sont issus de nos émotions biologiques et constituent notre apparence, notre image : un « discours », disent les spécialistes pour nommer la somme signifiante chargée de nous représenter aux yeux d'autrui. Il y a là déjà de quoi angoisser le plus serein d'entre nous !

« On n'a jamais deux fois l'occasion de faire une première impression », ajoute Mc Kenna, homme de marketing. Non seulement on n'a pas deux fois, mais on n'a que quatre minutes, pas une de plus, pour laisser une trace qui, bonne ou mauvaise, sera toujours durable. C'est cette rumeur, flatteuse ou défavorable, qui sera notre image de marque. Celle qui laissera sa trace en notre absence.

Comment suis-je ?
Comment les autres me voient-ils ?

On peut dire que la question : « Comment suis-je ? Comment les autres me voient-ils ? » a été ou sera sur toutes les lèvres à un moment ou à un autre. C'est que l'homme qui entretient avec son image une relation ambiguë se demande souvent s'il en est bien le possesseur ou s'il est possédé, voire dépossédé, trahi. Deux mythes président à ces mécanismes : la coïncidence identité-physionomie et le désir de fusion.

La coïncidence identité-physionomie est un rêve tenace à verser au compte des illusions : elle n'existe pas. Passer de l'identité à la personne est un vrai travail mental qui consiste à donner corps à ses idées. C'est sur notre image que s'effectue et se vérifie ce transfuge. Le désir de fusion et notre propension à nous identifier au regard qu'autrui pose sur nous est un reste de notre bref (et merveilleux) séjour *in utero*. Il tend à nous faire vivre dans la nostalgie de cette harmonie du « tout un » et nous maintient dans l'illusion qu'une fois sortis du ventre de notre mère nous pourrions… y retourner. Non. Cela n'existe pas. L'interlocuteur est *autre* : différent et séparé.

Nous vous proposons de dépasser cette « mise en forme » pour atteindre à l'identité, stratégie nécessaire de votre *Capital Image*, certes, mais aussi structuration mentale et entrée harmonieuse dans la culture. Le XXe siècle est celui de l'image. Les médias font et défont l'image des entreprises et des dirigeants. Individus et institutions sont en situation de communication non-stop avec l'environnement, salariés, actionnaires, collègues, journalistes, clients, partenaires sociaux. On ne peut pas ne pas communiquer. L'image est le vecteur immédiat sur lequel on jugera le plus souvent les valeurs personnelles, la qualité d'un produit, l'image de marque de l'entreprise, la crédibilité d'un individu. On peut le regretter avec Guy Debors, dans son livre fameux sur la société spectacle. On peut y réfléchir avec Roland Barthes, Jean Baudrillard, Régis Debray, Didi Huberman et bien d'autres. On peut constater que de tout temps cette incarnation de l'âme dans la forme fut inévitable et retrousser ses manches. À l'heure où la communication dérape dans la famille et les organisations, où la solitude des grandes villes accroît l'incertitude dans les relations amoureuses ; à l'heure où la sélection est impitoyable, comment ne pas vouloir faire le clair avec sa propre image ?

Ce livre n'est pas un gadget supplémentaire promettant le *look* du gagnant. On en a trop vu et, si ça marchait, ça se saurait. L'homme est plus exigeant que cela et, pour changer ses comportements, il veut comprendre et faire ses choix en fonction de ses valeurs profondes et de ses attentes. L'approche de l'Image de Soi ne peut s'exempter d'une approche *morale* de l'image humaine, qui ne date pas d'hier. Les iconoclastes, avec le refus de la représentation de la figure humaine, en furent autrefois les plus acharnés représentants.

> « Chacun sait qu'une bonne image n'a jamais remplacé une qualification professionnelle ; mais il est des carrières gâchées, des services déficients, des performances invisibles, des discours incompris pour cause d'image. »

La qualité de l'être ou du produit est souvent démentie par le contre-discours dévalorisant des apparences. Il est frappant de voir comme l'entreprise, prête par ailleurs à investir généreusement pour son image de marque, accorde peu d'attention à cette communication non publicitaire absolument gratuite qu'est l'image des personnes. Il est frappant de voir comme les personnes sont démunies face à la montée des signes et à la prolifération des codes. Car nous ne sommes pas tous égaux devant l'image. Les disparités physiques sont évidentes et certaines sont inamovibles. Elles ne sont rien cependant face à la suprématie que donne la possession culturelle des codes, assimilée par certains dans l'enfance, et la capacité de les organiser. C'est donc avec la conscience de réparer certaines injustices de l'éducation, de la naissance et de la nationalité que j'ai écrit ce livre.

Découvrir la puissance d'une image personnelle bien managée, être à l'aise dans tous les milieux professionnels, communiquer avec aisance dans toutes les situations, développer ses capacités d'anticipation, dynamiser son plan de carrière, savoir influencer avec élégance, ménager son énergie, voici quelques-uns des objectifs pratiques que vous offrent en prime ces pages consacrées à un Capital Image bien géré.

> " La connaissance des codes et leur acceptation, loin d'enfermer l'individu, lui permet au contraire de mieux exercer sa liberté. "

Merci à l'auteur d'une récente *Morale du masque* de l'avoir si bien dit : « Le masque n'est plus qu'un gage que l'on donne au social, derrière lequel peut s'exercer l'entière liberté individuelle… »[1]

Le gisement inexploré de l'Image de Soi

Jetons ensemble un coup d'œil sur votre apparence. Comment vous êtes-vous habillé(e), coiffé(e) ce matin ? Avez-vous repris le vêtement d'hier ou en avez-vous mis un autre ? Pourquoi avez-vous changé ? Ce veston et sa couleur, pourquoi les avez-vous choisis ? Pourquoi ces bas ? Ces chaussettes ? Et vos cheveux, pourquoi cette coupe ? Cette chemise ? Cette cravate ? Quel effet recherchez-vous en les portant ?

Tâchez de répondre sans utiliser les mots « c'est joli » ou « ça me va bien », qui sont des réponses subjectives ; essayez de trouver les raisons objectives. Si votre image ne dépendait que de votre bon plaisir, les entreprises seraient des lieux bigarrés ou l'on travaillerait en salopette, en pyjama, en queue-de-pie ou en robe du soir… Les managers viendraient présider une réunion enveloppés

---

1. Patrice Bollon, *Morale du masque, merveilleux, zazous, dandys, punks, etc.*, Éditions du Seuil, 1990.

9

dans la cape rouge de Goldorak et la secrétaire porterait des bas résille ou s'affublerait des oreilles de Bunny…

Mais chacun sait que pour composer son image il doit puiser non pas dans un réservoir illimité mais dans des codes bien définis. Connaître les codes, cela s'appelle le « bon goût » ou les « bonnes manières ». Lesquels ne sont pas universels mais changent avec l'époque, le pays, le climat politique, religieux, culturel. Constatant les fluctuations du « goût » et de la « manière », vous en avez conçu une méfiance légitime pour les apparences, décidant pour beaucoup, sous prétexte d'authenticité, que tout cela ne vous concernait pas. Le problème commence là car le naturel que vous invoquez souvent n'existe pas. Comprenez que c'est une véritable stratégie qui préside aux choix que vous faites sur votre apparence. Vous désirez influencer le jugement d'autrui à votre égard. Vous ménagez des effets et comptez donner une certaine image de vous-même. Rien de plus naturel !

Chaque matin vous tentez de résoudre une énigme. Comment suis-je ? Comment les autres me voient-ils ? Pour la première fois, une méthode de communication se consacre à votre image et vous offre de résoudre l'énigme. Cette méthode est novatrice car elle est globale et ne laisse dans l'ombre aucune des composantes de votre image. On avait coutume jusqu'ici d'enseigner la communication par petits bouts : un tiers d'expression verbale, un tiers de gestuelle, un tiers de psychologie ; or, tous les éléments de votre image sont indissociables : ils forment son contenant et son contenu : votre personnalité d'être organisé.

«
Votre personnalité est une organisation organisatrice porteuse de sens.
»

L'Image de Soi doit faire face à de lourds handicaps, et vous êtes en la matière votre pire ennemi : vous avez peur de votre image au nom de l'authenticité. Rassurez-vous, il n'entre dans ce livre aucun projet de vous faire vous couler dans un moule. Pas plus celui de vous modéliser sur une star quelconque – ou sur le manager de l'année. Ce que nous rechercherons ensemble ici est plus une *adéquation* de votre image à ce que vous êtes et sa pertinence au sein du *contexte* culturel et social qui vous entoure que l'interprétation obéissante à un idéal esthétique.

Après tout, votre apparence est le premier élément de votre communication. Êtes-vous sûr qu'elle dise bien ce que vous souhaitez ? Êtes-vous reçu cinq sur cinq ? C'est sur la *forme* et sur les *formes* que nous nous interrogerons ensemble. Celles que vous donnez à vos intentions, à vos valeurs personnelles, à vos projets, à vos relations dans l'entreprise. Car votre image, c'est avant tout de l'information et de la communication. Communiquer ? Voilà un mot bien flou et bien galvaudé ; tantôt il évoque une opération matérielle qui consiste à connecter deux machines, tantôt il désigne un contenu – une conférence par exemple ; tantôt enfin il désigne la faculté humaine de se faire entendre et comprendre.

La biologie du XXe siècle ne cesse de démontrer que tout communique et que sans cette communication la vie n'existerait pas. Il en est pour commencer de nos organes entre eux. Avant même que vous ne disiez « bonjour » votre image a déjà tout dit de vous à votre interlocuteur, et celui-ci, consciemment ou inconsciemment, l'a décodée et y a répondu. Voilà bien des incertitudes en perspective. Qu'est-ce qui a été communiqué ? Qu'est-ce qui est compris ? Qu'est-ce qui est répondu ? Qu'est-ce qui est mis en jeu ? C'est pour réduire ces incertitudes que nous nous pencherons ensemble, sur votre image.

L'individuation : être bien à sa place

C.G. Jung[1] voyait dans l'Individuation le stade ultime (et recherché) de l'intégration harmonieuse de l'individu à son histoire et à la culture. Avant d'aborder la richesse de ce gisement inexploré, nous sommes conscients de devoir faire face à un véritable procès de l'Image de Soi. Complaisance, narcissisme s'opposent dans votre esprit aux valeurs de sérieux, de crédibilité, d'efficacité qui ont cours dans l'entreprise. S'occuper de son corps, c'est indécent et s'occuper de son image, c'est bien superflu. Vous allez sans doute opposer quelques raisons imparables de budget ou de temps pour entériner votre méfiance. « Une bonne image ça coûte cher », direz-vous en évoquant intérieurement un personnage prestigieux vêtu pur mohair et vigogne. Comme s'il n'existait de bonne image que sur l'Olympe de ces demi-dieux. Désolée de vous renvoyer à votre miroir :

Une bonne image est celle qui vous va.

Longtemps cantonnées dans le mythe du futile, tout reste encore à dire du travail des apparences. Le riche gisement du « donné à voir » est réduit à des histoires de fringues et de modes. À des minauderies superflues, pensez-vous. L'apparence, par définition, c'est superficiel et ça ne va pas loin. Car l'Image de Soi hérite d'une longue suspicion ; le corps et ses apprêts sont jugés superflus dans notre culture judéo-chrétienne qui y voit encore la source du péché.

Entre l'exhibition forcenée d'un corps triomphant à coup de *body building*, auquel on enjoint violemment de se libérer dans

---

1. C.G. Jung, *Psychologie de l'inconscient*, LGF, 1996.

l'extase des endorphines, et le repli utopique dans un naturalisme frileux, il y a l'espace ouvert de la culture et la gestion consciente de votre image. C'est souvent en douce que vous vous occupez de votre image. Pourtant, chaque jour, chacun de nous, face à son miroir, cherche à résoudre une énigme de taille : comment faire pour être soi ? Comment faire pour montrer ses qualités ? Comment faire pour valoriser ses atouts ? Comment influencer avec intégrité ? Toutes questions qui peuvent être réduites à une seule : comment faire pour que l'on m'aime ?

Pour résoudre cette énigme il nous faudra abandonner une illusion tenace : la coïncidence identité-physionomie n'existe pas. Réservoir de référence dans lequel nous puisons, la culture nous sculpte autant que nous la sculptons. À ce titre, nous ne sommes guère différents de ces peuplades qui portent l'étui penien, le pagne ou la djellaba ; notre complet veston n'est pas moins étonnant que le pagne d'écorce, nos maquillages ne sont pas moins exotiques que les scarifications ou les peintures corporelles.

La culture codifie sur notre apparence les rapports que nous entretenons avec elle.

> « Seule, la capacité de décrypter ces codes peut nous réconcilier avec notre image et nous en rendre, enfin, les possesseurs. »

Car c'est bien à une organisation que je vous convie. Une organisation pleine de sens pour vous. Le vêtement est un bon exemple de cette emprise des codes : pourquoi en effet l'homme ne se vêtirait-il pas autrement qu'il ne le fait si ce n'était parce qu'une véritable *morale vestimentaire* présidait à ses choix ? Les sanctions, exclusions, moqueries sont parfois cuisantes. Les mesures pénales existent.

Nous ne parlerons pas que de « fringues » dans ce livre ; l'apparence ne se réduit pas aux frontières du corps mais englobe toute notre communication non verbale. Sur notre corps, bien sûr, mais aussi autour de lui, dans cet espace péri-corporel, cette bulle visible ou invisible dans laquelle nous évoluons.

La lecture de l'introduction vous a convié à voir dans les apparences plus que l'expression de l'utilitaire – se couvrir, avoir chaud –, celle d'un investissement symbolique – se réclamer de certaines valeurs, prendre sa place dans le groupe, se distinguer dans ce que l'on à de plus personnel : son identité.

> " Connaître les codes est le premier signe d'un désir d'appartenance à un groupe. "

Se réconcilier avec son image en s'organisant *avec* elle, c'est prendre une (bonne) place au sein de la collectivité. *Sa* place. C'est s'individuer.

LA FIN DES ILLUSIONS

On a l'air de ce que l'on est, ça suffit !
Il faut être naturel, c'est évident !
La communication, c'est facile !
Les vêtements, c'est superficiel !
La mode, ça ne sert à rien !

Ni les organisations ni les individus ne peuvent aujourd'hui faire l'économie d'une conscience stratégique de leur image ; car il n'est pas utile de lire Mao Tsé-Toung pour savoir qu'une image remplace cent mille mots tant sa puissance d'évocation est

© Eyrolles

grande et rapide ; pour la simple raison que l'image a partie liée avec la sexualité.

Pour faire le point sur vos illusions, sautez donc en fin de volume, p. 271, au questionnaire n° 1. Pourquoi ne pas y répondre avant de poursuivre votre lecture ?

Pour une image personnelle porteuse de sens

Souvenez-vous de ce petit jeu que les illustrés pour enfants nous proposaient autrefois. Sur la feuille du magazine, un fouillis de points et de chiffres accompagné d'un commentaire disait : « Réunissez tous les points entre eux et vous verrez apparaître la figure. » Vous preniez alors un crayon et, avec application, vous réunissiez le point n° 1 au point n° 2, puis au point n° 3 et ainsi de suite. Jusqu'à ce que le fouillis de points et de chiffres s'ordonne pour faire apparaître – ô merveille – la figure : une maison, un bateau, un animal, que sais-je ! L'Image de Soi procède aussi d'une globalité composée d'éléments distincts qui inter-réagissent et s'interpénètrent les uns les autres.

L'effet Gestalt – Jeu
Faites apparaître la figure, en reliant le fil rouge du sens
Solution p. 275

Pour que les éléments qui composent votre image ne trahissent pas ce que vous êtes ou ce que vous voulez signifier, il convient de les organiser. C'est le « fil rouge » du sens qui va nous permettre de dégager une Image de Soi pertinente en reliant entre eux différents éléments de votre histoire. Et non pas une marionnette déguisée. Si vous avez oublié votre enfance, reportez-vous en fin de volume pour la solution.

L'effet Gestalt

Une théorie de la communication, la Gestalt-théorie, a mis en évidence ces mécanismes qui renforcent la nécessité de la cohérence (la congruence, dit-on dans la communication) et la prise en compte globale de la communication humaine. Elle a eu une influence importante sur les arts, l'esthétique, puis, plus tard, sur la philosophie et la psychologie car elle replace le sujet (ou l'objet) dans l'espace de son contexte. Si vous le voulez bien, retenez, pour l'instant, cette phrase clé qui nous concerne au plus au point :

> **Le tout est différent de la somme des parties.**

Le tout, c'est l'ensemble de votre être et ce qui s'en dégage. C'est-à-dire son histoire, sa psychologie, ses goûts, son destin privé et professionnel, sa morphologie, ses habitudes, son lieu de vie, ses moyens financiers, son statut hiérarchique, son sexe, etc. Le fond et la forme, mais surtout ce que vous en faites. La manière dont vous utilisez ces paramètres, votre capacité de les objectiver, la distance que vous prenez avec eux, votre souplesse, votre confiance en vous-même. C'est bien une démarche globale sur votre image que nous entreprenons ici. En aucun cas l'image personnelle ne peut

être séparée de son contexte – la Gestalt parle alors du « fond » – et c'est pour cette raison que la plupart des individus sont, à juste titre, réfractaires à toute intervention autoritaire sur leur image extérieure. Ils veulent comprendre *leurs raisons*.

J'en fis la constatation lorsqu'à mes tout débuts, je fus amenée à intervenir en traumatologie et en en chirurgie esthétique réparatrice. Certaines personnes étaient très incommodées de défauts mineurs, alors que d'autres, victimes de déformations importantes, les vivaient très bien. J'ai souvent constaté le désarroi des chirurgiens esthétiques qui, opérant un nez ou une poitrine, revoyaient peu après leur patient qui voulait redevenir *comme avant*. Les raisons du corps sont toujours profondes et touchent à l'intime. La pertinence de votre image tient compte, obligatoirement de ces éléments dont on mésestime l'importance. C'est-à-dire :

– de votre sexualité ➡ et de votre genre féminin ou masculin,
– de votre désir ➡ et de l'image que vous vous en faites,
– de l'image du corps ➡ et de la symbolique que vous y attachez,
– de votre contexte professionnel et affectif ➡ et de l'image que vous vous en faites,
– de l'idéal du moi ➡ et de l'image que vous vous en faites.

> « Une bonne image est reliée à votre histoire par le « fil rouge » du sens. »

De la confusion à l'organisation

Mais qu'est-ce qu'une image ? Comme le mot « communication », le mot image a, dans le langage courant, des significations diverses. « Une image est l'ensemble des représentations à la fois affectives et rationnelles associées par un individu à une marque, un produit, une entreprise, une idée. »

Cette définition de l'IREP nous rappelle qu'une image est d'abord vue. Or la vue est celui de nos sens qui précède les autres, surtout dans la distance. Cela confère à l'image et à l'apparence une importance de premier ordre qu'il convient d'aborder avec pertinence. En second, l'IREP nous rappelle qu'une image est une représentation de choses, *à la fois* par un support – vous, en l'occurrence, un sujet – et par quelqu'un qui regarde et qui y associe d'autres images issues de sa sensibilité. Cet ouvrage aborde *la forme* de votre image. Ceux qui voudront creuser un peu plus les mystères de l'image et se positionner dans les débats nombreux qu'elle suscite se plongeront avec profit dans la bibliographie ; les autres retiendront que :

> 66
> **La représentation n'est pas la chose.**
>
> 99

De l'identité à l'Image de Soi

À l'heure où l'entreprise s'interroge sur son éthique et sur son âme, où cadres et dirigeants sont conscients de transmettre une culture et une histoire à leurs équipes ; à l'heure où la compétition se fait forte, la sélection impitoyable, comment ne pas vouloir faire le clair avec sa propre image ? Disons-le franchement, il est impossible d'aborder l'Image de Soi sans évoquer une certaine « morale de l'image ». L'image n'est un *leurre* que pour celui qui n'en a pas percé les secrets ou pour cet autre qui – prônant la pensée unique – s'érige en moralisateur désincarné du paraître.

C'est de cette manière novatrice et globale que nous vous proposons d'aborder votre propre image dans ce livre.

Après avoir été vue, votre image est mémorisée par vos interlocuteurs et devient alors un véritable capital. Une valeur. Rumeur silencieuse qui vous précède, elle fait *impression* et parle sous vos mots, avant vos mots. De vous.

Valeur déduite ou valeur ajoutée, votre image ne vient pas toujours convaincre et séduire ; parfois elle altère et déforme vos propos. Bruitage plein de fausses notes, elle vous trahit et vous dévalue. Dans le pire des cas, elle est la mauvaise fée qui infirmera votre qualité humaine et votre valeur professionnelle, limitant considérablement vos projets futurs.

" L'Image de Soi, c'est toujours une puissance : mettons-la à votre service. "

Tout comme pour le peintre ou le musicien, communiquer une image passe par l'apprentissage de certains moyens ; à nous de vous proposer les outils, à vous de faire les choix.

L'apparence est une question profonde.
La coïncidence identité-physionomie
est une illusion.
C'est la culture qui inscrit des codes
sur votre corps.
Devenir adulte c'est entrer dans la culture
et s'organiser avec.
Une bonne image est celle qui vous va.

Les ennemis jurés de votre image

Votre image a trois ennemis :
- « Cela ne sert à rien », dit le premier qui ne croit que ce qu'il voit et décide que quand il ne voit rien, c'est qu'il n'y a rien.
- « Ce n'est pas bien », dit le coupable qui redoute les regards sur sa personne. Il utilise son image comme un leurre ou comme une cuirasse de protection.
- « Ce n'est pas naturel », dit le rêveur dans son nuage, qui fait de l'ignorance le vert paradis de l'innocence et remet à demain sa réalisation et son entrée dans la cour des grands.

Voici deux ou trois choses à dire à ces trois ennemis de votre image.

L'homme invisible existe-t-il ?

Traîner à la terrasse ensoleillée d'un café, laisser son regard flâner alentour est un luxe que peu d'entre nous peuvent aujourd'hui s'offrir. Et pourtant, quelle passionnante étude d'image s'offre à nous avec un petit crème. Pour parler de votre image, commençons à regarder celle des autres.

Regardez celui-ci, avec son attaché-case : les épaules levées, le cou rentré dans un veston trop grand pour lui, la mise grise et neutre du passe muraille, il semble déjà s'abriter des coups qui vont pleuvoir sur lui dans la journée. Celle-là court au travail dans un sévère uniforme bleu marine, les jambes soigneusement gainées de bas noirs et chaussée d'escarpins aiguilles vernis noir : une conductrice d'autobus certainement, mais aussi une femme qui revendique une séduction que l'uniforme lui vole. Ces deux-là parlent ensemble au loin. Le buste raide, ils se font face à bonne distance pour dialoguer sans se toucher ; bien différents de ces deux hommes d'affaires qui passent, volubiles, se tenant par l'épaule, peau bronzée et complets clairs. Leurs chaînes, gourmettes, épingles à cravates jettent au soleil du matin tous leurs feux. Des Japonais et des Brésiliens, concluez-vous en observant qu'on ne se parle pas à la même distance d'un pays à l'autre.

Un homme traverse l'avenue d'un pas sportif, vêtu d'un blazer imprimé pur polyester. Un Américain à Paris. Un jeune homme salue une jeune fille, il pose la main sur son bras murmurant quelque chose d'important. Celle-ci le regarde en souriant, son corps tout entier est tourné ailleurs, un pied esquisse déjà un pas. Elle est déjà partie. Inutile d'insister. Pas un mot n'a été prononcé et pourtant, c'est comme si chaque passant avait communiqué une mine d'informations sur lui-même. Nationalité, religion, emploi, style de vie, goûts, humeur, psychologie, relation au monde social, politique. Avec un peu d'entraînement, vous pourriez chiffrer les feuilles de paye, donner le prénom des enfants, la marque des meubles et les habitudes de consommation.

Rêveur, vous êtes rentré au bureau. Comme d'habitude l'hôtesse n'a pas levé les yeux de son *Marie-Claire*, cachée derrière un bouquet fatigué. « Pas très ouvert l'accueil ! » vous êtes-vous dit. Les entreprises auraient-elles aussi une image ? Vous avez jeté un coup d'œil machinal dans le miroir du hall en vous demandant pourquoi vous enfiliez chaque matin vos vêtements sans penser aux gens qui vous regardent dans la journée. Dans l'ascenseur, votre collègue de service, ses grosses lunettes de myope et son éternel paquet de dossiers dans les bras, vous a tenu un long discours sur sa difficulté à se faire entendre à la dernière réunion. Vous avez remarqué qu'il avait son pan de chemise qui dépassait de son pantalon ; son image fugitive en tout petit garçon vous a effleuré et c'est en souriant que vous vous êtes assis à votre bureau.

Vous avez sans le savoir recueilli des informations multiples sur les individus que vous avez croisés, sans que jamais un mot ne soit prononcé, c'est bien de communication qu'il s'agit. Quitte à vous décevoir, mieux vaut le dire tout de suite : l'homme invisible n'existe pas !

> Il n'est pas nécessaire de parler ou de faire quelque chose pour communiquer : on ne peut pas ne pas communiquer et toute interaction génère de la communication.

Si l'on enlève les moments solitaires, 70 % de notre temps est occupé à communiquer, que nous le voulions ou non. Lorsque vous parlez, par exemple, il n'y a que 20 % du volume communiqué qui est occupé par les mots. Le reste est occupé par le langage corporel qui à lui seul en occupe 55 %. La « manière », c'est-à-dire le son de votre voix, votre débit, vos « façons », occupent les 25 % restants. « Cela ne sert à rien », le sceptique rationnel, ennemi juré de votre image, bat déjà en retraite.

Il y a des priorités dans ce volume global.

> Nous sommes d'abord : vus, entendus, compris.

On ne peut pas ne pas communiquer

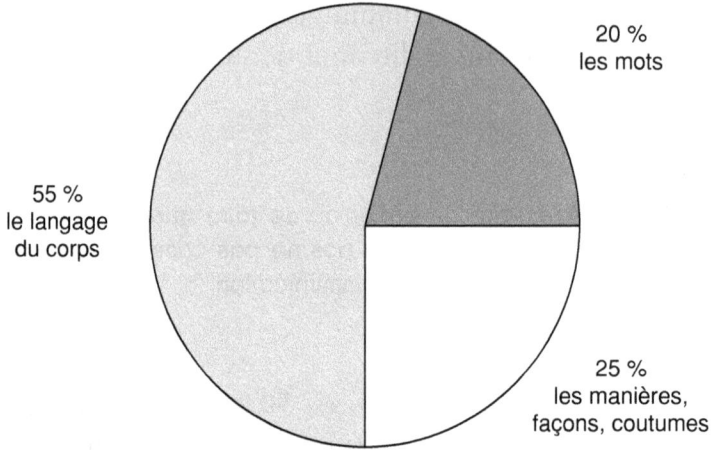

20 %
les mots

55 %
le langage
du corps

25 %
les manières,
façons, coutumes

Votre image, c'est de l'information.
On ne peut pas ne pas communiquer.
Il n'y a pas de communication verbale isolée,
elle est toujours accompagnée
de communication non verbale.
La communication non verbale peut exister
sans communication verbale.
Silence, refus de communiquer, neutralité
s'accompagnent toujours
de communication non verbale.
Nous sommes rarement conscients
de notre communication non verbale ;
c'est elle pourtant que retient
en priorité notre interlocuteur.

Les pièges de la morale et la peur de séduire

La Castiglione, une grande dame du siècle dernier, adorait la parure. Elle arriva un jour vêtue « d'un vêtement d'organza de couleur claire, extrêmement léger et transparent, tout parsemé de cœurs rouges. L'impératrice, fixant le cœur placé à la hauteur du pubis, lui dit aigrement : "Vous avez le cœur placé trop bas comtesse." »[1]

Dans la vie, c'est selon les moments : nous sommes tantôt la Castiglione, tantôt l'impératrice. Notre époque elle-même oscille entre le déni coupable et l'engouement tapageur, entre l'illusion d'une neutralité possible et le racolage d'une séduction tapageuse. C'est comme si aucune distance adéquate n'existait pour aborder l'image des personnes.

« Il est narcissique », entend-on parfois dire d'une personne dont on juge qu'elle porte trop de soin à son apparence. Pour beaucoup, les valeurs du paraître ne peuvent que contredire les valeurs de l'être. Se préoccuper de son image n'est pas seulement satisfaire un besoin primaire : avoir chaud, se protéger. C'est aussi répondre aux besoins fondamentaux d'appartenance, de reconnaissance et d'accomplissement personnel, tels qu'ils sont définis par A.H. Maslow[2].

---

1. Cité par Eugénie Lemoine-Lucioni, *La robe : essai psychanalytique sur le vêtement*, Le Seuil, 1983.
2. A.H. Maslow, *Motivation and personality*, Harper and Row, New York.

Les besoins humains et les différentes fonctions du vêtement

**Besoins
de réalisation**
5 - Fonction
d'expression : créativité,
auto-affirmation

Besoins de reconnaissance
4 - Fonction d'affirmation :
différenciation, distinction

Besoins d'appartenance
3 - Fonction sociale : prestige, convenance

Besoins de sécurité
2 - Fonction de sécurité : se protéger

Besoins primaires
1 - Fonction pratique : avoir chaud ou frais

Nous sommes d'abord vus, et le regard de l'autre nous inquiète autant qu'il nous fait exister. L'éthologue Boris Cyrulnik décrit les retentissements organiques que cause une simple rencontre : « La simple apparition d'un autre dans notre conscience suffit à modifier nos émotions et nos métabolismes (…) une émotion alertante va accélérer les rythmes cérébraux, faire disparaître l'alpha, augmenter les fréquences cardiaque et respiratoire, provoquer une flèche électro-cutanée (…) l'autre, dès qu'il apparaît dans mon champ de conscience me change mon monde. » Jean-Paul Sartre évoque aussi cet état d'alerte que crée le simple fait d'être regardé : « Lorsque je suis regardé par une autre personne, il y a un mouvement vers l'extérieur, un "saignement" de mon état intérieur "d'être-pour-moi" vers un état extérieur "d'être-pour-autrui." »

Agresser, *ad gredior* en latin, signifie « aller vers, à la rencontre de », envahir un territoire. Le prédateur n'est pas loin. La confusion, nous le verrons, est fréquente entre la parade de la séduction et le corps à corps de la lutte. Freud, qui avait de l'humour, trouvait que les hommes étaient comme les hérissons. Ils meurent de froid quand ils sont seuls mais piquent quand ils se rapprochent.

C'est que les frontières de notre moi ne se limitent pas aux frontières du corps. L'espace autour du corps prolonge l'espace intérieur en passant par *l'interface* du vêtement. C'est cette interface qui permet de réguler harmonieusement les tensions entre l'intérieur et l'extérieur. Sorti nu du ventre maternel, l'homme est un singe nu. Jamais il ne se couvrira de poils, de plumes, ni d'écailles. Aucune protection, aucune armure, aucun bouclier à attendre sinon ceux qu'il se créera : vêtements de poils, peaux, tissus, espaces, territoires qu'il agencera sur lui et autour de lui.

> " Le narcissisme est une fonction vitale. "

C'est lui qui préside aux soins nécessaires que vous vous portez. Sans lui, pas de vie. Les excès existent, bien sûr, et Narcisse se contemplant éperdument dans son miroir est un grand solitaire qui meurt d'avoir préféré son image et de n'avoir su rencontrer un autre que lui-même. Le vêtement et la parure répondent au plus radical des besoins auquel la peau ne suffit pas : ils délimitent un dedans et un dehors, un « moi » et un « autre », créant un éloignement nécessaire à la vie sociale. Votre image informe et influence, elle vous protège aussi. Le langage silencieux de l'Image de Soi prend ses racines au plus profond de ce qui lie un individu à sa biologie, à son histoire, à sa fratrie, à son groupe social ou professionnel. Les deux derniers ennemis de votre image, le coupable et le rêveur, déclarent forfait.

Le regard de l'autre nous inquiète
mais nous fait exister.
Le narcissisme est une fonction vitale.
Les frontières du moi
ne se limitent pas au corps.
Le naturel, ça n'existe pas.
Tout fait signe à qui sait entendre.

Chapitre 2

S'adapter au milieu

« Happiness is being one of the gang. »
Peanut

On est surpris, à l'heure où la compétition fait rage, d'entrer dans des entreprises où chacun joue pour lui-même, et selon l'humeur du moment, sa petite musique visuelle. Certains prennent même un vif plaisir à massacrer leur emploi par leur attitude vis-à-vis des interlocuteurs extérieurs. Et que dire du mobilier et de l'architecture des lieux qui parlent leur langage propre sans se préoccuper des dissonances possibles avec la culture de l'entreprise, son histoire, ses valeurs, et celles de ses interlocuteurs ! La qualité des « services » en découle et l'interlocuteur de passage est dérouté par les hiatus existant entre les différentes communications, internes, externes, publicitaires, personnelles ou institutionnelles. Il n'est pas rare qu'une coûteuse campagne publicitaire vienne contredire le langage tout simple, mais tellement efficace, d'individus en panne d'image.

Cet affichage anarchique dément la crédibilité, il n'y a pas de concordance. Il n'y a pas de sens. Pas plus de conscience. Des études récentes ont établi avec certitude la relation existant entre la cohérence de l'identité visuelle et la cohésion interne du groupe. Cette cohérence est un signe pour des yeux étrangers, elle est aussi un inducteur puissant de rassemblement motivant pour les individus : deux excellentes raisons pour prendre la peine d'agir, à l'intérieur de l'entreprise, sur les codes visuels en vigueur.

> **Nous sommes tous vendeurs de quelque chose.**

À la rencontre des tribus

« Révolution dans le monde de l'entreprise américaine : IBM, monstre sacré de l'industrie informatique, abandonne le costume cravate et la chemise blanche amidonnée. »[1] Pour que *Le Monde* – faisant suite aux pages spécialisées du *Washington Post* – titre en première page cet événement sensationnel, c'est bien qu'il symbolise (dans une entreprise qui « avait des habitudes si strictes qu'un juriste venu travailler chaussé de mocassins se souvient s'être attiré des remontrances parce qu'il avait gardé ses pantoufles ») bien autre chose qu'une histoire de garde-robe. Une réorientation stratégique de l'entreprise tout entière, liée sans doute à l'apparition de Louis Gerstner junior, arrivé au pouvoir deux ans plus tôt, avec – scandale ! – des chemises à rayures.

---

1. *Le Monde* du 7 février 1995, article de Sylvie Kauffman, « Aux États-Unis, IBM abandonne le costume-cravate ».

Si j'avais des actions en Bourse, je serais vigilante sur l'évolution de la tenue des patrons, vivants présages de l'évolution des valeurs (quel homonyme révélateur !) au sein des tribus d'entreprise. Car l'entreprise est un organisme bien vivant qui, à l'instar des êtres humains, possède son identité propre liée à son histoire et à sa préhistoire. En particulier à celle qui la lie à ses fondateurs, à sa durée de vie, à ses savoir-faire, mais aussi à son organisation, à ses structures de fonctionnement, que celles-ci soient politiques, organisationnelles ou structurelles. C'est ce qu'on appelle la culture d'entreprise ou *culture corporate*.

L'identité de l'organisation[1]

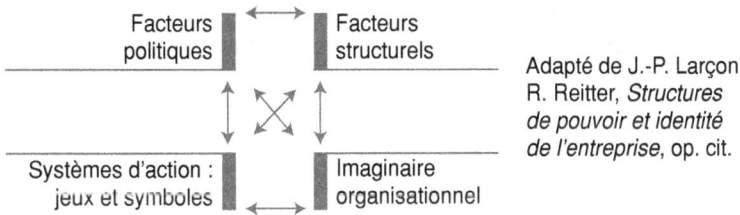

Adapté de J.-P. Larçon R. Reitter, *Structures de pouvoir et identité de l'entreprise*, op. cit.

De multiples définitions ont été données de la culture. Réservoir de l'inconscient collectif dans une collectivité spécifique, bien sûr, mais aussi expression de ses représentations, et donc système de communication entre les individus qui la composent… et les autres. Nous conserverons ici une définition d'E. Schein qui a le mérite de la neutralité idéologique : la culture d'une entreprise est « … l'ensemble des hypothèses fondamentales qu'un groupe donné a inventé, découvert, ou constitué en apprenant à résoudre ses problèmes d'adaptation à son environnement et d'intégration interne. Ces hypothèses ont été suffisamment confirmées dans l'action, de sorte qu'on puisse les considérer comme valides, et

1. Tiré de *L'identité visuelle de l'entreprise*, Monique Brun, Philippe Rasquinet, Éditions d'Organisation, *op.* cité.

donc les enseigner à tout nouveau membre du groupe, en les présentant comme la manière appropriée de pouvoir penser et sentir les problèmes de l'action collective »[1].

> " Pour intégrer une tribu, il faut savoir manifester clairement... que l'on désire s'intégrer. Et, surtout, qu'on peut le faire souplement et rapidement. "

Car ce qu'une tribu attend de vous n'est pas que vous deveniez un clone parmi d'autres, mais que vous ayez envie de partager les mêmes codes. Pour que la tribu existe, il faut que ses membres se reconnaissent les uns les autres. Pour ce faire, il faut leur fournir des totems visuels. Mais cela ne suffit pas. Pour que la tribu conjugue positivement ses compétences, il faut que cette identité visuelle soit gratifiante pour la collectivité et pour les individus, les aidant à se situer et à se différencier *par rapport* aux autres tribus.

Il est intéressant de repérer ce que la *culture corporate* exige des individus, notamment dans l'utilisation des signes d'appartenance. J. Baudrillard, sociologue, montre bien que, pour l'individu, l'enjeu n'est *ni* dans le souci de se différencier *ni* dans celui de se conformer. Il est dans la différenciation *et* le besoin de conformité. J'aime beaucoup sa définition de la conformité, car j'entends dans mes séminaires qu'elle est la crainte de tous. « La conformité n'est pas l'égalisation des statuts, l'homogénéisation consciente du groupe, chaque individu s'alignant sur l'autre. C'est le fait d'avoir en commun le même code, de partager les mêmes signes qui nous font différents, tous ensemble, de tel autre groupe. »[2]

---

1. E. Schein, *Organizational and leadership*, Éd. Jossey-Bass, San Francisco, 1985. Cité par M. Brun et P. Rasquinet, *op.* cité.
2. Jean Baudrillard, *Le système des objets*, Gallimard, Paris, 1978.

> **L'image des personnes : une communication publicitaire de poids pour l'entreprise !**

L'entreprise a oublié le langage silencieux de l'image des personnes, qui, elle, ne lui ne coûte rien. On peut changer l'atmosphère d'un service en réconciliant les personnes avec leur image et leur séduction, on peut dynamiser un produit en valorisant l'image des personnes concernées, on peut décupler la force des messages publicitaires en visant une communication globale qui n'exclurait plus l'image des personnes.

On peut surtout infléchir une culture négative et inciter les acteurs au changement, pour une culture plus gratifiante, à travers une gestion relationnelle éclairée. Car celle-ci est la partie émergée de l'iceberg culturel. Les cadres et les dirigeants sont les premiers acteurs dans l'instauration d'un processus de représentation, voire de changement d'identité. Et cela commence par leur identité visuelle et la prise en compte de la communication symbolique d'entreprise dans leur propre image.

> **Aller de l'image de marque à l'identité de marque !**

Parfois l'événementiel vient à point pour produire des totems, internes ou publicitaires. Un trophée de golf, une course à la voile autour du monde, une équipée au cœur du désert, un sponsoring culturel, voire (et c'est plus contestable) une action humanitaire, suffisent pour que chacun dans l'entreprise ait envie de rallier son image privée à cette image publique gratifiante.

Le PDG d'aujourd'hui ne craint pas de prendre soin de son image. La gentillesse et les bonnes manières sont à la hausse. On porte fièrement l'uniforme du leadership car on sait que rien n'est plus différent d'un costume croisé qu'un autre costume croisé. Richesse, puissance, leadership, crédibilité, probité… sont des codes faisant partie du tronc commun d'une image de marque qui a su évoluer vers une *identité* de marque. Ils s'accommodent mal d'une stratégie d'image absente ou floue, d'autant que celle-ci s'accompagne très souvent d'une gestion des ressources humaines négligeant l'impact mobilisateur (le supplément d'âme) d'une identité rendue visible.

La culture corporate : une identité rendue visible

Mais il existe aussi un tronc spécifique à la culture de l'entreprise, à son identité et à son style de management, qui la fait osciller autour de l'axe création-conservatisme. Ce même axe autour duquel oscillent les individus cherchant à s'adapter au mieux à leur environnement, que celui-ci soit affectif et psychologique ou encore géographique, politique, physiologique, etc.

Ce que l'entreprise attend de vous est quelque chose de l'ordre de la connivence. Elle veut que vous lui signifiiez très vite (et même parfois lors de l'entretien d'embauche) que « vous l'avez comprise ». Car, dans la plupart des cas, elle est dans l'incapacité d'exprimer efficacement ce qui, d'ailleurs, ne saurait être dit. Alors, sortez vos antennes et fiez-vous aux représentations car ce qui est une qualité dans une entreprise peut être un défaut dans une autre.

Les styles d'entreprise : maintenir ou créer

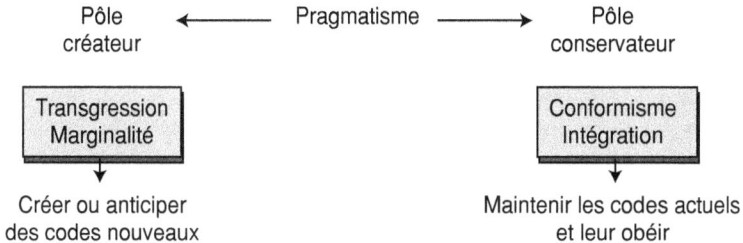

Pôle créateur	← Pragmatisme →	Pôle conservateur

Transgression
Marginalité

Conformisme
Intégration

Créer ou anticiper
des codes nouveaux

Maintenir les codes actuels
et leur obéir

> « Avant de passer votre entretien d'embauche, faites un tour dans les locaux de l'entreprise et faites marcher votre écoute active. »

À quel style d'entreprise avez-vous affaire ? Situez-la sur la figure ci-dessus et comportez-vous en conséquence : très près des codes de base vers le pôle conservateur, très près du jeu du « décalage » vers le pôle « création ». Dans le doute, « assurez » en vous conformant aux codes de base tels qu'ils sont décrits aux chapitres 5 et 8. Peu d'entreprises conviendront qu'elles sont vendeuses de tristesse, d'arrogance, de vulgarité ou de pauvreté. C'est pourtant ce qu'un visiteur pourra déduire en interprétant les nombreux signes qui balisent son parcours, de l'accueil téléphonique à l'aspect des locaux, en passant par l'image des personnes et la qualité du service. C'est malheureusement souvent le cas dans les services publics qui, par tradition, n'ont pas toujours réfléchi à la logique client.

Une image bien ordonnée commence par celle de la direction. C'est au chef qu'est dévolue la lourde tâche de donner le ton de l'identité visuelle de la tribu. C'est à lui de transformer les totems en trophées. À lui d'annoncer la bonne nouvelle de valeurs identitaires porteuses de sens, bien définies. Les cadres sont les garants de ces objectifs, tant au niveau interne qu'au niveau externe. Ils sont les messagers de la culture d'entreprise.

> **Le style** de l'entreprise est
> sa culture rendue visible.
> L'affichage anarchique des signes dément
> la **crédibilité de l'entreprise**... et la vôtre !
> Le cohérence de l'identité visuelle – lieux, per-
> sonnes, objets, comportements – est messa-
> gère de la **cohésion interne**.
> Les *totems* visuels rendent la cohésion lisible
> aux interlocuteurs extérieurs.
> **L'image des personnes** est une communica-
> tion publicitaire de poids pour l'entreprise.

Totems, tabous et tribus

Une des erreurs fréquentes que font les aspirants « relooqueurs » qui nous contactent pour entreprendre une formation – et qui, pour la plupart, viennent de la mode ou de la publicité et méconnaissent totalement le monde de l'entreprise – est de croire que plus une apparence est élégante ou « à la mode », *selon leur conception*, plus elle est porteuse de succès dans *l'entreprise*. Il n'en est rien. Ces néophytes peuvent même, avec ces idées simplistes, conduire leurs poulains au désastre. Car c'est une conception du monde néolithique et réductrice que de croire que son goût personnel a valeur de loi. Le résultat malheureux de cette approche est l'accroissement de la dépendance du sujet et son rejet du groupe ; car il existe une excellence visuelle différente dans chaque tribu, dans chaque milieu social, dans chaque groupe hiérarchique.

> " Il existe une excellence visuelle différente pour chaque tribu. "

Il est des entreprises où il est bon de *faire pauvre*, le porteur de pochettes et de blazer coloré sera mis en quarantaine s'il ne pratique pas un rapport économe aux signes. Il est des entreprises où il est bon d'être *en retrait* par rapport aux signes ou de les anticiper (c'est le cas dans la mode, dans la communication et, parfois, dans l'architecture et le design qui vivent dans un foisonnement de codes et expriment ainsi leur besoin de distance) ; d'autres – dans l'informatique par exemple où règne encore parfois l'esprit ludique des débuts – où l'on a horreur du gris et où toutes les couleurs sont bienvenues. Il n'y a nul jugement à poser là-dessus. C'est ainsi.

La culture d'une entreprise – sa culture *corporate* – est souvent voisine d'une certaine morale idéologique des rapports au travail, à l'argent et au plaisir. Ceci n'a rien à voir avec la richesse effective de l'entreprise, mais plutôt avec le regard qu'elle pose sur elle-même et sur l'utilisation qu'elle entend faire, dans son image, de ce paramètre. « Il vaut mieux faire envie que pitié » dit le dicton. Parfois, pourtant, faire pitié peut rapporter gros ! Et certains feraient bien de méditer ceci dans leurs rapports avec les syndicats. On ne saurait, lorsqu'on est en situation d'être recruté, approcher LVMH, fleuron de l'industrie de l'exclusivisme et du luxe parisien, de la même manière qu'on approchera Limagrain, grand groupe grainetier ancré solidement dans ses terroirs, le monde de l'assurance ou celui de l'administration, la SNCF, EDF, ou encore l'industrie agroalimentaire.

Il y a donc deux contextes où la prudence s'impose sans aucune exception : le leadership – vous êtes-vous demandé pourquoi tous nos grands hommes s'habillent à peu près pareil ? – et l'entretien de recrutement. Même les partis politiques ont leurs couleurs, leurs totems et leurs tabous. Un des premiers gestes de Fidel Castro, reçu en Europe, fut de quitter le *battle-dress* militaire pour un costume bleu marine. Souhait de manifester à ses hôtes son désir non belliqueux et d'apaiser les esprits ou manifestation d'un désir d'intégration ? Message reçu, avec l'évidence d'un désir qui cherche à se fondre dans les codes du milieu qu'il cherche à séduire.

Je vous laisse deviner ce que cachent le beige et le marron des militants du PC, le vert mousse et le vert foncé des militants écologistes, le complet déstructuré de M. Lionel Jospin (à une époque où même les petits jeunes gens l'ont oublié), les cols étrangleurs de M. Balladur. On peut méditer sur cette phrase de Pierre Bourdieu : « Toute préférence est un marqueur », et recommander à nos dirigeants futurs ou présents d'appuyer leur communication non pas sur leurs goûts, mais sur la pertinence de leurs choix.

66
Les vêtements sont les représentations de morales ou d'idéologies.
99

S'habiller dans l'entreprise, c'est mettre en forme un projet. Voyez ci-dessous notre lecture des représentations de valeurs dans les différents corps de métiers. Et prenez soin, si vous êtes recruté, d'y faire référence dans votre image. Les entreprises sont souvent peu conscientes de leurs messages idéologiques et de la manière dont ils sont perçus. Les contradictions ou les ambivalences sont alors flagrantes, et les conséquences peuvent en être graves, notamment en cas de conflit social ou syndical. Dans les « lectures d'image » que nous effectuons pour les entreprises, les services ou les grands groupes, nous utilisons l'analyse sémiologique et la psychanalyse pour dégager un audit de la culture de l'entreprise. Nous analysons son discours global à travers ses différents outils de communication : packaging mais aussi brochures institutionnelles, rapports annuels, choix du vocabulaire rhétorique et visuel (couleurs, photographies, typographie, etc.). Repérez avec nous quelques-uns des totems et tabous d'entreprise.

Totems et tabous d'entreprise

	COULEURS	VÊTEMENT	CHAUSSURES	ACCESSOIRES
Banque	Bleu, gris foncé	Costume croisé *pin stripe*, six boutons	Derby lacées noires	Boutons de manchettes, cravate noire en soie unie
	La sécurité rassurante d'un solide conservatisme			
PME	Vert foncé, gris	Veste et pantalon séparés	Derby marron	Cravate club couleur vive
	L'accessibilité et le nivellement des différences hiérachiques			
Médias	Vives	Blazer de couleur	Daim marron foncé	Chemise petits carreaux, ceinture tressée
	Signaler la différence d'une créativité bien intégrée			
Commercial	Marine, jaune, rouge	Blazer marine	Mocassins	Gilet couleur vive, cravate soie tissée
	Briller et faire valoir			
Pharmacie	Marine, gris	Costume deux ou trois pièces, deux ou trois boutons	Noires à boucles	Chemise blanche, cravate marine
	Une austérité de bon augure (pour la Sécurité sociale !)			
Mode	Noir	Robe noire	Godillots noirs	Lunettes noires
	Exprimer une lassitude hautaine des signes en dédaignant tous les signes			

L'esprit de corps et la liberté

Savez-vous pourquoi bien des hommes détestent le bleu marine qui leur irait si bien ? C'est parce qu'ils ont passé une partie de leur scolarité en uniforme marine. Les associations mentales vont bon train : marine = enfance = discipline = régression… Voilà pour la valeur symbolique que certains dirigeants mettent derrière leur refus du blazer ou du costume trois-pièces marine d'aujourd'hui. Avant de nous pencher sur l'uniforme des tribus d'entreprise et le désir de transgresser des jeunes générations, rappelons que le *smoking* est – pour les réunions festives formelles de l'entreprise – le vêtement le plus démocratique qui soit. Il se loue pour trois sous.

Je (tu, ils) déteste l'uniforme

Héloïse, une ex de la Légion d'honneur, adore l'uniforme. Elle y « … voyait de la beauté (…) l'impression d'assister à un spectacle »[1]. Contrairement à elle, j'ai mis longtemps à aimer l'uniforme. Au Sacré-Cœur, il y avait les « sages », qui s'en tenaient à une interprétation *stricto sensu*, il y avait les folles qui, avec une coiffure audacieuse, un jupon de dentelle coquine dépassant au bas de la jupe, un brin de rouge à joue quasi invisible, exaltaient le sévère trois-pièces ; il y avait enfin les rebelles anticipant le *grunge* contemporain et mettant tout sens dessus dessous en faisant du lapsus un style : une épaulette visible dans l'encolure relâchée d'un vaste chandail, un savant décoiffé, une jupe à mi-mollet qui pend un peu, une ceinture sur les hanches.

---

1. *Le Monde* du 7 février 1995, article de Sylvie Kauffman, « Aux États-Unis, IBM abandonne le costume-cravate ».

Plus tard, chez Coco Chanel, mon uniforme fut la « parure », sorte de corset de satin rose qui devait aplatir des seins que Chanel n'aimait pas. Quelle fierté lorsque je passais pour la première fois cet instrument de torture qui ressemblait un peu au corset de bonne tenue de l'horrible madame Fichini de la comtesse de Ségur !

On aura compris que, finalement, nous sommes tous des tribus en uniforme qui affichons ainsi notre esprit de corps. Et à travers totems et tabous notre vision du monde et nos valeurs. Faire siens les signes d'une tribu c'est exprimer son désir d'intégration.

> **Faire siens les totems d'une tribu, en partager les tabous, c'est exprimer son désir d'intégration.**

On peut comprendre que certains n'hésitent pas à préconiser l'uniforme comme outil pédagogique. Aux États-Unis, et à l'instigation de Bill Clinton, on parle depuis peu de réintroduire l'uniforme à l'école. Dans le district de Long Beach, les élèves de 56 écoles primaires et de 14 lycées ont endossé l'uniforme depuis deux ans. Un simple blazer, un pantalon ou une jupe, des cheveux coiffés et une absence de maquillage voyant. « Les écoles sont plus sûres, plus disciplinées, plus ordonnées », constate le président : 50 % d'attaques à main armée, 74 % d'agressions sexuelles, 65 % de racket en moins. Retour d'un nouvel ordre moral ? Non. Mais peut-être ultime recours contre les racketteurs qui exercent leur autorité par le biais des couleurs de vêtements. « Dans ce contexte, s'habiller en bleu marine est gage de liberté », ajoute Douglas Yates de la California State University.

Plus près de nous l'affaire Disney Land Paris avait fait grand bruit lorsque les syndicats s'étaient insurgés qu'on exige un minimum d'adhésion aux règles du jeu. Le *look* Disney Land est très ferme sur ce point, et prescrit à ses « cast members travaillant en costume »[1] l'usage du déodorant, alors qu'il proscrit celui du vernis à ongle rouge sur des ongles dépassant du doigt de plus de 7 mm (c'est déjà beaucoup), des bijoux trop voyants, y compris les boucles d'oreilles pendantes ou « mesurant plus de deux centimètres de diamètre », ou des lunettes de soleil « barrière dans les rapports avec les visiteurs ». Rien que de très raisonnable jusque-là.

Pour les « cast members ne travaillant pas en costume », on se serait attendu à un peu plus de libéralités et à un appel à notre bon sens français pour harmoniser les codes français et américains. Mais la discipline est maintenue au nom de l'homogénéité. Là ou le bât blesse, c'est peut-être dans ce choc des cultures que l'on perçoit bien dans l'énumération des éléments de la parfaite tenue des cast members, femmes ou hommes. Que penser en effet de diktats qui, s'ils ont le mérite d'être clairs, n'ont pas celui de la pertinence dans un milieu français qui a ses propres codes et se perçoit – à tort ou à raison – à la tête de l'élégance vestimentaire mondiale ? « Les chaussures seront classiques avec un talon de 10 cm. » (Pas très confortable !) « Les jupes et robes doivent être de longueur raisonnable. Le bas de celles-ci doit donc être situé entre le haut du genou et le mollet. » (Pas très gracieux !)

Moustaches et barbes ne sont pas autorisées mais – malheureux hommes ! – les pattes doivent être correctement (?) taillées pour épouser le contour de l'oreille et finir au... « bout du lobe ». Au bout du lobe ? Si vous laissez pousser vos pattes jusqu'au bout du lobe, messieurs, vous ressemblerez certes à un fier cow-boy, mais vous aurez des difficultés à vous faire embaucher comme jeune cadre dynamique ! Il y a belle lurette, qu'en France, les jeunes

---

1. Les citations qui suivent sont tirées de la brochure EuroDisney : "Your Role in the Show" (Votre rôle dans le spectacle).

gens ont l'habitude de couper leurs « pattes » assez haut sur l'oreille. Et c'est bien comme ça.

C'est avec des maladresses interculturelles comme celles-là que la pertinence d'une démarche par ailleurs légitime – après tout, le client a sa logique et toute entreprise doit y veiller – peut être mal vécue par les salariés. L'article 122-35 du code du travail français prévoit que le règlement intérieur « … ne peut apporter aux droits des personnes et aux libertés individuelles des restrictions qui ne seraient pas justifiées par la nature de la tâche à accomplir, ni proportionnées au but recherché ». Le rapport de maître Gérard Lyon-Caen préconise d'ailleurs avec sagesse que transparence et pertinence doivent présider à l'instauration de ces codes, dont chacun doit toujours être parfaitement informé.

> **«**
> Oui à la transparence comme parade libertaire aux non-dits !
> **»**

Récemment le débat autour du voile porté à l'école illustre bien la complexité et l'importancte de la question.

Reebok, *jeans*, Perfecto des adolescents ou cheveux rouges coiffés à l'Iroquois des punks, *total look* noir des rédactrices de mode ou gris passe muraille des ingénieurs, débraillé *destroy* de ceux qui taquinent la marge ou blazer rose bonbon du parfait communiquant, nous observons tous, dans la rue, le défilé des tribus.

Certains sont dans le registre de la transgression – mais à force de voir d'énormes chaussures aux pieds des ados, leurs cheveux rouges ou verts et leur *piercing* dans le nez, on peut se demander comment ils peuvent encore croire à leur singularité. D'autres sont sécurisants et apaisants, nivelant les irrégularités sociales, lissant doucement les différences, structurant une intégration socioprofessionnelle solide. Ceci est particulièrement important pour les jeunes étudiants et les diplômés des grandes écoles qui ont vécu leur adolescence dans le cocon (!) de leurs vastes T-shirts et se préparent à postuler pour leur premier emploi, et... à le garder. C'est pour cette raison que ce livre est très largement lu par les jeunes qui ne savent pas toujours comment passer de la position d'observateur à celle d'acteur. Transgression oblige, rappelons ici aux jeunes gens la liste des tissus suspects car associés à des évocations qui n'ont pas leur place dans l'entreprise.

Les matières et les évocations qui tuent

UNIVERS ÉVOQUÉ...	MATIÈRE...
L'érotisme, la déviance	Les matières moulantes ou transparentes. Les tenues entièrement noires de jour. Les bas résille, les balconnets visibles. Les sous-vêtements apparents. Les vinyls et matières trop brillantes. Les chaînes de cheville. Le « tout cuir ». Les chaînes ou les clous. Les tatouages. Le piercing.
L'enfance, l'adolescence	Les vastes chandails et les T-shirts, les tricots larges mailles, les vêtements molletonnés sans épaulettes. Les fausses fourrures à poils très longs. L'abus des couleurs pastel. Les cols ronds. Les cols blancs. Le « fluo » de couleur, les imprimés violents, les vêtements de sport, les accessoires de plastique. L'or, l'argent sur les matières acryliques. Les chaussures Reebok ou autres « grolles »... L'abus de vêtement « technique ».
Le militaire, le cow-boy	La couleur kaki, les imprimés panthère, les chaussures à talons et bouts ferrés, les vêtements des surplus de l'armée transposés sans précaution dans le monde professionnel. Les socquettes blanches ou kaki. Les casquettes. Le jean usé dans un bureau. Les santiags sous un pantalon de flanelle grise. Les « pattes » coupées trop longues. Le bolo-tie.

À la faveur de la tendance « spormidable », formidable poussée du sport et du plein air vers le vêtement de ville, certains transfuges sont aujourd'hui non seulement acceptés mais bienvenus. Nous en parlons en détail dans les chapitres suivants.

Les Vecteurs d'Image et vous

Par quels vecteurs votre image passe-t-elle jusqu'à votre interlocuteur ? Quels canaux de communication va-t-elle emprunter ? Comment être sûr que ce que vous voulez dire est bien perçu ? Comment corriger les erreurs d'émission ? Comment susciter des interprétations valorisantes ?

Laissons de côté le sens des mots, qui n'entre que pour 7 % dans la communication verbale, pour nous concentrer sur les 93 % de votre communication non verbale. La tonalité de la voix, sa « couleur », son débit, les intentions et les intonations que vous mettez dans vos phrases, les silences, le rythme général de vos propos véhiculent du sens pour votre interlocuteur. Il en est de même de tous les bruits corporels dont on n'a pas assez dit l'importance : raclements de gorge, toux, murmures encoura-geants, rires étouffés, exclamations, jurons, interjections diverses : Bof ! Hum ! Paf ! Toc ! Hello ! Ouf ! Aïe ! De cette expression vocale et verbale nous ne parlerons pas ici.

Il faut y ajouter vos manières, c'est-à-dire la façon dont vous gérez votre image intérieure et comment vous traitez celle de votre interlocuteur. Cela représente à peu près 30 % du langage silencieux de votre image. Les 63 % restants sont occupés par l'immense gisement du langage corporel et du langage vestimen-taire. Morphologie, gestes, démarche, mimiques, rapport à l'espace, appuis au sol, positions, expressions du visage ; mais aussi choix et assemblage des vêtements, des matières, des acces-soires, couleurs, parfums, coiffures, maquillages, etc. Ces méta-langages – parfois baptisés audacieusement « flair » ou « intuition » – représentent donc 93 % de la communication. Ils sous-tendent nos mots mais, en cas de non-concordance, c'est le non-verbal – le langage silencieux – qui laisse sa trace prioritaire dans la mémoire de l'interlocuteur. Revanche de nos cerveaux reptiliens et mammifériens sur la soi-disant prépondérance du néo-cortex (là où se trouve le siège de la parole).

Tout serait simple dans le meilleur des mondes si… on communiquait tout seul. Mais la présence d'un *autre*, qui regarde et écoute avec son univers propre, ses projections et ses interprétations, introduit dans la communication une bonne dose d'incertitude. On n'est jamais sûr que les signaux ont la même signification pour tout le monde car aucun univers intérieur ne ressemble à un autre. Ne mésestimez pas la conséquence de cet invariant de la communication humaine, surtout si vous êtes à un poste de direction ou, *a fortiori*, à la présidence. Mais aussi dans toutes les situations ayant un fort potentiel de risque : apparition en public ou devant les médias, négociations syndicales, entretien de recrutement, intégration à une nouvelle équipe, changement de pays ou expatriation, etc.

> Plus la position hiérarchique est élevée *et* plus les regards sont nombreux *et* divers et plus les projections sont nombreuses *et* incontrôlables *et* plus les enjeux sont importants.

Les différents Vecteurs d'Image

Moi et moi	Vecteurs morphologiques, physiologiques et somato-psychiques	Dilatation, rétraction, gestes, démarche, enracinement, tonus, postures, couleur de peau, tensions musculaires.
Moi et les autres	Vecteurs psychologiques, relationnels et interactionnels	Retrait, ouverture, défi, protection, exposition, états du moi, position de vie, projections, introjections, symboles.

Interface	Vecteurs vestimentaires Vecteurs cosmétiques et capillaires	Couleurs, coupe, textures, confort, aisance, valeur, évocations, signes, emblèmes, parfums, maquillage.
Moi et vous	Vecteurs ethnologiques et éthologiques Vecteurs sociologiques	Distances, localisation, rituels, séductions, liens, leurres, présentations, offenses, réparations, amour-propre, honneur.
Nous	Vecteurs historiques	Modes, usages, savoir-vivre, fonctionnalité.
Nous	Vecteurs esthétiques	Beauté, harmonie, goûts, styles.

Donc votre mise sera sobre si :
- vous êtes exposé,
- votre position hiérarchique est élevée,
- vous êtes étranger à cette culture d'entreprise.

Faites vous-même votre Lecture d'Image

Voyez dans le tableau de la page suivante l'immense gisement inexploré de vos Vecteurs d'Image. Pourquoi ne pas noter vous-même sur une grille (de 0 – minimum – à 8 – maximum) vos performances dans les quatre différents domaines explorés, représentés par quatre quadrants principaux :
- vecteurs vestimentaires et cosmétiques,
- vecteurs sociologiques et anthropologiques,
- vecteurs psychologiques et relationnels,
- vecteurs morphologiques et physiologiques.

Évaluez vos Vecteurs d'Image
(cf. p 282-285)

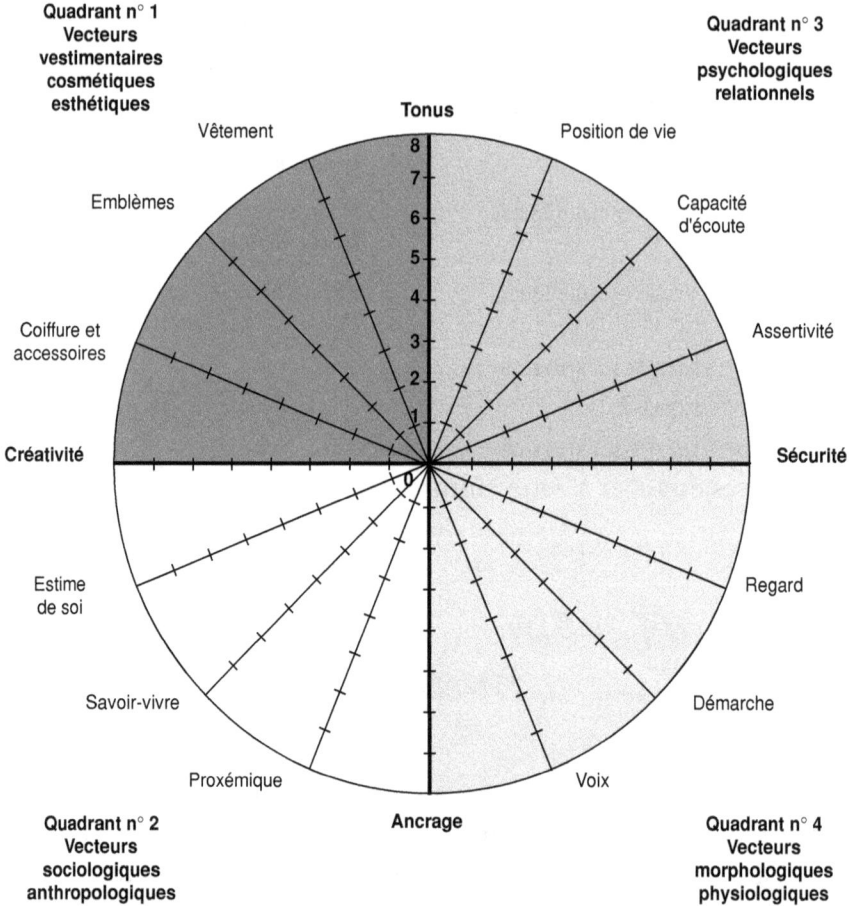

Quadrant n° 1
Vecteurs
vestimentaires
cosmétiques
esthétiques

Quadrant n° 3
Vecteurs
psychologiques
relationnels

Tonus

Vêtement

Position de vie

Emblèmes

Capacité
d'écoute

Coiffure et
accessoires

Assertivité

Créativité

Sécurité

Estime
de soi

Regard

Savoir-vivre

Démarche

Proxémique

Voix

Quadrant n° 2
Vecteurs
sociologiques
anthropologiques

Ancrage

Quadrant n° 4
Vecteurs
morphologiques
physiologiques

Cochez chaque item au niveau estimé et réunissez tous les points. Vous pourrez ensuite faire noter vos collègues ou amis et comparer les tracés obtenus avec le vôtre. Utilisez des feutres de couleurs différentes pour chaque tracé. Notez ensuite dans quel quadrant vos performances sont les moins bonnes. Et rendez-vous ensuite à la fin du volume pour une « Lecture d'Image » approfondie.

Chapitre 3

Le langage idéologique du vêtement

« Je sais bien mon habit changier prendre l'un et l'autre estrangier. Or sui chevalier, or sui moine. »

Guillaume de Lorris

Dans l'entreprise comme dans tout contexte hiérarchisé de la vie, l'habit fait encore le moine. La raison en est facile à comprendre : la rapidité des rencontres et l'impossibilité d'avoir accès à la vie privée de la personne (qui elle est, *vraiment*), rendent nécessaire une signalétique des rangs et des intentions la plus claire possible. À ceci près que les codes y évoluent très lentement et que le souci général tend plutôt à éviter les gravures de mode. Surtout dans le management où l'on craint les décalages trop évidents avec le personnel en usine. Si vous retenez ces deux tendances, vous comprendrez que l'histoire du vêtement est liée à l'histoire religieuse, idéologique, morale et technique des nations.

Par curiosité, jetez un œil averti sur le langage du vêtement tel qu'il s'est élaboré au cours des siècles et prenez conscience de ce qui se trame dans ce qu'il est coutume d'appeler les *tendances* vestimentaires. Au commencement était l'homme, le roi de la création. Un roi nu qui, à l'inverse des autres mammifères, abandonna très vite sa pilosité pour quelque chose de plus coquet : une fourrure, une peau de bête et, bien vite, un morceau d'écorce ou de tissu. Les pères de l'Église, qui voyaient dans le corps féminin le véhicule du péché, en ont longtemps débattu. La femme inventa-t-elle d'un même mouvement le vêtement et la pudeur ? On peut imaginer que les femelles des premières hordes, peu enclines à enchaîner les maternités, inventèrent le cache-sexe. L'homme aussi, qui désirait cacher certaines manifestations trop visibles de ses pulsions. Le tabou de l'inceste, fondateur de la culture et de la société, n'est pas loin, aussi a-t-on vu dans la dissimulation des parties génitales les marques d'un progrès de civilisation.

> " Le poil est du côté du dévêtu, de la pulsion et de l'animalité. Il s'oppose au vêtu qui se réclame du progrès de la culture. "

La ceinture fut probablement la première pièce de vêtement qui vint habiller de symboles des corps humains bien réels ; séparant le haut du bas, les organes de la digestion de ceux de la reproduction, le spirituel de l'incarné. Rapidement cette dissimulation devient un exercice de style et les primitifs furent (et sont) de grands sémiologues qui brodèrent sur le thème : comment mieux montrer en cachant. Montaigne ne s'y était pas trompé qui avait compris que « toute vesture cache (r) une région du corps pour mieux appeler l'attention sur elle ». L'homme croit si peu à la vérité de sa nudité qu'il a toujours eu besoin de faire parler son apparence en la modifiant. Il n'a de cesse de plier son corps physique au corps social. Ce passage donne souvent lieu à des rituels importants, durant lesquels le corps des adolescent(e)s est marqué du « sceau » du clan. L'insertion de l'individu dans le groupe est conditionnée par l'observation de ces conventions esthétiques, de ces modes. La pression sociale suffit. Le vêtement est magique car il accompagne toutes les investitures. Il préside à la majesté papale ou royale, il adoube le chevalier, il introduit l'adolescent dans son groupe social, il prépare le matador à la lutte. En bref, il permet l'exercice d'un principe plus grand que l'homme lui-même.

Corps social et corps physique : l'ordre des hiérarchies

Comme il existe des malades du langage, il existe des malades de leurs vêtements. C'est ce que suggère Yves Saint-Laurent[1] en parlant du « merveilleux silence du vêtement » qu'il compare au merveilleux silence de la santé. On dit souvent d'une personne qu'elle est empruntée lorsque son vêtement semble ne pas correspondre à ce qu'elle est. Ainsi en est-il de tous ceux qui supportent d'être contraints et qui ne vivent pas en accord avec leur identité.

Il peut sembler contradictoire de parler ici de silence alors que mon intention est de vous familiariser avec le langage du vêtement. C'est qu'avant d'arriver à « ce moment de grâce où le corps et ce qu'il porte ne sont plus qu'un, où cette union toute spirituelle, se résume en un mot, l'élégance »[2], il faut apprendre à

---

1. Préface d'Yves Saint Laurent dans *Histoire technique et morale du vêtement*, Maguelonne Toussaint-Samat, Bordas Cultures, 1990.
2. *Idem.*

faire ses gammes. Le grand couturier lui-même avoue avoir mis des années à apprivoiser la couleur et la matière.

Le langage du vêtement

Le langage du vêtement remonte à la nuit des temps. Il nous raconte l'histoire de notre désir. Il nous raconte aussi l'histoire de notre société, de nos mœurs, de notre économie, de notre art, de nos savoir-faire. « Il (le vêtement) est objet à la fois historique et sociologique s'il en fut (...) toujours implicitement conçu comme le signifiant particulier d'un signifié général qui lui est extérieur (époque, pays, classe sociale) », dit Roland Barthes[1]. C'est à ces racines-là que les codes esthétiques prirent leur source. Ils viennent d'un passé et évoluent, avec nos mœurs, vers un futur. Et nul ne saurait s'abstraire de cette filiation.

Ajoutons que la manière de porter un vêtement, l'assemblage des différentes pièces, leur couleur et leur matière, sont au moins aussi importants que le vêtement lui-même : la *gentry* anglaise ne se reconnaît-elle pas à son dédain de l'ostentation, au point de demander aux valets de chambre d'user les vestes de *tweed* trop neuves ou de polir à l'os de mouton des chaussures éternellement ressemelées ? L'*entretien* est une valeur clé du vêtement.

Le vêtement est différent des autres vecteurs d'image car il est un lieu idéal de régulation des tensions entre nous et le monde *si on a prise sur lui*. Encore faut-il se rendre maître des codes et des signes qu'il véhicule. Là encore l'important n'est pas de s'exprimer (dire ce que je veux) mais d'obtenir de son interlocuteur la réponse que l'on attend (influencer). C'est l'objet des pages qui suivent.

---

1. Roland Barthes, « Histoire et sociologie du vêtement », *Annales*, 12e année, juillet-septembre 1957, n° 3.

"
Le vêtement est une interface entre nous et le monde.
"

Il participe à votre communication globale à trois niveaux différents :

– Pour **l'interlocuteur**, il est le vecteur puissant de signes concernant l'appartenance (classe sociale, style de vie, emploi, position hiérarchique, appartenance à un groupe) ;

– Pour **vous-même**, il est un inducteur psychologique. Couleurs, confort, prestance, coupe, accessoires peuvent modifier notablement votre comportement et vous faire évoluer du mal à l'aise au bien-être ;

– Il a charge de **votre identité** car il est l'artisan de votre « distinction » sociale ; celle qui vous permettra de revendiquer une place individuelle et gratifiante au sein de la collectivité.

Laissez ici plus que jamais ces adjectifs « beau » et « laid » qui limitent le monde à votre vision individuelle. Ce qui est « beau » aujourd'hui sera à coup sûr « laid » demain ; ce qui est « laid » ici sera « beau » ailleurs. C'est à une grammaire plus vaste et plus durable qu'il faut s'entraîner.

Appartenir et se distinguer : la mode, un projet contradictoire ?

Il suffit de feuilleter un album de mode du temps jadis pour constater que c'est non seulement sur le corps, mais sur les apparences et le vêtement que s'expriment de manière privilégiée les rapports de l'homme avec le monde social. Le corps physique est inclus dans un corps social.

> La mode est la codification de signes qui visent
> deux buts apparemment contradictoires :
> **– revendiquer notre appartenance**
> à un groupe donné,
> **– nous distinguer comme différent**
> à l'intérieur de ce groupe.

Étui pénien, bleu de travail, djellaba, vêtement militaire ou costume trois-pièces, s'habiller n'est pas seulement se protéger du froid ou du regard, c'est aussi répondre aux besoins :
– d'appartenance ➡ faire partie d'un groupe où j'ai ma place,
– de reconnaissance ➡ savoir qui je suis, ce que je désire, et l'exprimer aux autres,
– de réalisation ➡ influencer, sentir que ce que je fais a un impact.

Qu'un seul de ces trois besoins soit ignoré, c'est non seulement votre identité mais votre image tout entière qui en pâtit. Les termes de nos ajustements au monde social subissent l'influence de nombreux paramètres biologiques, culturels, économiques, politiques, historiques, temporels. Un des premiers messages émis par le vêtement est cependant un message socio-politique.

Les États, nous le verrons, ont toujours tenté de contenir ou de maintenir un corps trop souvent rebelle, et ceci, dès la naissance. Jusqu'à récemment on emmaillotait les tout-petits dans d'étroites bandelettes, parfois renforcées de bois. L'histoire du vêtement est bien une histoire de la contention ; du corset – porté parfois par les hommes – au *body building* contemporain, c'est une histoire à fleur de peau. Contention du corps physique par le corps social, contention des pulsions et des désirs.

Ce rapport au corps-plaisir et à l'État-devoir sous-tend votre image. Il rejoint les horizontales contact-retrait, créativité-conservatisme, expansion-rigidité évoquées dans les pages précédentes. Votre aisance ou votre contrainte, votre rigueur ou votre fantaisie, votre obéissance ou votre rébellion sont les premiers grands codes perceptibles de votre image.

> S'habiller, c'est prendre sa place
> dans l'ordre des hiérarchies sociales.
> L'histoire du vêtement
> est une histoire de la contention.
> Le rapport au corps-plaisir
> ou à l'État-devoir régit
> nos relations au vêtement.

Le langage de votre vêtement d'aujourd'hui est régi par des choix personnels, mais surtout par des consensus historiques et collectifs dont peu d'entre vous sont conscients. Les grandes variations socio-économiques ont laissé des traces sémantiques stables sur notre apparence. Nous les appellerons des *tendances* dans le sens d'une dynamique, d'un « aller vers ».

" Notre ignorance des racines culturelles liées aux signes esthétiques rend souvent flous et subjectifs les messages dont nous nous voulons porteurs. "

« Cela me va bien », entend-on souvent d'une personne qui, par ailleurs, massacre allégrement son image. Je vous invite à sortir du subjectif pour plonger dans la complexité des grands mouvements de mode, l'objectif. Un exemple : qui peut encore ignorer aujourd'hui ce que les signifiants « cols bleus, cols blancs » recouvrent ? Dans les campagnes – les cols bleus – où l'on passe la semaine en bleu de travail ou en tablier, on « s'habille » le dimanche. Tandis qu'à la ville – ou dans l'entreprise – on doit porter costume et cravate en semaine. S'habiller le dimanche est aujourd'hui connoté négativement : on revêtira son vieux jogging et l'on n'aura aucune honte à rencontrer des amis vêtus d'un *jean*. Par extension, on adoptera des vêtements de sport raffinés, laissant une grande aisance.

Voilà de quelle manière se dessine, à travers un revirement socio-économique, l'élaboration nouvelle d'un code esthétique. Les États-Unis se sont intéressés dès 1960 aux grandes tendances socioculturelles et à la manière dont, selon les temps, les individus se positionnent – en retrait de protection ou en aventurier créatif – entre les valeurs essentielles du plaisir et du devoir.

Avant de vous fournir les éléments concrets d'une garde-robe en accord avec votre univers professionnel et privé, restons fidèles à notre but initial : vous rendre maître de votre Capital Image et non pas esclave de codes que vous ne reconnaissez pas. Le langage du vêtement comme le langage parlé s'est conçu au fil des jours, et sa grammaire est issue des consensus sociaux. Ouvrons ensemble les portes de votre héritage européen et de sa syntaxe à travers l'histoire morale et technique du vêtement.

Votre héritage européen en 12 tendances

Il serait banal de dire que la mode a tout envahi : la mode n'a-t-elle pas toujours existé ? Et pourtant ce n'est que depuis la dernière guerre que s'est véritablement amorcé ce mouvement continu qui dépasse de loin le vêtement et préside à la vie des signes, des idées, des produits, rendant leur obsolescence inévitable. La mode est le baromètre de l'air du temps. Qui peut dire aujourd'hui qu'il vit en marge de la mode et de ses implications commerciales et idéologiques ? Comme en astrologie, il y a dans l'histoire des apparences des mouvements rapides et peu durables et des mouvements lents qui signent de véritables mutations de société.

LA MODE SIGNE NOS RAPPORTS AU DÉSIR À TRAVERS...

Le pouvoir : l'État, l'institution, la loi.
Le corps : plaisir, devoir, sexualité,
transgression, créativité.
Le féminin et le masculin :
différenciation ou confusion des genres,
séduction, sérieux, solidité.
L'économie : utilité, savoir-faire, entretien,
durabilité, solidité, coût.
Le monde du travail :
hiérarchie, rôle, emploi, pouvoir.

Le repérage de ces mouvements lents, des tendances, va vous permettre de construire votre image d'aujourd'hui en connaissance de cause car ils définissent, peu à peu, une grammaire de base. Tout ce que vous posez sur votre corps vient d'un passé et évolue vers un futur. C'est ce mouvement et sa direction qu'il faut bien saisir pour ne pas être une girouette de la mode mais une personnalité qui a du style et qui vit en accord avec son temps.

Voyons ensemble comment se forma la longue chaîne des tendances passées. Le climat et les modes de vie ont dégagé dans l'histoire du vêtement deux grands groupes :
– L'humanité drapée, avec les *saris*, les *péplums* de la Méditerranée et de l'Inde, le *shenti* égyptien ou l'*exomide* de l'antiquité grecque.

– L'humanité coupée-cousue, avec les vêtements mongols (la tunique et le pantalon rayonnèrent avec les migrations) les braies, puis le vêtement des Gaulois.

Le passage des formes flottantes aux formes ajustées marque le passage d'un mode de vie géré par le geste et la parole à une société gérée par la machine. C'est elle qui, avec l'avènement de la bourgeoisie, prévaut aujourd'hui en Europe. Le corps européen est un corps contenu.

Mode et pouvoir : les lois somptuaires

On oublie parfois que la mode européenne (et pas seulement la mode de l'Islam) a toujours entretenu avec le pouvoir des relations étroites : le Portugal, au XVIIe siècle, ne possédait pas moins de 800 lois somptuaires qui venaient légiférer sur la couleur d'un voile, le port des fourrures, le nombre des bijoux, et même la coupe de la barbe et la façon de nouer sa cravate. En Angleterre, Édouard IV s'attaque aux chaussures et décrète « qu'aucun chevalier en dessous du rang de lord (...) ne portera chaussures ni bottes dont la pointe ne dépasse la longueur de cinq centimètres, sans se voir retirer quarante pence ». La haute couture contemporaine prend la succession des lois somptuaires et de ses diktats.

Lorsque la Révolution française décrète le 18 Brumaire de l'an II (29 octobre 1793) que « nulle personne de l'un et de l'autre sexe ne pourra contraindre aucun citoyen et citoyenne de se vêtir d'une façon particulière (...) chacun est libre de porter les vêtements et ajustements de son sexe », elle croit mettre fin aux diktats de l'État sur la mise des personnes. Champion de la casuistique, ce texte exclut implicitement du débat les femmes et le pantalon qui fut longtemps hors-la-loi. Une femme, forgeron de son état et qui portait le pantalon et le tablier de cuir, fut peu après déclarée coupable.

Il faut souligner que cette intention louable de libéralisation du vêtement ne mènera pas pour autant au chaos – ni à la liberté d'ailleurs. Notons simplement que des formes moins contraignantes, plus drapées, apparurent régulièrement au moment des grandes révolutions d'idées : mai 1968 en fit encore la preuve. En revanche, il y a toujours de la décadence dans l'extravagance : les formes compliquées accompagnent toujours un psychisme torturé.

Pour l'heure, les lois somptuaires et leurs diktats seront remplacées par la pression sociale. Des règles occultes – ce qui se fait et ce qui ne se fait pas – seront édictées par les classes montantes ou dominantes qui tiennent à se distinguer.

Première tendance
Aux diktats succède la pression sociale.
Deuxième tendance
Le corps européen est un corps contenu et morcelé.

Conséquence ? Les codes vestimentaires de la bienséance ou de la correction sont toujours pris dans le vocabulaire des classes montantes ou dominantes. Afin de démoder ces codes et d'en conserver ainsi l'exclusivité, les classes dominantes en reformulent perpétuellement les éléments. Ce mouvement de changement perpétuel s'appelle la mode.

Mode et corps : confort ou contenance

Madame de Sévigné qui prenait souvent la diligence pour aller voir sa fille se plaignait que son « corps » la fit souffrir. Il ne s'agissait pas d'un éventuel cor au pied mais d'un triangle garni de bois qui, plus tard, fut remplacé par les baleines de métal ou d'os et qui tenait le buste droit en maintenant la poitrine. Les vastes paniers, les superpositions de tissus, les perruques, les sous-jupes et chemises, les châles, les voiles et bonnets nous renvoient, à cette époque, à des valeurs sémantiques d'encombrement, de noble lenteur, de richesse installée, de protection amoncelée, de contrôle, de dignité, d'apparat, de respectabilité : une mise à distance de son corps et des autres. Ces signes se retrouvent aujourd'hui dans le vêtement religieux ou judiciaire. Ils ont encore cours dans le vêtement quotidien où l'amplitude d'un manteau, la large carrure, l'amoncellement des étoffes superposées s'opposera toujours aux valeurs de jeunesse, de rapidité et de modernisme d'un vêtement unique, vite enfilé, vite lavé, vite séché. La « petite peste » de Kokaï, une héroïne publicitaire de notre temps, illustre bien ce trajet de la modernité. Court vêtue, elle recycle avec humour les valeurs de maman, son tailleur à boutons dorés, son catogan, ses talons aiguilles. Elle ne craint pas plus de montrer son corps que ses sentiments. Les valeurs sémantiques liées à son image sont celles d'ironie, de jeunesse, de provocation, de rapidité. Elle est bien loin de la dame d'antan qui portait au quotidien crinoline, jupons, sous-jupes et paniers.

À deux siècles de distance, ces deux femmes balisent un mouvement d'autonomie féminine qui semble irréversible, mais aussi un glissement vers l'aisance du corps et la praticité, auquel la médecine et le sport ne sont pas étrangers.

Troisième tendance
Avènement progressif des valeurs
de confort et de plaisir,
avec un rapprochement de son propre corps
et de celui des autres.
Quatrième tendance
Décontraction d'une mode
de plus en plus pratique.

Conséquence ? Mieux vaut « moins en faire » que « trop en faire. » On a tous en mémoire l'image de ces vieilles Américaines vêtues en pleine après-midi comme pour le mariage de leur fille. Dorures, ornements, et autres falbalas déclassent. La simplicité sous peine de paraître pauvre sera toutefois démentie par l'usage de matières de grande qualité.

Mode et sexes : la grande mutation

Vers 1850, la femme comme il faut ne travaille pas et change de toilette à toutes les heures du jour. Sa large crinoline exprime de manière détournée la surface sociale de son époux. L'hygiène ne suit pas : les dames sentent mauvais et cachent sous leurs crinolines des petits flacons d'odeurs. La phtisie est parfois le lot cruel de ces automutilations. La femme est l'enseigne de l'homme et affiche son rang, faute d'un statut plus personnel. Porter une culotte est interdit. Le port de la jupe – ouverte – semble en relation avec le maintien de la dépendance féminine. Madame Bloomer, une féministe anglaise, se battra sans succès pour mettre fin à cette incongruité. Le pantalon à la cheville puis la culotte au genou se firent accepter sans remous un peu plus tard, alors que personne n'y pensait plus et que les femmes eurent envie de monter à bicyclette.

En Europe, s'élèvent les ateliers du monde, les premiers grands magasins, les chemins de fer, le télégraphe et l'électricité. La médecine explore les corps et fait ses grandes conquêtes, les premiers voyages (Jules Verne) font rêver à la fée technicité.

L'homme amorce sa grande mutation et choisit pour la première fois et pour longtemps de se démarquer radicalement de la parure féminine. Finis les jabots, plastrons de dentelles, couleurs chatoyantes et autres préciosités. À lui le sérieux, la sobriété et le fonctionnalisme ; à elle la séduction et les frous-frous. La dialectique des genres homme-femme s'inverse car la bourgeoisie montante rompt avec les ornements et les couleurs chatoyantes de la noblesse. Elle revendique des valeurs d'épargne et de probité et s'empèse dans le noir, les faux cols, les manchettes et plastrons rigides. Le vocabulaire visuel de « l'être » (masculin) – gris, noir, bleu marine – s'oppose à celui du « paraître » (la femme) – les couleurs, l'ornementation, le superflu.

Cinquième tendance
Le vestiaire masculin se démarque
du vestiaire féminin.

Conséquence ? "Gentlemen don't wear brown", dit encore la *gentry* anglaise soucieuse de se démarquer du vêtement de ses domestiques. Le message tient toujours, même s'il s'adoucit. Le brun est réservé aux tenues informelles, et peu de couleurs vous sont permises : le bleu marine, le gris dans ses différents états ; le vert foncé et le bordeaux font une apparition timide. Le *camel* aussi. Attention au marron et aux vestes de *tweed*, déconseillées dans certaines fonctions directoriales ! Évitez le noir, sinon dans des circonstances très formelles (vêtement du soir). Bannissez le bleu clair de vos costumes : il est réservé aux chanteurs d'opéra ou aux animateurs de TV.

Mode et économie : l'étoffe des héros

Édouard VIII, prince de Galles, aime l'élégance et rêve de desserrer sa cravate. Il veut relancer l'économie anglaise et les grandes usines de tissage de son pays. Résultat ? Le *tweed* devient le roi du vêtement masculin, de Sherlock Holmes à Jules Verne. À Harris, au nord de l'Écosse, on teint encore avec des lichens, des tourbes et des fleurs les fils de couleurs qui seront mêlés aux fils gris traditionnels. Coco Chanel l'ennoblira encore en l'utilisant pour ses tailleurs. Le tricot de cachemire, les couleurs douces et les cols souples remplacent l'implacable « marée noire » des premiers temps de l'industrialisation. L'Amérique s'y met aussi, et les amateurs de croisières et de vacances en Europe popularisent le coton, les teintes pastel et les vêtements de sport. Les as de la dernière guerre viendront ajouter le point final en rendant héroïque la forte toile de coton marron qu'on appela plus tard *denim* (en la teignant à l'indigo de Nîmes). Le *jean* (de Gênes) devient mythique et accompagne la conquête des grands espaces avec le blouson de cuir des aviateurs et les mocassins.

Sixième tendance
Le vêtement masculin s'assouplit
et intègre la couleur.
Septième tendance
Les héros signent les matières « vraies »
– cachemire, cuir, coton, laine, lin.

Mode et travail : l'apparition des « basiques »

Pendant la guerre, nombreuses sont les femmes à prendre la place des hommes partis au front. Les longues chevelures font place à des nuques rasées, plus pratiques et plus sûres devant les machines. Chanel invente le bronzage sur la peau nue et le déclassé avec des tissus simples : la toile à parachute et le jersey, les chaussures sport (des tennis) ; les formes intemporelles réservées, jusque-là, aux hommes (pantalons, chemisiers, chandails, vestes, tailleurs) sont recyclées par les femmes qui y voient une praticité nouvelle. La séparation des genres féminin-masculin s'atténue. Ces éléments vont rester à la base d'un vocabulaire féminin de responsabilité, de liberté et d'aisance retrouvée. Ce sont les « basiques ». Des intemporels qui comptent dans le monde du travail.

Huitième tendance
La mode féminine s'approprie les éléments
de la garde-robe masculine :
le *trench*, la chemise, le pantalon, la veste,
le chandail, les chaussures plates
deviennent les « basiques » de la modernité.
La différence entre les sexes se réfugie
alors dans le détail :
pointes d'un col, broderies d'un chemisier,
matières plus ou moins douces
ou chatoyantes, couleurs.

Conséquence ? La tendance n'est pas à l'unisexe, comme on a pu le dire, mais au partage de quelques vêtements parfaitement adaptés à leur fonction. Ces « basiques », comme leur nom l'indique, devraient être à la base de toute garde-robe homme et femme. Ils sont le signe non de valeurs d'opposition mais de valeurs de dialogue et d'aisance.

Mode et politique : décaler, c'est transgresser

Mai 68 remet en cause l'establishment et brouille les codes : le vêtement perd ses repères et va chercher ses codes dans « l'ailleurs ». Tous les genres sont déplacés, mélangés, confondus. On met des vêtements de nuit le jour, des vêtements d'ethnies étrangères – l'Inde, l'Afrique – chez soi, des vêtements professionnels – bleu de travail – en vacances, les femmes mettent les vêtements des hommes et *vice versa*. On est alors persuadé qu'on est hors la mode.

C'est l'avènement d'une communication à tous crins qui ne se pose pas encore la question de savoir si elle a quelque chose à dire. L'époque est prise d'une frénésie et consomme les signes à une vitesse croissante. Il faut être « branché » ou mourir. Les fous du *zap* et du *clip* font fortune. Il devient difficile de dire la classe sociale des gens d'après leur apparence.

Les garçons mettent le complet noir trop grand de papa car l'ironie devient un système qu'utilisent les classes montantes pour recycler des signes de distinction édictés par les classes dominantes : l'exclusivité est démodée par la profusion du même (sac Vuitton, faux bijoux), le luxe par la copie ou le plagiat (fourrure artificielle). La provocation devient une institution, l'ironie une aristocratie qui vient démentir l'apparente adhésion aux codes en vigueur. Les « décalés » prennent le pouvoir et inventent durablement une nouvelle liberté par rapport aux codes. Transgresser c'est créer.

> **Neuvième tendance**
> L'ironie est un nouveau vocabulaire.
> Elle « décale » et introduit du jeu, permettant
> à la créativité de supplanter le pouvoir.
> La jeunesse impose ses valeurs
> d'ironie souriante par rapport à l'establishment.
> Le point d'abîme de ce mouvement est
> le *destroy*, le *grunge* ou le *Deschien*
> qui se perd dans l'autodérision
> et le masochisme du *piercing.*

Conséquence ? Les « décalés » vont déployer une supériorité en transgressant de manière créative les codes et les signes de l'exclusivisme : on met un foulard Hermès avec une chemise en *jean*, une chemise en *jean* avec une cravate et un veston, un veston avec un T-shirt, des chaussures de marche avec une robe de mousseline.

Mode et séduction : on veut tout !

Cela ressemble au règne du corps libéré, mais c'est plutôt celui du corps maîtrisé (parfois torturé) par le *body building* et la forme. Le sport envahit la ville. Saoule d'image et de *zapping*, gavée de stimulations et de changements, l'époque se recentre autour de valeurs de permanence et de stabilité. On reparle du mariage et de la complicité entre les sexes comme d'une valeur en hausse ; le cocooning et un goût certain pour l'authentique et le durable succèdent à une frénésie du jetable. Les hommes vivent une crise d'identité profonde : ils se tournent de plus en plus vers la chirurgie esthétique et investissent les clubs de sport, achétent des produits esthétiques, et fréquentent les instituts de thalassothérapie. La crise économique est un des facteurs essentiels du changement. Le vêtement dans l'entreprise se codifie autour des valeurs communes du sérieux sans la rigidité, de la compétence sans la pédanterie. La séduction ne dément plus l'efficacité.

Dixième tendance
La séduction n'est plus taboue
et devient l'arme cachée du pouvoir.
Onzième tendance
La qualité se réfugie
dans la stabilité des matières nobles,
dans la valeur ajoutée de la coupe
et la beauté des finitions.
Douxième tendance
La supériorité est à la transgression créative.

On peut se demander si cette évolution est due à la crise ou à l'évolution d'une société qui voue un culte à la performance et à la jeunesse éternelle, pourvu que cette réflexion prenne en compte le (les) principe de réalité. Si vous ne mémorisiez qu'une seule de ces douze tendances, il faudrait vous souvenir que le vêtement va immuablement vers une praticité de plus en plus grande car l'entretien entre dans le coût d'amortissement d'un vêtement. De cette tendance majeure découlent trois tendances clés à connaître sur le bout des doigts.

QUATRE TENDANCES CLÉS À MÉMORISER

1) Le vêtement féminin évolue vers le vêtement masculin.

Les hommes nous ont donné le pantalon, la veste tailleur, le blazer, la chemise, les chaussures plates et robustes, les cheveux courts, les T-shirts, la cravate, le polo, les shorts, le jean.

2) Le vêtement de ville évolue vers le vêtement de la campagne.

Notre vêtement de ville intègre aujourd'hui des textures autrefois strictement campagnardes : chambray, coton, jean, lin. Les formes se simplifient ; le froissé, le délavé, caractères d'un vêtement qui travaille sous le soleil, font partie aujourd'hui du vêtement de ville. Les fleurettes se retrouvent sur la cravate des messieurs. La santiag se porte en ville. La converse aussi.

3) Le vêtement de travail glisse vers le vêtement de loisir et de sport.

Le sport est l'événement de la fin du siècle et le vêtement de sport envahit le vêtement professionnel. Larges parkas de coton ou manteaux trois-quarts de coton enduit se portent sur le costume cravate, le mocassin circule sur les trottoirs asphaltés, le polo se porte avec un blazer. La chaussure tennis aussi.

4) La chaussure sport passe du sport à la ville et au soir et ceci pour les hommes comme pour les femmes.

Chapitre 4

Soyez
votre supporter n° 1 !

« Pourquoi l'art du vêtement est-il abandonné tout entier au caprice des tailleurs et des couturières dans une civilisation où l'habit est d'une grande importance ? »

Th. Gautier

Nous vivons une époque formidable : le vêtement-contrainte, sorte de camisole morale, s'éloigne de nous. C'est que, de la naissance à la mort, les siècles ont passé sur un corps torturé. Le bébé, dès sa naissance, était déjà proprement ficelé afin, croyait-on, « de donner à son petit corps la figure droite qui est la plus décente et la plus convenable à l'homme (...) car sans cela il marcherait peut-être à quatre pattes comme la plupart des autres animaux »[1]. Il aura fallu à Jean-Jacques Rousseau, qui recommandait « des langes flottants et larges qui laissent tous ses membres en liberté », bien des années pour être entendu. Le péché de chair et l'expiation

---

1. Maguelonne Toussaint-Samat, *Histoire technique et morale du vêtement.* Éditions Bordas Cultures, 1990.

morbide n'étaient pas loin de cette « géhenne ». Montaigne appelait ainsi ces autopunitions venues d'un Moyen Âge mystique, qui abhorrait le corps et voyait dans notre enveloppe charnelle la source du péché.

Finis les *corps* de bois, d'os ou de métal qui entrent dans la chair, finis les *baleines* et les *buscs* ; finis les corsets à la Ninon ou à l'anglaise (en forme de sablier) ; fini le *cul* (petit coussin de crin posé sur le bas des reins), finis le *pouf* et la *tournure*, les *paniers* et autres *crinolines*. Fini, comme l'appelle élégamment Philippe Perrot, « le principe aristocratique de l'entrave ostentatoire à tout ce qui permettait au corps féminin de fournir et de signaler un travail utile »[1].

La Grande Guerre, avant Poiret qui désentrava les croupes pour mieux entraver les jambes, vint rendre aux femmes un corps sain *et* beau. La découverte des fibres souples comme le lycra permit au *panty* de préparer l'évolution vers le collant. Le *body building* fit le reste du chemin vers la réconciliation : ce corps haï est en voie d'être adoré.

Du côté des hommes, on n'est pas en reste. Après le *baby boom* des années soixante, et quelques années d'une élégance précieuse et décadente qui va de l'*edwardian look* (cols de velours et redingotes) au *jean* et aux cheveux longs, c'est le retour au style *clean* et à une force tranquille qui n'exclut pas la désinvolture.

> **Le luxe se met à la portée d'un plus grand nombre et c'est à un véritable nivellement par le haut que l'on assiste.**

Vous pouvez, en toute tranquillité, être votre supporter n° 1.

---

1. Philippe Perrot, *Le travail des apparences ou les transformations du corps féminin,* Le Seuil, 1984.

Que dites-vous avant d'avoir dit bonjour ?

Ils ont tout, le talent, l'audace, les savoir-faire, le dynamisme, les moyens… mais ça ne se voit pas. Ils sabotent leur carrière – et parfois leur vie privée – avec leur image. Mieux, on dirait que plus ils sont convaincus de leur valeur personnelle, plus ils foncent dans le brouillard sans se préoccuper de ce que dit leur image. C'est naïf et quels dégâts pour ces malheureux qui sont victimes d'une maladie fort courante : celle des gens-qui-communiquent-tout-seuls !

Le charme est un ingrédient magique qui s'accommode parfois de ces négligences. Encore faut-il qu'elles soient assumées haut et fort, comme un véritable effet de style. « Je suis tellement occupé à être que je n'ai pas le temps de paraître », est alors le message, qui est une coquetterie comme une autre. Il faut le génie de Woody Allen, son humour au second degré et sa tendresse pour « emporter » les horribles chemises à carreaux qu'il revêt depuis toujours. Il faut tout le talent de Marguerite Yourcenar, son « allure » hors du temps, pour « emporter » les châles, les étoles et les capes dont elle s'est affublée sa vie durant. Le vêtement s'incline devant ces personnalités. Elles sont prêtes pour l'éternité et foulent des pieds ces attributs du temporel.

Mais nous – vous… qui n'avons pas l'éternité mais quatre malheureuses minutes pour faire impression, assurons-nous non seulement qu'elle soit bonne, mais qu'elle dise bien ce que nous voulons dire.

> **Il n'existe aucune gomme pour effacer notre image.**

L'impression sera d'abord visuelle, ce qui ne veut pas dire qu'elle n'engage pas non plus tous nos comportements. Elle se décompose en quatre points qui disent tout de vous, avant même que vous n'ayez dit bonjour :
– lisibilité,
– assignabilité,
– pertinence,
– valorisation.

QUE DIT VOTRE IMAGE ?

À l'aise ? Que dit votre image de votre relation à vous-même, à votre corps, à votre sexualité ? Reflète-t-elle votre souplesse d'adaptation, votre enracinement ? Votre estime de vous-même ? Est-elle congruente, capitalise-t-elle les effets positifs ? Indique-t-elle que vous savez ce que vous voulez ?

En contact ? Que dit votre image de votre capacité à établir un rapport avec autrui et à faire du lien ? Est-elle lisible ? Est-elle stimulante ou atone ? Les signaux d'ouverture sont-ils explicites ? Apporte-t-elle la bonne nouvelle d'une relation conviviale, sans gagnant ni perdant ?

À l'écoute ? Que dit votre image de votre disponibilité à autrui ? Que dit-elle de votre capacité à écouter, à vous ouvrir à d'autres cadres de référence ? À percevoir l'autre dans sa singularité ? À le respecter ?

En valeur ? Votre image vous valorise-t-elle ? Montre-t-elle que vous prêtez attention à vous-même ? Met-elle en évidence vos qualités, votre statut ? Est-elle messagère de plaisir pour autrui ?

CE QUE L'ON PEUT DÉCODER
EN VOUS REGARDANT :

Clarté du DÉSIR et assertivité ;
Capacité de LIEN et de communication ;
Tolérance à l'ALTÉRITÉ et créativité ;
Estime de soi et SÉCURITÉ **intérieure**.

Les dessous de votre image : le poids des rêves

Il est utile de rappeler qu'en latin, le masque de théâtre se dit *persona*.

> " Passer de l'identité à la personne, c'est donner corps à des idées et c'est donner forme à votre image. "

Lacan appelle « stade du miroir » ce moment clé ou l'être (en l'occurrence le petit enfant) se reconnaît dans l'autre, l'image dans le miroir. Passer d'une dimension à *l'autre*, de celle de la pensée à celle de la représentation, n'est pas facile. Qu'y a-t-il entre pensée et corps ? Entre forme et sens ? Nos possibilités de concevoir tournent court, le langage lui-même s'essouffle. On dit alors « c'est comme si » pour trouver, avec la *métaphore*, un passage vers quelque chose de plus évocateur. On dit une chose avec une autre. C'est ce que faisait Claudel lorsqu'il disait que « le

73

regard écoute », indiquant que des passerelles existent d'un univers de communication à un autre.

Depuis la nuit des temps, les symboles – le nom vient de l'antiquité où le *symboleon* était une monnaie d'échange utilisée par deux personnes pour se reconnaître – viennent à notre secours pour représenter des choses que le langage est impuissant à exprimer : amour, liberté, confiance, professionnalisme, autorité, crédibilité, beauté. Il en va de même des valeurs personnelles dont vous vous voulez porteur. Ces symboles renvoient à des souvenirs personnels ou communs à tous les hommes.

> « S'intéresser à la représentation de ce que vous êtes, ce n'est pas faire joujou avec une poupée futile, c'est sculpter votre statue intérieure pour la faire exister à l'extérieur. »

Jung a donné un nom à cette statue intérieure, il l'a appelée le Soi. Le Soi est la partie réalisée de vous-même, celle qui a négocié avec la réalité et son rêve une place satisfaisante au sein du monde social tel qu'il est. De l'Image de Soi à l'image *du* Soi il n'y a qu'un pas. Faisons-le ensemble afin que votre image soit la plus belle et la plus accomplie possible : celle d'un prince plutôt que celle d'un crapaud, d'une princesse plutôt que d'une sorcière. Sans avoir fait de philo, on peut tout de même jeter un coup d'œil sur les outils qui feront de vous les sculpteurs talentueux de votre statue intérieure. Symboles, archétypes, signes, sémiologie, autant de noms compliqués qui recouvrent des mécanismes dont la compréhension rendra votre communication limpide.

Mais, auparavant, voyons comment se pose le problème de la représentation de soi. Comment faites-vous pour montrer sur votre image que vous êtes sincère, crédible, compétent, fiable, solide ou créatif ? Que vous avez de l'autorité, une âme de leader, du pouvoir, de la volonté, du dynamisme, que sais-je ?

La représentation, c'est donner corps à des idées.

Lorsque Magritte peint sur son fameux tableau représentant une pipe « ceci n'est pas une pipe », il nous rappelle qu'un objet n'est jamais vu mais qu'il est toujours pensé. Entre la pensée et l'objet réel, il y a l'immense territoire de la représentation et la nécessité de se rendre maître des bons outils. Il en va de même pour votre image et vous pourriez faire un tabac comme peintre conceptuel en écrivant sur une de vos photographies : « Ceci n'est pas moi. » N'empêche, vous êtes là et il ne vous reste aucun choix possible, votre statut d'humain fait de vous un candidat obligé pour la représentation. Comme lorsque vous parlez – le mot n'est pas *véritablement* la chose qu'il désigne –, c'est dans un vocabulaire puis dans une grammaire de l'image que vous allez puiser. Cette grammaire s'est organisée au fil des temps autour de traces, de projections, d'identifications qui se sédimentèrent pour avoir peu à peu force de loi. Ces codes, nous les jugeons immuables, oubliant qu'ils sont en fait la vision consensuelle d'un groupe donné à un moment donné. Il n'y a qu'à se pencher dans les beaux-arts sur les représentations de la beauté pour s'apercevoir que rien ne ressemble moins à une beauté de Fragonard qu'une beauté du Second Empire ou qu'une beauté peule. Ignorer volontairement ou involontairement les codes, c'est s'exclure d'un consensus. C'est dire : « Je n'en fais pas partie. » Libre à vous de faire ce que vous voulez ; sachez seulement ce que vous faites.

Cherchez vos héros : entre symboles et archétypes

Chacun a ses symboles ou ses représentations personnels, fruits d'expériences passées : pour l'un l'odeur du muguet évoquera un jour heureux, pour l'autre, une balade tragique dans les bois. Mais il existe au sein des images un tronc commun de la communication : ce sont les archétypes. Ces figures qui ont la force des mythes habitent l'inconscient collectif et font partie du langage commun de notre imaginaire. Les symboles expriment des « idées qui se situent au-delà de ce que la raison peut saisir »[1]. Le soleil, par exemple, est symbole du divin, le serpent – encore présent sur le caducée – symbole de l'acte de guérir, le dragon, celui du mal, le lion, celui du courage, etc. L'archétype vient de la nuit des temps et s'est élaboré à la suite d'une longue évolution historique. Il est différent d'un simple signe dans la mesure où « il implique quelque chose de plus que leur sens évident et immédiat »[2].

> Avec l'archétype, c'est la force d'un engramme collectif qui s'exprime : sa numinosité.

Certains sont plus ou moins évocateurs, plus ou moins parlants. Jung parle de leur *numinosité*, un joli mot qui veut dire charme, scintillement, influence. La numinosité d'une image, c'est sa charge affective. Votre silhouette, un des premiers éléments perçu par votre interlocuteur, est déjà porteuse de messages ; avant même que vous n'ayez prononcé un mot, sa numinosité, son potentiel d'évocation et d'émotion, influence votre interlocuteur.

---

1. C.G. Jung, *L'homme et ses symboles*. Éditions Robert Laffont, 1967.
2. *Idem.*

Vos formes sont-elles rondes et douces ? Cela est fréquent, même si vous êtes un homme ; elles évoqueront toujours l'univers maternel et sa sécurité. Votre silhouette est-elle longiligne, êtes-vous grand(e) et mince, plutôt osseux ou osseuse ? Ces formes phalliques, longues ou pointues, évoquent l'univers paternel, la confrontation au monde social et à la loi. Les petites tailles, les formes douces, moelleuses, les couleurs pastel ou très vives, font référence à l'enfance.

Vérifiez ci-après dans quelle catégorie se rangent les premiers symboles dont vous êtes porteurs et voyez s'ils correspondent à vos intentions. Le vêtement a l'avantage énorme de vous aider à modifier ces messages archaïques s'ils ne servent pas vos projets. Voyez ensuite comment les renforcer ou comment les atténuer.

Votre silhouette et ses symboles

SILHOUETTE	SYMBOLE	POUR ATTÉNUER	POUR RENFORCER
Longue, haute fine, osseuse, lisse, foncée, étroite, anguleuse, dure, brusque. **Couleurs :** marine, noir et toutes couleurs sombres	**Paternel :** autorité, loi, force, poids. **Aussi :** violence, brutalité, domination, rigidité. **Effets positifs :** respect, structure, adhésion, cadrage. **Effets négatifs :** crainte, rejet.	Empruntez aux deux autres vocabulaires symboliques. Introduisez des couleurs douces, des matières moelleuses. Élargissez la silhouette. Adoptez les cheveux flous.	Préférez les couleurs sombres. Les tailleurs et les costumes. Les vestons croisés, les chapeaux, les talons hauts, les tissus raides et secs. Chaussures larges avec semelles débordantes.
Ronde, douce moelleuse, courbe. Taille moyenne, allure souple, gestes ronds. **Couleurs :** claires, rose, orange.	**Maternel :** souplesse, protection, douceur. **Aussi :** fusion, manipulation. **Effets positifs :** sécurité, convivialité. **Effets négatifs :** immobilisme, incompétence.	Couleurs sombres et neutres (gris, marine) ou tranchées. Cheveux coiffés en hauteur (chignon). Talons plats. Chapeaux.	Tissus doux, fins moelleux. Chandails, vestes volumineuses, coiffure bouclée. Camaïeux de couleurs claires.

SILHOUETTE	SYMBOLE	POUR ATTÉNUER	POUR RENFORCER
Petite taille et gestes vifs. **Couleurs :** vives : jaune, vert, rouge.	**Enfance :** créativité, rapidité. **Effets positifs :** stimulation, modernisme. **Effets négatifs :** fragilité, éparpillement.	Empruntez aux univers symboliques précédents : tissus secs, couleurs neutres (beige, gris).	Tweeds très épais, très colorés, tissus techno. Chaussures souples, ballerines, Sebago. Couleurs vives ou « sucrées ». Décalez, habillez-vous « casual ».
Taille moyenne gestes mesurés, écoute attentive. **Couleurs :** sobres.	**Adulte** Maturité **Effets positifs :** mesure, gestion des conflits **Effets négatifs :** aucun.	Éclairez de couleurs pastel. Abusez du « décalage » et du « casual ».	Tissus secs (100 %). Lunettes à monture écaille, couleurs sobres.

Pour représenter l'image des gens, l'humanité depuis toujours a recours à des modèles : les héros. Dans l'histoire contemporaine, la pub prend largement le relais. C'est à eux que consciemment ou inconsciemment nous faisons allusion dans notre image. Savez-vous que ces héros qui vous font rêver déambulent dans la famille, l'entreprise et dans les salons dorés de la diplomatie ? Ce dirigeant d'entreprise étouffe dans son veston et dans ses 25 mètres carrés : il se réclame de Sylvester Stalone et Davy Crockett et aimerait bien, comme lui, avoir tué un ours à trois ans. Cela se voit dans son refus absolu de la cravate, dans son amour pour le cuir vieilli et les tonalités feuilles mortes, dans la barbe sauvage qu'il s'obstine à laisser pousser sur son visage. Cette secrétaire rêve d'être la fée Clochette ou Peter Pan. Son visage ne vieillit pas et à cinquante ans elle a toujours sa voix de petite fille. Elle s'habille de couleurs sucrées, de larges pulls de mohair qui sont comme des cocons de barbe à papa. C'est ainsi qu'elle apprivoise l'univers impitoyable de son entreprise.

Ce chef d'entreprise est un vrai Superman : démarche athlétique, biceps gonflés, il aime beaucoup sauver les jolies collaboratrices et les entreprises en difficulté. Cette collaboratrice toute de cuir noir chausse ses bottines cloutées avant de se lancer à l'assaut des marchés boursiers. Telle Lilith, elle garde une longue et sauvage chevelure, signe de sa nature sauvage et indomptée.

Dieux ou diable, belle ou bête, prince ou crapaud, Blanche-Neige ou sorcière, ces héros ne font pas toujours référence à ce qu'il y a de plus agréable en l'homme. Prenez soin de choisir le bon.

Jouez avec nous aux portraits chinois et cherchez dans le tableau ci-après quel est votre héros ou votre héroïne.

> Rappelez-vous aussi que la vie est une scène et qu'il vaut mieux y jouer, comme au théâtre, son « emploi ».

Difficile à la servante de jouer la jeune première, impossible à Arlequin de jouer les pères nobles. Un « emploi » c'est un mélange de ce que la nature vous impose et de ce que l'on fait avec plaisir. Mais certains « emplois » peuvent être réorientés s'ils sont incompatibles avec l'entreprise. Et voyez en fin de volume quels sont les héros compatibles avec l'entreprise, et au sein de quels types d'entreprise ils trouveront leur place.

Questionnaire : Reconnaissez-vous votre héroïne ?
(cf. p. 285)

SI C'ÉTAIT...

UN TISSU	UNE COULEUR	UN CRÉATEUR	UNE COIFFURE	UNE CÉLÉBRITÉ

L'archétype : Lilith, Circé, Carmen, les sirènes d'Ulysse.
L'héroïne contemporaine : l'ensorceleuse, la magicienne, l'allumeuse.

1) cuir clouté	1) noir	1) Azzaro	1) longs frisés	1) Grace Jones
2) fourrure	2) rouge	2) Montana	2) en brosse	2) Lauren Bacall
3) satin	3) mauve	3) Mugler	3) gominés	3) Gloria Swanson

Évocations : influence-provocation. Mais aussi...
Démesure, influence démoniaque, magie, sensualité, violence, transgression, destruction.

L'archétype : Pénélope, les muses, la Vierge sage.
L'héroïne contemporaine : la compagne, la partenaire.

1) pure laine	1) bleu marine	1) Hermès	1) catogan	1) S. de Beauvoir
2) gabardine	2) marron	2) Hechter	2) mi-longs, lisses	2) M.-Ch. Barrault
3) coton	3) beige	3) Benneton		

Évocations : tradition-institution. Mais aussi...
Protection, efficacité, compétence, mesure, calme, fidélité, crédibilité, institution, discrétion, discipline.

L'archétype : Diane chasseresse.
L'héroïne contemporaine : la battante, la gagneuse, la femme d'action.

1) cachemire	1) jaune	1) J.-P. Gaultier	1) mi-courts	1) Ch. Okrent
2) les mélanges	2) rouge vif	2) Alaïa	2) mi-longs	2) Jane Fonda
3) le jean	3) vert	3) C. Klein	(dégradés)	3) Cory Aquino

Évocations : action-conquête. Mais aussi...
Dynamisme, contrôle, rapidité, effort, âpreté, bluff, modernisme, ambition.

L'archétype : Blanche-Neige, Cendrillon, Galatée, Bécassine.
L'héroïne contemporaine : la princesse, la jeune-fille, la jeune-première.

1) mousseline	1) blanc	1) Laura Ashley	1) au carré	1) Lolita
2) lin	2) émeraude	2) Fiorucci	2) frange	2) Natasja Kinski
3) dentelle	3) rose et pastel	3) C. Klein	3) nuque dégagée	3) Stéphanie de Monaco

Évocations : jeunesse-immaturité. Mais aussi...
Souplesse, immaturité, enfance, romantisme, rêve, pureté, androgynie, impulsivité..

Si c'était...

Un tissu	Une couleur	Un créateur	Une coiffure	Une célébrité

L'archétype : Les Amazones.
L'héroïne contemporaine : l'aventurière, l'artiste, la joueuse.

1) jersey	1) noir avec couleurs	1) Agnès B.	1) sans apprêt	1) Karen Blixen
2) coton		2) A.-M. Beretta	2) au carré	2) Coco Chanel
3) cuir		3) Ralph Lauren	3) courts lisses	3) A.-D. Nell

Évocations : liberté-transgression. Mais aussi...
Enthousiasme, fougue, marginalité, créativité, changement, décalage, individualisme, énergie, spiritualité.

L'archétype : Iseut, la reine de cœur.
L'héroïne contemporaine : l'héritière, l'altesse, la grande dame.

1) satin	1) noir et blanc	1) Hermès	1) chignon haut	1) C. Deneuve
2) crêpe de laine	2) rose indien	2) Y. Saint-Laurent	2) longs, lisses	2) La Callas
3) cachemire	3) gris pâle	3) Ungaro		3) Grace Kelly

Évocations : leadership-solitude. Mais aussi...
Élégance, mesure, exclusivisme, mystère, pouvoir, distance, luxe, froideur, tactique.

Questionnaire : Reconnaissez-vous votre héros ?
(cf. p. 285-286)

Si c'était...

Un vêtement	Un paysage	Un moyen de locomotion	Un objet

L'archétype : Pygmalion, Socrate.
Le héros contemporain : l'initiateur, le professeur, le formateur.

1) gilet de soie	1) haras à la campagne	1) Range Rover	1) cigare, pipe
2) pull irlandais rare	2) île en Grèce	2) bicyclette anglaise	2) antiquité rare
3) veste de tweed aux couleurs subtiles	3) manoir anglais	3) solex noir	3) échiquier précieux

Évocations : confort-tradition. Mais aussi...
Force intérieure, tranquillité, partage, sécurité, discrétion, chaleur, harmonie.

SI C'ÉTAIT...

UN VÊTEMENT	UN PAYSAGE	UN MOYEN DE LOCOMOTION	UN OBJET

L'archétype : Peter Pan, Narcisse, le jeune premier, Apollon.
Le héros contemporain : le séducteur romantique (James Dean), le minet.

1) chemise blanche à col ouvert	1) banlieue grise	1) 2 CV	1) briquet « zippo »
2) blouson d'aviateur	2) île bretonne en hiver	2) vieille moto	2) livre de poésie
3) complet trois-pièces noir de papa	3) usine transformée en « loft »	3) vespa	3) jouet d'enfant

Évocations : immaturité-rébellion. Mais aussi...
Insécurité, narcissisme, égoïsme, charme, poésie.

L'archétype : l'outsider, le saltimbanque, le fou.
Le héros contemporain : l'anti-héros (Coluche), l'intello (Woody Allen).

1) vêtement recyclé	1) appartement en ville	1) métro	1) lunettes rondes
2) bob de coton	2) bibliothèque	2) voitures des autres	2) duck-shoes
3) salopette	3) théâtre de banlieue	3) side-car	3) vieux stylo de collection

Évocations : marginalité-créativité. Mais aussi...
Humour, décalage, sincérité, retrait, secret, anticonformisme, cérébralité, sincérité, franchise.

L'archétype : Rambo, Tarzan, Guillaume le Conquérant.
Le héros contemporain : le macho (Brando).

1) T-shirt blanc	1) Champs-Élysées	1) Porsche	1) chaîne de cou en or
2) chapeau Stetson	2) Colorado	2) jeep	2) (grosse) montre
3) chemise imprimée panthère	3) safari au Kenya	3) Harley Davidson	3) appareil de musculation

Évocations : agressivité-naïveté. Mais aussi...
Force physique, immaturité, violence, jeunesse, animalité, nature.

SI C'ÉTAIT...

UN VÊTEMENT	UN PAYSAGE	UN MOYEN DE LOCOMOTION	UN OBJET

L'archétype : Superman, James Bond, Lancelot, le chevalier.
Le héros contemporain : le battant, le gagneur, le jeune loup.

1) vêtement griffé visiblement	1) la Bourse	1) golf GTI avec ses accessoires	1) téléphone de voiture
2) blazer cachemire de couleur	2) safari au Kenya	2) Lamborghini rouge	2) alphapage
3) chaussures Loeb	3) Roland-Garros	3) hélicoptère	3) coupe de championnat

Évocations : conquête-convivialité. Mais aussi...
Pouvoir, domination, réalisme, dynamisme, modernisme, pugnacité, obéissance.

L'archétype : Zeus, César, Jason, Marco Polo.
Le héros contemporain : le leader, le chef (Kennedy), le sage.

1) complet croisé bleu foncé en vigogne	1) bureau au dernier étage	1) voilier de course	1) portrait par un peintre célèbre
2) chapeau Borsalino	2) Éverest	2) « jet » privé	2) « oscar »
3) cape, manteau de cachemire	3) cellule monastique	3) marche à pied	3) parachute ascensionnel

Évocations : domination-élitisme. Mais aussi...
Perfectionnisme, indépendance, dépassement, risque, transgression, réussite, universalisme, triomphe, royauté.

La cohérence commence dans votre placard

Avant de mettre en place les archétypes qui vous porteront au succès, j'ai deux nouvelles à vous annoncer : l'une, agréable ; l'autre, désagréable. Commençons par la première. Le vêtement, pour qui connaît son langage, est un instrument merveilleux pour réparer les erreurs de la nature : silhouette enrobée ou trop anguleuse, allure désordonnée ou banale, dos rond ou malformation accidentelle, carnation incertaine, fatigue ou baisse de tonus. Le vêtement est le réparateur des blues du lundi matin, des déprimes de février, le stimulateur des timides, le pacificateur des téméraires, le soutien des leaders, en bref le metteur en scène de votre succès.

La mauvaise nouvelle est que vous êtes entouré de vêtements et d'accessoires qui vous font du tort et qui, entassés dans votre placard, continuent jour après jour à massacrer votre image. Comment se fait-il que vous, si attentif à évaluer vos stocks et à veiller à la qualité de vos équipements professionnels, soyez si peu soucieux d'accorder vos vêtements à vos nouvelles fonctions et à vos projets ?

Il faut é-li-mi-ner les vêtements néfastes !

N'y allons pas par quatre chemins, il faut é-li-mi-ner définitivement les massacreurs d'image. Prenez trois de ces grands sacs plastiques dans lesquels vous ramassez les feuilles mortes et sélectionnons ensemble.

Groupe 1 : la mauvaise taille

Placez-y ceux qui sont trop grands ou trop petits, les pantalons qui vous serrent ou qui sont trop courts, les vestes qui vous engoncent et dont les emmanchures sont mal coupées ; les blouses ou les chemises dont les boutons tirent quand vous les fermez, les chaussettes qui serrent, les bas qui démangent, les pantalons, les jupes qui soulignent la ligne de vos sous-vêtements ; les manteaux trop courts ou aux épaules trop étroites. Oui, débarrassez-vous en ! Il ont fait assez de dégâts.

Groupe 2 : les démodés

Placez-y ceux qui ne sont plus à la mode – même ceux pour lesquels vous vous dites que la mode reviendra peut-être un jour. Il se peut que vous y retrouviez ceux du premier groupe : la mode laisse de plus en plus d'aisance, les emmanchures sont mieux coupées, et rien ne se démode plus vite qu'une coupe. Mettez-y aussi les chemises aux cols trop longs et trop pointus, les vestes aux revers trop larges, les imprimés contenant des dorures ; les chemises ou les chemisiers trop ajustés et suivant de trop près la ligne du corps, les cravates trop larges, trop étroites ou trop courtes, celles en cuir. N'oubliez pas les chemisiers et les tailleurs aux épaules étroites, aux tissus moulants. Hop, jetez dans le sac ces massacreurs d'image !

Ajoutez pour finir ces accessoires, ceintures, gants, chaussures, dont la couleur, la forme, la matière ne fonctionne avec aucune des pièces de votre garde-robe. Ce sont les erreurs tragiques, les soldes mal préparées, les lendemains de déprime qui vous font jurer de ne plus jamais acheter sur un coup de tête.

Groupe 3 : les éliminés

Jetez-y tous les vêtements que vous avez aimés et qui vous ont, il y a très longtemps, attiré des remarques flatteuses. Vous ne vous en apercevez probablement pas mais les remarques flatteuses sont loin, les doublures tombent en pièce, le bas des pantalons est effiloché, il y a des poches aux jupes, les cols de chemise sont usés, les tissus peluchent ou montrent la corde aux manches et aux cols. Vos clients et vos interlocuteurs s'inquiètent à juste titre : vos affaires vont-elles si mal que vous soyez obligé de porter ces reliques ? Ouste, dehors les dévalorisateurs d'image !

"

Jetez aussi dans le sac votre culpabilité et rappelez-vous qu'à partir d'aujourd'hui, c'est de la valeur d'usage mais aussi de la valeur ajoutée que vous achèterez avec un vêtement. Et c'est du rêve que vous affrétez avec votre personne.

"

Chapitre 5

Adapter
sa garde-robe
professionnelle

« Une mode, c'est juste une forme de laideur
tellement insupportable qu'on est obligé
d'en changer tous les six mois. »
Oscar Wilde

On confond souvent la mode avec ce qui apparaît lors des défilés sur
les podiums. D'aucuns s'esclaffent, d'autres trouvent cela immettable, d'autres courent vite se teindre les cheveux en vert cru ou en bleu
pastel à l'image des mannequins des couturiers. Il faut savoir que la
mode est avant tout une industrie florissante qui nécessite des investissements à long terme, rapporte des dividendes et fait travailler des
milliers de gens sur des machines très sophistiquées. Les défilés sont
avant tout un *show*, un temps de publicité, de promotion et de marketing pour situer les marques et attirer la presse. Or il y a peu de
chance que la presse s'intéresse à un blazer classique, aussi beau soit-il.
Voici la raison du parfum de scandale qui entoure parfois les

trouvailles iconoclastes de la mode. Transgression est le mot clé de ce déballage hardi qui défie l'*establishment* et que vous vous garderez bien d'imiter dans votre vie professionnelle. D'ailleurs, dans les rayons, c'est très assagis que l'on retrouvera les fameux *faux cul* de Vivian Weswood, les minijupes plastifiées de Chanel et les vêtements dessous-dessus de Jean-Paul Gaultier.

Ouf ! Les temps ont changé depuis Oscar Wilde car ce qui nous intéresse ici n'est pas de suivre aveuglément les diktats de quelques créateurs qui cherchent à attirer l'œil sur leur marque pour mieux vendre leurs produits annexes. Ce que nous porterons pour aller au bureau les indiffère. Nous organiser avec une représentation de soi qui convienne parce qu'elle est favorable à nos projets et ne trahit pas notre personnalité est plus intéressant !

> " Construire une garde-robe professionnelle demande un investissement en temps et en argent et... quelques notions de marketing personnel ! "

Si à la lecture de ces lignes vous êtes déjà mort de culpabilité, fermez le bouquin ! Ou bien songez plutôt que c'est un véritable Capital Image que vous construisez. Comme dans l'entreprise ou la banque, il faut aller pas à pas avant de recevoir les dividendes, mais, alors, quelle satisfaction. Une garde-robe professionnelle se construit en trois temps : l'achat des basiques, l'achat des accessoires, l'achat mode.

L'achat des basiques

Les basiques, c'est la force tranquille de l'achat-sécurité, mais aussi celle d'un investissement mûrement réfléchi pour une satisfaction à long terme. Ces pièces les plus chères et les plus importantes sont à la base de votre image. Elles se recrutent dans les intemporels que le temps a peu à peu portés jusqu'à nous. Leurs messages disent toujours stabilité, sécurité, pérennité. On comprend leur importance dans l'entreprise qui, par définition, véhicule ces codes de base. Elles ont moins d'importance dans les circonstances de la vie privée.

Elles sont aussi les plus difficiles à acheter car les plus chères ; je ne vois pourtant pas la différence entre un costume à 900 ou 1 200 euros que vous garderez votre vie durant et trois costumes à 300 euros qui seront immettables et indignes de votre image en une saison. Leur investissement est une économie à long terme car, choisis avec soin, ils se démoderont peu pourvu que vous écartiez vigoureusement les effets de mode ponctuels. Nous en donnons ici quelques exemples à fuir, pour hommes.

LES BASIQUES ET LA FORCE TRANQUILLE À ÉVITER...

L'effet tout-noir : désolé les ados !
L'effet Deschien et le misérabilisme :
désolé les ados !
L'effet perroquet : l'accumulation de couleurs,
de détails, de clins d'œil, de textures bâtardes.
L'effet déstructuré : les costumes et les manteaux mal adaptés ou trop larges.
L'effet cool : les manches retournées montrant
la doublure (pouah !), le pantalon « baggy ».
L'effet pingouin : les manches
et les vestes trop longues.
L'effet trop raide ou trop mou : les encolures
qui bâillent, les vestons près du corps,
les pantalons trop longs qui godillent.

Les basiques véhiculent des valeurs liées à la confiance : solidité, pérennité, raffinement, aisance, richesse, fidélité, sécurité, lenteur, maturité. Ils sont pertinents dans tout le monde des affaires, et en particulier dans les secteurs suivants : la banque, le luxe, l'assurance, le conseil, la politique, les postes de direction, le conseil.

Une garde-robe qui ne comporterait que des basiques serait cependant ennuyeuse et trop conformiste.

L'achat des accessoires

Contrairement à leur nom, les accessoires – chemise, ceinture, chaussures, gants, bas, chapeau, chandail, pochette, chaussettes, mais aussi montre, boutons de manchette, serviette ou attaché-case, stylo, agenda, parapluie – sont essentiels. Ils permettent d'introduire de la personnalité là où, sans eux, régnerait l'uniformité. Ils ont aussi une qualité unique appréciée jusqu'ici des seuls professionnels, mais dont je vous expliquerai, dans les pages qui suivent, le mécanisme : ils permettent les joies infinies du décalage.

“ Décaler c'est jouer, c'est transgresser les codes de manière maîtrisée et consciente. ”

Attention, de la mesure en toute chose !

LES ACCESSOIRES NE SONT PAS SUPERFLUS
DE LA MESURE AVEC...

L'accessoire humoristique à répétition :
logos, Swatch bariolées, socquettes à motifs,
lunettes de couleur, pochettes imprimées,
bretelles, cartables fantaisie.
L'accessoire ostentatoire : cravate, ceinture,
stylo, agenda, attaché-case
griffés de manière visible et répétitive.
L'accessoire sportmidable : montres à gadget
très épaisses, socquettes blanches, bandana.
L'effet techno : socquettes fluo ou blanches,
blouson ou parka de ski,
sur un complet trois-pièces.
L'effet grolles : énormes chaussures noires,
semelles épaisses.
L'effet papy : des boutons de manchette
le matin si vous avez vingt ans,
un foulard dans l'encolure,
un complet deux boutons.

Les accessoires véhiculent des valeurs liées à la séduction : changement, rapidité, éclat, brio, jeunesse, légèreté, ostentation. Ils sont pertinents dans les secteurs jeunes : communication, jouet, grande distribution, mode et spectacle, presse, publicité, informatique.

L'achat mode

C'est l'achat-plaisir, celui que vous ferez comme un clin d'œil à la séduction, au coup par coup. Ces pièces sont secondaires dans votre garde-robe mais elles gardent intacte son actualité. C'est le gilet de tweed ou de soie imprimée, messieurs. C'est le blazer rose bonbon très cintré qui vous plaît tant et sera démodé en six mois, mesdames. Une garde-robe qui ne comporterait que des achats-mode ferait de vous une girouette fragile et velléitaire, conforme au goût du jour et sans véritable identité. À manier en savourant les jours de grande forme.

L'ACHAT MODE EST D'ACTUALITÉ
AVEC PRÉCAUTIONS...

L'effet-précieux : la dernière boutonnière
d'un complet sur mesure ouverte
(si vous avez vingt ans), la chemise rayée
à col blanc (idem),
les pochettes tôt le matin, les chemises
avec les cravates de soie.
L'effet-mannequin : un complet zéro défaut
entièrement boutonné
(laissez toujours le bouton du bas ouvert),
un col étrangleur sous un complet croisé
(si vous avez vingt ans),
une chemise blanche amidonnée.
L'effet-ado : un pantalon moulant trop étroit
(je sais, c'est la mode)
ou un pantalon cigarette.
Surtout si vous n'avez plus vingt ans.

L'achat-mode véhicule des valeurs liées à la souplesse : adaptation, dynamisme, humour, légèreté. Il n'est pertinent qu'en complément des deux autres. Seul, il vous discrédite.

Mesdames, un chapitre entier de ce livre vous est dédié. Les lignes qui suivent semblent concerner la garde-robe masculine, mais lisez-les. Plus de 70 % des femmes sont acheteuses ou prescriptrices des vêtements d'hommes et… de leurs sous-vêtements. Vous êtes donc très présentes derrière l'image des hommes, tant dans vos choix économiques qu'esthétiques. Pour ne rien dire des qualités textiles liées à l'entretien ! Et l'on sait tout de suite quand une femme apparaît dans l'univers d'un homme amoureux en voyant le soin qu'il apporte à soigner son image. Il y a aussi dans les pages qui suivent des tours de main de stylistes, des formules dont vous saurez, je suis sûre, tirer parti pour vous-même.

Voici, avant d'aller plus loin dans la construction de votre garde-robe, quelques trucs du savoir-acheter qui concernent les deux sexes et qui rentabiliseront au maximum vos investissements finances-temps.

Pour bien acheter, cherchez les signes-refuges

✓ **La qualité totale : les basiques hommes et femmes s'achètent en période financière faste.** Ne lésinez jamais sur leur qualité car ils doivent durer. La qualité qui résiste au temps est devenue si rare qu'elle est à elle seule un signe-refuge d'exclusivisme utile à votre image. Si, comme pour le bon vin, la qualité s'accentue avec le temps (c'est le cas pour certains cuirs et certains tissus), le message émis fait de solidité et de tradition sied bien aux valeurs du management. Vous rechercherez les textures les plus nobles : laine, cachemire, coton, lin, soie, cuir, et des formes suffisamment intemporelles pour pouvoir les garder longtemps. Pas d'épaules trop larges ou trop étroites, pas d'imprimés ou de couleurs dernière mode (les « panthères », « fauve », l'orange, le mauve, l'aubergine… seront périmés la saison prochaine), pas de longueur anachronique, pas de formes iconoclastes, pas de tissus médiocres.

✔ **Les soldes des grands faiseurs sont des mines à basiques.** Tout le monde n'a pas le temps de faire la queue aux soldes d'Hermès pour acheter une ceinture parfaite ou un « carré » de soie à moitié prix. Prenez soin cependant de laisser votre adresse aux boutiques que vous préférez afin de bénéficier des soldes privés et d'être certain de trouver votre taille. Lanvin, Yves Saint Laurent, Cerruti, Boss, Arnys, George Rech, Lolita Lempika, Armani, Façonnable, Ralph Lauren, Mason & Hedge, Lassance, Mac Douglas Arthur & Fox, sans oublier l'inimitable Burberrys', soldent de plus en plus tôt : en décembre pour les collections d'hiver, en juin pour celles d'été. Si l'on est économe, pourquoi ne pas constituer ainsi et pas à pas la base de sa garde-robe ?

✔ **Recyclez régulièrement votre œil à la beauté et au savoir-faire des grands de la couture**, elle fait aujourd'hui partie des beaux-arts et de la culture. Entrez sans crainte dans les magasins fastueux de la place Vendôme et du faubourg Saint-Honoré. Même si cela vous intimide, vous serez, comme dans un musée, mis en contact avec la beauté d'objets issus d'un savoir-faire unique au monde : vous apprendrez à voir et à juger. Touchez les tissus, renseignez-vous, apprenez à reconnaître les matières nobles des autres. Regardez les couleurs utilisées. Comparez.

✔ **Apprenez à reconnaître les tissus :** ils sont, avec la coupe, le dernier signe refuge d'une qualité que la démocratisation de la couture a parfois mise à mal. Les experts ne s'y trompent pas et lisent impitoyablement votre image à l'aune de sa matière. Je pense en souriant à ce manager qui voulait « tenir le discours de l'authenticité » et se vêtait, des pieds à la tête… de fibres artificielles. Les tissus ont aussi leur langage, ils vous classent ou vous déclassent. Sachez les reconnaître et en faire vos meilleurs amis.
Pour « lire » un tissu, touchez-le, froissez-le, roulez-le entre vos doigts ; tenez-le à deux mains devant vous pour en vérifier le « tombé », c'est-à-dire le flot harmonieux avec lequel il s'écoule

vers le sol en suivant vos mouvements. C'est à partir d'un tombé qu'un couturier décide d'une coupe.

LE LANGAGE DES TISSUS

Le cachemire vient du Tibet. Il est issu d'une chèvre en or massif – on n'utilise qu'une centaine de grammes par an de sa toison ! On ne porte pas deux fois de suite un costume ou une robe en cachemire, on les laisse se défroisser sans les repasser. Lavés à l'eau froide avec du savon en paillettes, les chandails et les châles durent toute la vie. Préférez-les aux fantaisies saisonnières dont la qualité laisse à désirer.

Le mérinos et le mohair sont des laines froides, d'aspect sec et doux, issues de deux chèvres angoras. Idéal pour les costumes d'été.

Le poil de chameau a un « tombé » magnifique lorsqu'il est utilisé avec de la laine. Il provient de bêtes chinoises ou mongoles et on lui donne parfois le nom de sa couleur : *camel*. Recherchez-le pour vos manteaux.

L'alpaga, le guanaco, la vigogne sont des merveilles coûteuses et rarissimes. L'alpaga a un léger brillant qui le rend impropre aux costumes de jour.

La cheviotte est un tissu d'aspect rugueux tissé à l'origine dans les monts Cheviot, en Angleterre.

La gabardine n'est autre que de la laine imperméabilisée dans laquelle on coupe les imperméables.

Le *lambswool*. Comme son nom l'indique, est de la laine d'agneau, de moins de neuf mois. Très douce, on l'utilise pour des pull-overs et des vestes.

Le lin. Cette plante est utilisée depuis l'antiquité. Ses fibres nobles sont tissées et ont un bel aspect rustique. Le lin se porte froissé.

Le madras était autrefois en soie et venait de l'Inde. Il est aujourd'hui en coton. Ses carreaux légers et fondus, aux couleurs douces, l'autorisent pour des vestes d'été.

La serge est un tissu très résistant que l'on reconnaît à ses côtes fines tissées en diagonale.

Le *seersucker* est un tissu de coton rayé, tissé de manière à présenter un léger effet de gaufrage. Frais et léger, il fait de jolies vestes sport pour l'été.

Le loden à la couleur verte typique vient du Tyrol. Réservé à l'origine aux vêtements de chasse et de montagne, il a envahi pendant des années les trottoirs de la ville. En désaffection aujourd'hui.

Le fil-à-fil. C'est un fin tissu de coton avec un effet chiné venant d'un tissage de fils foncés et clairs, mats ou brillants. Il est utilisé entre autres pour les chemisiers et les chemises.

Le chambray est un tissu champêtre et résistant de coton bleu ciel. Autrefois réservé aux vêtements de travail, il passe depuis peu à la ville, conformément aux grandes tendances. Peut se porter « décalé », impeccablement repassé sous un blazer de cachemire avec une cravate.

Le jean ou **denim** est un rude coton américain qui fut réservé aux cow-boys et aux héros de l'Ouest. Apparu en France au XVIIe siècle, il transite par Nîmes où il est teint à l'indigo. Strictement réservé au week-end, on peut, avec beaucoup d'audace, le décaler dans l'entreprise en le portant sous un blazer avec une cravate. À éviter aux États-Unis.

Le prince de galles est un tissu de laine souple indémodable, mis à la mode par l'héritier du même nom, fameux pour son élégance relax. Les dégradés de gris et de blancs sont plus ou moins fondus, les tissus plus ou moins secs ; d'autres couleurs sont aujourd'hui utilisées (dominantes vertes, dominantes bleues, dominantes « feuille morte »).

Le pied-de-poule est un tissu de laine qui fait alterner au tissage des fils clairs (gris ou blancs) et foncés (noir) donnant un effet de damier. C'est un indémodable, à utiliser uniquement en vestes dans des tons fondus.

Le *tweed*, Harris tweed, Scottish Cheviot, Hunters ou Porter & Harding sont redécouverts. Bien accessoirisés, ils sont à la clé de l'allure « relax mais correcte » des vendredi ou des très jeunes.

SANS OUBLIER LES TISSUS NOVATEURS

Le 100 %, un tissu de laine sèche destiné – à l'origine – aux costumes masculins. Léger, sec, il est la grande trouvaille des années quatre-vingt-dix et peut être porté en toutes saisons.

Le lin-et-soie fait une entrée en force dans les garde-robes hommes et femmes. Il atténue l'aspect froissé du lin et adoucit sa rigidité.

LES NOUVEAUX TISSUS

Les chics-chimiques : du Gortex-Tex (imperméable) au Coolmax (une fibre qui respire), en passant par le Thermolite et le Cordura (un fil de nylon indestructible), les tissus chics-chimiques n'ont pas fini de nous étonner. Pour la garde-robe des plus jeunes et des créatifs.

La laine polaire est issue de tissus recyclés ou de laine cuite, utilisée à l'origine pour des vêtements de ski, elle est réputée très chaude.

- ✔ **Éliminez les vendeurs discourtois ou inattentifs,** ceux qui n'ont pas le temps ; ne craignez pas de faire valoir vos remarques : emmanchures mal coupées, coupes défaillantes, retouches mal faites, plis disgracieux, finitions doivent être à la mesure du prix payé : parfaits. Faites-vous connaître et apprécier là où vous êtes bien reçu. Demandez le même vendeur, il se souviendra bientôt de vos goûts, de votre exigence et de votre morphologie.

- ✔ **La cohérence : coordonnez tout de suite vos achats.** Une bonne coordination des couleurs et des tissus est le signe refuge de la cohérence. C'est le premier message à être perçu par votre interlocuteur, avec l'homogénéité et la « ligne » générale de votre silhouette.

  Harmonisez par exemple vos chemises, vos cravates, vos pochettes, vos chaussettes. Et si vous êtes un raffiné, vos sous-vêtements doivent être coordonnés et achetés en même temps que le reste.

- ✔ **Pensez toujours à coordonner le dessus et le dessous.** Je m'explique. Un manteau de cachemire *camel*, ou un chandail beige, acheté isolément ne va pas avec tout, comme l'affirme la vendeuse. Ce ne sont pas toujours les couleurs qui sont difficiles à coordonner – rien n'est plus différent d'un bleu marine qu'un autre bleu marine – ce sont aussi les textures et les matières : un « pelucheux » n'ira pas avec un « soyeux », un « rugueux » n'ira pas avec un « moelleux », un « brillant » avec un « mat », et ainsi de suite. Leurs styles peuvent aussi être différents, sans parler de leurs formes : un manteau romantique et cintré sera immettable sur un tailleur. À ce sujet, retenez que seule l'emmanchure raglan convient à un manteau qui doit recouvrir un tailleur.

- ✔ **Achetez toujours le chemisier, la robe, le pull, qui va avec.** Ainsi que le foulard ou le châle que vous jetterez sur l'épaule. Lorsque vous achetez un tailleur, prenez soin de coordonner *tout de suite*, et tant que vous l'avez sous la main, le ou les chemisiers qui iront avec, et éventuellement les bas, les gants, le foulard, les chaussures, la ceinture, le joli bijou qui finiront votre tenue.

- ✔ **Vous pouvez faire beaucoup de tenue avec une seule** si vous prenez soin de décliner un basique – tailleur, complet veston, chemisier-blouse, pantalon-chandail – de bas en haut de l'échelle sport… habillé. C'est un exercice dont raffolent les participants de nos séminaires qui ignorent les ressources de leur propre garde-robe. Avec un peu d'astuce, on rend un simple T-shirt blanc, sophistiqué et portable après six heures du soir.

Ce sont les accessoires qui font la différence : chemises, chaussures, chapeaux, foulards, bijoux, gants, écharpes ou châles peuvent transformer l'attribution d'une tenue et rendre votre valise plus légère en ménageant aussi votre portefeuille.

✔ **L'envers aussi beau que l'endroit.** Regardez les finitions. Soyez impitoyable ! Retournez les vêtements, regardez les doublures, les boutonnières, les coutures du col (finitions main ou machine). Retroussez les pantalons, contrôlez les fermetures, les boutons, les emmanchures. Si vous ne le faites pas, un œil averti le fera pour vous et déclassera votre image.

En attendant d'en savoir plus sur le langage du vêtement, dites OUI définitivement à ces signes refuges.

La **silhouette** bien proportionnée.
Les **tissus nobles** au tombé impeccable.
Les finitions parfaites.
La coupe adéquate.
L'envers aussi beau que l'endroit.
Les coordonnés : couleurs, tissus, dessus, dessous.
Le refus de l'encombrement.
L'allure dynamique.
Le choc des couleurs près du noir.

Dites OUI aux codes gagnants

N'introduisez aucun élément personnel dans votre image avant de posséder par cœur ces codes de base. Ils sont l'orthographe de votre image, un peu comme le respect de la syntaxe dans le langage. Ne pas les respecter équivaudrait à une impolitesse.

OUI à l'allure !

La silhouette est le premier élément visuel perçu par votre interlocuteur. Sachez que les hommes s'habillent moins près du corps qu'autrefois, et que les épaules sont plus marquées. Cette petite différence varie chez les couturiers – Cerruti taille plus large que Lanvin. Les costumes déstructurés et franchement larges sont à abandonner à votre fils s'il ne travaille pas encore. Ils déclassent votre image tout comme votre vieille veste cintrée de jeune homme. Ce rapport du costume au corps est une boussole de votre propre rapport au corps physique et institutionnel : trop serré, vous êtes gêné aux entournures et dans une obéissance contrainte ; trop large et déstructuré, vous ne vous gênez pas et l'on peut craindre que vous ne fassiez de même avec l'institution qui vous emploie. La bonne distance, c'est l'élégance.

Aux costumes dont les raies ne sont pas visibles à plus de trois mètres – ne vous transformez pas en gangster des années trente. À retenir : les impressions les plus visibles et les moins subtiles sont les plus sport. Les tissus les plus sobres et les plus fins sont les plus habillés. Les tissus brillants sont réservés au soir.

OUI aux matières vraies !

C'est le retour triomphal de la belle chemise blanche de coton pour homme et femme, et des chemises à fines rayures qui accompagnent bien les complets à fines rayures ou imprimés prince de galles. On peut mettre une cravate à larges raies – sur une chemise à fines raies –, c'est permis. Christian Lacroix ajoute même à ce cocktail une cravate… à rayures. À éviter si vous n'êtes pas un leader en pleine forme. C'est la couleur de votre peau qui guide la couleur de vos vêtements, la règle étant que c'est votre visage – et non le vêtement – que vous devez voir en premier.

OUI au noir !

Le noir est la couleur de l'élégance absolue. Ceci est vrai pour hommes et femmes. Il faut toutefois l'accompagner de blanc, d'une coiffure irréprochable, d'un maquillage soigné ou d'accessoires raffinés pour qu'il ne semble pas « pauvre ».

OUI aux pantalons plus étroits !

Larges aux genoux et plus étroits du bas. Les pantalons sans plis pur polyester, très répandus dans les entreprises – et pour une raison mystérieuse, chez les télégraphistes et aux États-Unis – sont incommodes et inesthétiques. Le petit bidon qui se pose sur la ceinture qui pend à hauteur du pubis aussi.

OUI aux revers étroits !

Les revers de vestes qui n'excèdent pas 8 à 9 cm.

OUI aux tissus toutes saisons !

Les tissus quatre saisons – doux et frais en été, secs et chauds en hiver – sont la tendance citadine de ces dernières années.

Vous ne mettriez pas un pyjama rayé pour aller à un dîner en ville et, pourtant, vous mettez volontiers un costume sombre aux fines rayures « tennis ». Entre les deux, il n'existe que la différence d'une texture. Les tissus, les matières et les impressions ont aussi leur genre et leur langage. De la ville à la campagne, c'est bien simple : on ne mélange pas ! Ou, si on le fait, c'est à dessein.

Ceci est un des codes les plus secrets et les plus puissants qui existent car il n'est connu que des experts. Utiliser une texture inadéquate à l'heure et à la fonction, mélanger trop de textures, mettre le matin un tissu réservé au soir, mal choisir l'impression de sa chemise vous déclasse aussi sûrement qu'un pyjama à la réunion du comité de direction. Recyclez vos connaissances avec ce tableau et devenez un expert.

Votre botte secrète : tissus et textures

Sport ➡ ville ➡ soir ➡ grand soir

MOINS HABILLÉ

LES COSTUMES, LES BLAZERS	LES CHEMISES ET LES VESTES
1) Tous les ensembles sport avec ou sans jeans, ne comportant pas de veste (les blousons par exemple). Les « kakis » américains.	1) T-shirt ou polo col ouvert. Les vestes en jean.
2) Blazer destructuré, taillé large, non doublé, souvent non épaulé. En coton ou mélangé.	2) Polo ou chemise imprimée à petits carreaux, sans cravate. Col à boutons ouvert.
3) Blazer sport madras ou « seersucker » ou coton.	3) Polo ou chemise col à pointe boutonnés.
4) Blazer sport en lin, beige. Veste tweed (gros relief) épaulée (en hiver). Tweed plus fin (au printemps).	4) Chemises col Talamon (plat et se portant souvent ouvert), chemise en lin ou coton. Col ouvert blanc, marine, gris classique ou à boutons. Chemise en chambray ou en jeans.
5) Veste coton noire sur T-shirt noir (ou blanc). Pantalon sans plis noir.	5) Chemise unie ou à raies, col boutonné. Couleurs pastel en été, couleurs plus intenses en hiver. Avec cravate.
6) Blazer marine tissu épais.	6) Chemise tissu Oxford, col boutonné ou classique, avec cravate.
7) Blazer cachemire uni bleu marine, texture fine et souple.	7) Chemise à rayures fines ou moyennes. Couleurs : bordeaux vert foncé, bleu ciel ou marine fond blanc.
8) Costume beige ou marron. Lainage 100 %.	8) Chemise Oxford à col boutonné ; couleurs vives : jaune, mauve pâle, bleu vif. Chemise blanche.
9) Costume en tissus fins et doux avec des dessins fondus.	9) Chemise en popeline de coton à col boutonné ; classique ou à fines rayures pastel sur fond couleur pastel.

PLUS HABILLÉ

MOINS HABILLÉ

LES COSTUMES, LES BLAZERS	LES CHEMISES ET LES VESTES
10) Costume gris à gris clair, en flanelle (hiver) ou en laine sèche fine (été). Costume bleu marine moyen.	10) Chemise à col boutonné ; classique, légèrement baleiné, ou à épingle ; rayures fines ou moyennes, ou couleurs intenses. Col blanc uni sur corps rayé possible.
11) Costume gris foncé à fines rayures « tennis » verticales.	11) Chemise bleu intense ou lavande ; ou à fines rayures bleues ou grises sur fond blanc ; col classique ou Windsor.
12) Costume bleu marine très foncé.	12) Chemise blanche tissu fin (voile de coton), col classique ou anglais. Pas de col à épingle.
13) Costume marine foncé, veste croisée.	13) Idem, avec un col à épingle.
14) Costume bleu marine foncé avec fines rayures « tennis ».	14) Chemise blanche en voile col à épingle Windsor (blanc) ou classique.
15) Costume noir 100 % laine.	15) Chemise blanche col ouvert. Seulement si vous travaillez dans la communication.
16) Smoking noir, en hiver. À veste blanche, en été ou pour une garden-party. Pantalon noir dans les deux cas. Veste croisée ou droite, ou spencer.	16a)« White tie » : cravate blanche. Chemise blanche à col cassé et à plastron en piqué, gilet blanc boutonné.
	16b)« Black tie » : cravate noire et chemise blanche, ceinture noire ou couleur.

PLUS HABILLÉ

LES TEXTURES SE CONJUGUENT ET S'ASSORTISSENT

Plus la texture est fine et douce,
plus le vêtement est « habillé ».
Plus la texture est rugueuse,
plus le vêtement est « sport ».

Le rugueux va au rugueux,
le lisse au lisse.

Les numéros 1 et 2 sont inacceptables comme vêtements professionnels sauf dans certaines PME ayant trait au BTP. Les numéros 4 et 13 sont à réserver exclusivement aux professions de la communication, du tourisme ou des médias. Prenez la température de votre entreprise. Les numéros de 5 à 12 sont définitivement ceux du haut management ou de ceux qui s'y destinent.

Ce tableau est le reflet de la règle absolue, celle que vous devrez respecter pointilleusement si votre message est celui de la correction, de l'intégration, de l'adhésion, de la respectabilité. Il est invariable pour ceux qui, du numéro 5 au numéro 12, veulent véhiculer l'image de l'excellence, celle qui sied au haut management. En utilisant ces codes, vous ne vous tromperez jamais, même si parfois vous semblez un peu « en uniforme ».

Il se peut que si vous le respectez au pied de la lettre, vous vous sentiez trop « collé » au rôle et peu en phase avec le vocabulaire plus créatif de certaines entreprises. Si votre message est celui de la créativité et de la personnalité à *l'intérieur des règles*, et si votre métier vous y autorise, apprenez à ajouter un tigre dans votre image, en lisant au paragraphe, comment « décaler » et jouer avec les codes.

En bon manager que vous êtes, cela ne devrait pas poser de problème. Yves Saint Laurent, l'homme qui a le mieux su en France concilier les impératifs de la mode et ceux de l'industrie, se trouvait au cours d'un interview devant un bureau parfaitement vierge de tout dossier. Lorsqu'on lui demanda ce qu'était pour lui être manager, il haussa les épaules et répondit : « Vous avez mis un vêtement ce matin, vous avez choisi une chemise, une cravate plutôt qu'une autre. Vous avez "managé" tout cela pour faire un ensemble harmonieux. C'est ce qu'on fait dans une entreprise. »[1]

L'étoffe des héros

Qui pourrait oublier Picasso pieds nus dans ses sandales, avec son gilet rayé marine et blanc, lord Mountbatten ou Cocteau dans leur *duffle-coat*, Gary Cooper et son fameux *grey pinstripe*, le complet à rayures « tennis », Lauren Bacall et ses tailleurs pied-de-poule, Brandon moulé dans son T-shirt blanc, Bogart les mains dans les poches de son *trench* râpé, sans oublier James Dean si romantique dans son col roulé noir ?

---

1. Jean-Yves Fourier, « Le couturier et le financier », in *Humeur de mode, Autrement* n° 62, Éditions Autrement, 1984.

Endossez toute la gloire des archétypes !

Les archétypes sont des images fondamentales inscrites dans l'inconscient collectif, et autant basiques, qui font mentir la mode : ils ne se démodent pas. Aisance, souplesse, humour, désinvolture, élégance pratique se retrouvent dans des vêtements qui se sont imposés au cours des ans comme réalisant l'équation confort-séduction la plus parfaite. Ils ont tous été portés par des hommes et des femmes remarquables et sont devenus, à leur tour, des vêtements héros.

C'est probablement pour cela qu'ils ne supportent pas la médiocrité : allez donc les chercher à la source dans les vieilles maisons respectables qui fournissaient déjà les héros en personne. Lorsque vous les endossez, c'est toute la gloire et le panache de ces archétypes qui rejaillissent sur votre image. Qui voudrait s'en passer ?

Mettez la gloire des archétypes dans votre image

Le complet droit ou croisé

Comme celui de Gary Grant, il est la redécouverte de ces dernières années. Tel un clin d'œil ironique à papa, les jeunes ont d'abord plébiscité ceux des puces, puis quelques exemplaires de vestes déstructurées – dont on allait jusqu'à relever les poignets pour en montrer la doublure – sont apparus, et, peu à peu, le costume a reconquis ses droits. Depuis plus de cent ans, il décline nos relations plus ou moins souples, plus ou moins collées à *l'establishment* par une coupe plus ou moins près du corps, le refus ou apprivoisement des couleurs, l'absence ou l'abondance des ornements. Longtemps en désaffection dans les années soixante-dix (on préférait alors le chandail bourru du retour à la terre), hommes et femmes le redécouvrent pour son potentiel de rêve et de nostalgie.

Le costume est le bleu de travail de l'homme d'affaires. Il est pourtant loin d'être uniforme : en changeant un accessoire, on passe d'une occasion à une autre sans fausse note. Sa neutralité n'est qu'apparente car, pour un regard averti, il codifie au plus près ses appartenances. La veste peut être à deux ou trois boutons, comme celle de Scott Fitzgerald ; ou croisée, auquel cas on se passera de gilet car l'épaisseur serait trop grande. Les trois boutons haussent un peu le col et accentuent la tenue du buste, tout comme le font les cols avec épingles ou cols sur pattes qui donnent un port de tête aux plus timides. À éviter chez les très grands ou ceux dont le cou est trop long. Voyez ici comment choisir votre costume en fonction de votre silhouette.

OUI !

Au costume gris clair avec une chemise bleu dur si vous êtes bronzé.
À la carrure naturelle, ni trop épaulée ni trop étriquée.
Au costume noir en tissu souple.

NON !

Au costume en matières synthétiques.
Au costume boutonné de haut en bas : on ne boutonne que celui du milieu.
Au costume bleu marine à rayures tennis à dix heures du matin.
À l'entrée dans une salle de réunion sans avoir boutonné la veste de votre costume droit.
Aux stylos rangés dans la poche poitrine de votre costume.
À un costume moutarde ou bleu pétrole.

LA BONNE FORME POUR VOS FORMES...
VOUS ÊTES :

PLUTÔT GRAND

Difficile d'imaginer que vous vous en plaigniez ! Tout ce qui peut empêcher l'œil de balayer votre silhouette de bas en haut pour attirer l'œil sur des lignes horizontales est à rechercher.

RECHERCHEZ

Les lignes horizontales, les points de détails qui attirent l'œil : ceintures, lunettes, revers. Les matières moelleuses, pas trop fines. Les effets de peigné. Les costumes croisés, les revers un peu plus larges sur vos costumes droits. Les impressions mettant l'accent sur les lignes horizontales.
Vos pantalons doivent casser légèrement sur le cou-de-pied. Ajoutez des revers et ne les portez pas trop longs. Votre ceinture sera de couleur bien visible. Évitez les cols de chemise longs et fins. Les cols plus larges, les cravates et nœuds de cravate plus épais sont pour vous, ainsi que les nœuds papillons. Préférez les harmonies de couleurs au monochrome : pantalons et vestes de couleurs différentes. Les matières trop sèches et trop sombres sont à éviter.

PLUTÔT PETIT

Les lignes verticales et tout ce qui peut attirer l'œil de bas en haut donneront l'illusion d'une silhouette plus longue.

RECHERCHEZ

Les matières légères et plutôt sèches, les dessins petits, les tons unis et foncés, les vestes et les pantalons de même couleur. Les costumes foncés à fines rayures tennis, les costumes droits, les épaules naturelles. Vos pantalons seront coupés assez longs, ils casseront peu sur le pied, et vous éviterez les revers. Évitez aussi les nœuds de cravate trop larges.
Préférez les cravates de couleurs vives sur des cols boutonnés.

PLUTÔT FORT

Les lignes verticales, les formes structurées et les couleurs sombres peuvent vous faire perdre quelques kilos sans effort. L'attention doit être attirée sur le haut de la silhouette et sur le visage.

RECHERCHEZ

Les rayures verticales assez rapprochées, les vestes bien épaulées très structurées, les costumes droits (les costumes croisés tombent mal sur vous) ou les trois-pièces avec gilet assorti. Évitez les matières moelleuses ou épaisses, la maille, les effets de peigné. Préférez les matières sèches et neutres, les couleurs urbaines et uniformes. Coordonnez vestes et pantalons pour allonger la silhouette. Les cols boutonnés, les cravates et les nœuds de cravate étroits sont pour vous. Évitez les cols sur pattes et préférez les cols dégageant bien le cou mais aux formes allongées.

Le gilet de Lord Byron

Celui-ci l'aimait croisé et à ramages, le jeune Werther le préférait jaune vif, les royalistes l'aimaient à motif fleurs de lys, tandis que Balzac en avait vêtu le Cousin de Paris. Il réapparaît après un long silence et on se demande comment on a pu s'en passer. De même tissu que le costume, il est réservé aux occasions formelles ou à certaines professions (banque, politique, diplomatie, communication). Ou dans certains pays (Amérique, Japon). Il apparaît depuis peu à l'américaine, c'est-à-dire désassorti, dans des lainages vifs, rouges ou jaunes, ou dans des soies à imprimés de motifs cachemire aux tons sourds. Il accompagne parfaitement les ensembles décontractés veste et pantalon dépareillés des plus jeunes. Le gilet est une coquetterie tout à fait admissible si vous respectez ces quelques règles.

Il est à sept ou huit boutons, le dernier n'étant jamais fermé, et ne se porte qu'avec un costume droit et ouvert, jamais avec un costume croisé. Tous vos gilets ne vont pas avec toutes vos vestes ; soignez la coordination.

NON !

À un trois-pièces foncé à dix heures du matin si vous avez moins de trente ans ; sauf si vous vous mariez.

À un gilet sous un costume croisé.

À un gilet ouvert ou boutonné complètement. Le dernier bouton reste ouvert.

À un gilet à revers.

À un gilet trop serré, donc trop cintré, par la boucle arrière.

À un costume droit fermé sur un gilet.

À un gilet sous un costume noir.

Le blazer de James Bond

« Blazer » était le nom du régiment que la reine Victoria, lors des fêtes du couronnement, passa en revue en 1837. Vêtement du marin, de l'officier, il est associé dans nos mémoires aux images fortes du courage, de la correction de l'uniforme et de la décontraction du sport.

Un blazer marine ou noir est un *must* dans une garde-robe professionnelle. Vous l'assortirez à une ou deux paires de pantalon beige, gris foncé et gris clair, et vous le choisirez chez le meilleur faiseur – Hugo Boss, Arnys, Lanvin, Namani – car vous aimerez le porter aussi dans votre vie privée, sur un col roulé ou un T-shirt blanc par exemple.

Un vrai blazer est croisé, à six boutons, noir ou bleu marine, en laine ou cachemire. Les blazers de couleurs vives ou rayés sont réservés aux présentateurs de TV Si vous travaillez dans la communication ou les médias ou si vous êtes très jeune, les couleurs sombres et raffinées, telles que le gris souris, le vert foncé, sont acceptables. Les boutons sont très importants ; ils sont souvent médiocres et l'on ne voit qu'eux. Ne mettez des boutons dorés (ceux de Jermyn Street, à Londres, sont connus du *gotha*) que sur un blazer marine et si vous êtes certain d'avoir sur le dos le *best* du blazer et d'être le *best* dans votre catégorie, sinon choisissez un métal vieilli.

Le blazer croisé est la providence du timide ou du jeune manager en mal d'autorité, il vous donne des gestes – mieux vaut boutonner et déboutonner longuement votre veste que vous ronger les ongles ou faire claquer le poussoir de votre « bic ». Sa connotation sport le rend portable par les très jeunes, sa correction et sa couleur en font l'instrument de l'autorité. Pensez à le fermer lors de vos interventions en public, rien de plus mauvais pour votre cohérence qu'un blazer qui pendouille, alors que votre discours met l'impact sur la fermeté.

OUI !

À un blazer avec des mocassins bordeaux ou marron.
À un blazer avec une pochette.

NON !

À un blazer avec des chaussures noires.
À un blazer avec une chemise en soie.
À un blazer avec un pull ras du cou (sinon un T-shirt blanc le week-end).
À un blazer avec des écussons, vos initiales, une marque ou un sigle.
Sauf sur le pont de votre yacht si l'écusson est celui de votre club.

Le pardessus de Scott Fitzgerald

Le pardessus droit ou croisé est à peine cintré, il a la forme d'une veste longue et bien structurée. Il doit être compatible avec votre costume, ce qui limite vos choix de couleur (marine, *camel*), sauf si vous êtes Crésus. Manches montées ? Comme votre veste il donne une carrure aux épaules tombantes et une stature aux tailles modestes. Lord Raglan, qui pensait dissimuler son bras amputé à Waterloo, a laissé son nom à une emmanchure plus large du même nom. La couture part de l'aisselle et va directement au col donnant une plus grande aisance aux « ronds », aux très grands, aux « baraqués ». Et à ceux qui ne veulent pas être engoncés par le port de deux paires d'épaulettes. Coupé près du corps, il donne un style clergyman très apprécié des jeunes générations qui le portent sur un jean droit.

Les plus beaux pardessus sont en cachemire ou en poil de chameau. Le « Chesterfield » à col de velours est une préciosité que pratiquent seuls les diplomates et les banquiers suisses. Un manteau, est-ce bien nécessaire, me direz-vous ? Vous faites partie sans nul doute de ceux qui courent de leur voiture à leur bureau, de leur bureau à l'avion, de l'avion à l'appartement : que d'encombrement et que de dépenses pour quelques secondes sur vos épaules ! Je serais impitoyable : il n'existe pas – à moins que vous ne vous entêtiez à porter un blouson court sur votre veste de costume – d'alternative au pardessus. Choisissez-le droit à quatre boutons sous patte, surtout si vous êtes petit. Réservez les pardessus croisés aux très frileux (ou très âgés) et aux très grands. Vous l'abandonnerez aux portes de la ville et ne le porterez jamais en week-end. La manche du manteau recouvre *toutes* les autres manches, sans pour cela vous transformer en manchot : elle s'arrête à la racine du pouce.

Si vous êtes très jeune et définitivement allergique, rendez-vous en fin de rubrique à l'alinéa Barbour et parkas.

Le pardessus à manches montées (gauche) ou raglan (droite)

NON !

À un pardessus en *tweed* ou à chevrons des puces (ou d'ailleurs) dans l'entreprise.

À un manteau de cuir au bureau, un manteau à capuche – sauf un duffle-coat.

À un col de velours sur un Chesterfield le matin à dix heures.

À un manteau de fourrure ou un col de fourrure, sauf si vous habitez la Russie.

À un anorak de ski en ville.

OUI !

À une écharpe de cachemire assortie au manteau.

À la sobriété du pardessus noir.

Le loden est en pénitence. Cette Land-Rover des pardessus est réservée à vos vestes de *tweed* et à vos complets de velours et de flanelle, souvent trop chauds et trop informels dans les bureaux ; sauf peut-être en déplacement et en province. Attention, l'image du *gentleman farmer* à la Jean Poiret vous séduit peut-être ! Utilisez-la avec circonspection si vous êtes un dirigeant ou si vous travaillez dans la finance, l'administration, l'informatique : elle dessert les messages de technicité et de *leadership*.

Le duffle-coat du maréchal Montgomery

Il a le vent du large en poupe, comme Monty, qui le rend glorieux. À l'origine, son drap rugueux de laine et ses boutons de corne le réservaient à un usage strictement sportif ou militaire. Et il fallait toute l'audace d'Yves Saint Laurent ou de Jean Cocteau pour oser le porter décalé sur un smoking car on dit que ce descendant des peaux de bêtes fut distribué – à la libération de l'Europe – aux populations frigorifiées. Le prince faisant l'habit, il y a gagné l'autorisation d'accompagner vos blazers et vos vestes de *tweed* au bureau, sous certaines conditions. Il est réalisé aujourd'hui dans des tissus moelleux et ville pour accompagner avec élégance vos costumes d'hiver à tendance sport. Réservez-le aux occasions informelles, si vous n'êtes ni le patron ni très jeune ou si vous ne travaillez pas dans la pub. Excluez les *duffle-coats* doudoune matelassés cuir sauf si vous êtes une femme.

OUI !

Le duffle-coat est le seul manteau à capuche que vous pouvez porter.

NON !

Aux duffle-coats fantaisie, en fourrure ou en cuir.

Le trench-coat de Bogart

Il est la providence du voyageur et de l'homme d'affaires sur-mené car le *trench* a fort bon caractère : il se roule en boule dans une valise, vous sert d'oreiller dans l'avion, avant de protéger votre beau costume de l'ondée. Il n'est jamais froissé d'être si mal traité et vous permet le soir venu d'être le chevalier de la femme de votre vie en le posant, comme une cape, sur ses épaules nues. Le plus beau de ses cadeaux est de vous faire ressembler au vieux Bogart dans ses meilleurs jours... Le *trench* est fantastique et doit faire partie de toutes les garde-robes.

Préférez-le en coton et portez-le vrai : froissé et couleur mastic. Pas d'ajouts inutiles, de bavolets et de boucles, que l'on trouve encore sur certains modèles. Les formes raglan sans ceinture et légèrement plus courtes vont aux statures enrobées et aux petites tailles. De grâce, ne devenez pas l'homme sandwich de certaines marques en déclinant le fameux tartan beige de la doublure sous toutes ses formes : de la cravate au chemisier, en passant par le bob. Ceci est d'ailleurs vrai pour toutes les marques. Ne faites pas leur publicité, faites plutôt la vôtre !

NON !

À des boutons dorés sur un *trench*.
À un *trench* en tergal ou en polyester.
À un *trench* marron ou marine.

Le *duffle-coat* et le *trench*

Le Barbour et les parkas

Fabriqué depuis 1890 et porteur de tous les *royals*, ses qualités de vêtement de pluie sont inégalées. Pour les allergiques aux manteaux ceinturés, bonne nouvelle, vous ne serez plus condamnés à geler. Le Barbour ou ses consorts, de larges parkas de coton, enduits ou non, parfois doublés de lainage, ont fait leur apparition. Yves Montand les a rendus populaires en les portant avec cravate et complet trois-pièces. Si vous les choisissez sobres de couleur et sans accessoires superflus (deux poches et c'est tout) ils peuvent faire le trajet quotidien au bureau, mais à aucun prix ne sortiront le soir ou dans les occasions formelles.

NON !

> Aux parkas de cuir élimé.
> Aux parkas rouges ou jaunes.
> Aux Barbours de copie.

La veste de tweed comme Fred Astaire

En souvenir du bon temps où les usines de tissage écossaises faisaient usage de la rivière Tweed pour y laver la laine à l'eau claire. À l'origine noirs et blancs, les fils entrecroisés furent ensuite teints à la main dans des décoctions de bruyères ou de genêts, donnant aux tissus leurs couleurs raffinées. Les *tweeds* anglais et écossais sont les plus beaux ; fins et souples, ils peuvent, dans certaines occasions, être portés sur votre lieu de travail, surtout si vous êtes un jeune cadre débutant ou un manager confirmé. Idéal aussi pour le *friday wear* à la française, dont nous parlons dans les pages suivantes. Christian Lacroix les aime de couleur, fatiguées, et avec un supplément d'âme.

Accompagnez-la, à l'anglaise, d'une cravate tricotée (oui… elle revient) et d'une chemise à col boutonné ou à très fines rayures ; réchauffez-la d'un *trench*, d'une parka de couleur soigneusement coordonnée (vert foncé par exemple), ajoutez une écharpe de cachemire dans les mêmes tons ou, si vous êtes très jeune, à rayures colorées.

NON !

> Aux tissages trop épais, trop colorés ou fantaisie.
> Aux pièces de cuir aux coudes, sauf si vous avez des trous à vos manches ; dans ce cas, gardez la veste pour le week-end chez vous.

À un costume entier en *tweed*, sauf si le tissu est très fin et le motif très discret.

À une veste en *tweed* au bord de la mer.

OUI !

À la couleur, aux écossais discrets pour les dandys.

Il est tout à fait recommandé de dépareiller veste et pantalon si vous respectez les codes d'harmonie des couleurs : au moins une couleur forte en commun si la veste a plus de deux couleurs. Ceci est vrai pour les vestes de *tweed*, mais aussi pour celles de fin lainage prince de galles qui peuvent être portées avec un pantalon gris uni. En règle générale, la veste dépareillée sur le pantalon est la solution idéale pour les jeunes gens ou les moins jeunes en quête d'une mise *relax* mais correcte.

Le pantalon droit de Clark Gable

Celui-ci détestait les pantalons pochés aux genoux ou tombant piteusement sur les talons (c'est malheureusement très « tendance »). Certains encore plissent traîtreusement sous le ventre, laissant parfois entrevoir de coquets fils d'ourlets dans le bas ; pantalon trop cintré qui comprime le ventre, fond de pantalon bosselé par les plis de la chemise ou la doublure des poches, pantalon moulant et révélateur d'intimité, poches bâillantes et encombrées d'objets hétéroclites. Ah, que le pantalon est triste lorsqu'il n'est pas parfait ! Et quelle image il donne de votre dynamisme !

L'équation gagnante existe : un pantalon est « à pinces » ou il n'est pas. Deux doubles pinces orientées vers l'extérieur pour un costume, une pince unique tournée vers l'intérieur pour un pantalon indépendant. Et même si un jeune soixante-huitard sommeille encore en vous, bannissez à jamais les formes moulantes (pouah !), serrées ou droites ; même si, encore, vous craquez pour les nouveaux pantalons sans pinces et plus étroits aux mollets, qui sont parfaits s'ils sont coupés par des maîtres tailleurs et portés par des Adonis aux ventres plats.

Le pantalon à pinces se porte préférablement sans ceinture. Classiques ou fantaisies les bretelles étaient l'emblème des *preppies* aux USA. Aujourd'hui, elles cèdent la place à de jolies ceintures coordonnées aux chaussures. Les poches revolver doivent être vides et plates. Elles sont parfaitement inutiles mais restent la seule et unique différence entre le pantalon masculin et le pantalon féminin : on s'y accroche. La doublure remonte de manière disgracieuse quand vous enfilez votre chemise ; pourquoi ne pas la faire enlever et faire coudre l'entrée de la poche ?

À revers ou sans revers ? *That's the question.* Porté par les Anglais du siècle dernier soucieux de ne pas maculer le bas de leur pantalon en marchant dans la boue, il est devenu parfaitement inutile dans les bureaux et les salles de réunion. Mais il dure. Le revers est pervers : il possède une connotation sport que son utilité pratique dénie aujourd'hui. Par contre, il donne du poids et un « tombé » à des tissus trop fins ou trop secs. Il est donc parfois recommandé sur vos costumes classiques et sur vos costumes d'été aux tissus de coton fin et mou. Il est inutile sur les *tweeds* et les velours, là où normalement il devrait être porté. Conclusion ? Vous ferez comme vous voudrez.

Les poches doivent être profondes et taillées en biais. Elles sont diablement confortables pour y glisser la main et donner ainsi du maintien à votre allure. Inutile en effet de conserver cet air de pingouin coincé, les bras pendouillant lamentablement le long du corps ou désespérément crispés à l'entrée d'une poche. Apprenez à animer vos bras quand vous animez une réunion : laissez-les appuyer et scander vos paroles, marchez d'un bon pas et glissez une main dans la poche de votre pantalon ; oui, la fente

latérale de votre veste vous permet ce geste. Exercez-vous et pra-
tiquez cet art durant vos prises de parole en public. Et dites :

NON !

À un pantalon et à une veste aux motifs différents.

À un pantalon à motif avec une veste unie. Le contraire est parfaitement possible.

À un pantalon de couleurs vives, sauf si vous avez vingt ans

À un pantalon trop court qui laisse voir la couleur de vos chaussettes quand vous êtes debout.

À un pantalon de toile ou de coton avec une veste de laine, sauf si
c'est un Cimino. Le *jean* accompagné d'un blazer sera l'uniforme de
demain. Acceptable aujourd'hui où le *jean* est brut et impeccable.

OUI !

À un pantalon qui casse légèrement sur le cou-de-pied si vous êtes
très grand. Cet effet raccourcit encore.

LA GARDE-ROBE MINIMALE DE L'HOMME D'AFFAIRES DOIT COMPORTER :

COSTUMES ET BLAZERS

Un blazer, noir, marine ou *camel*, en tissu fin et doux – laine ou mohair ou
mixte – pour le printemps, en tissu moelleux et doux – cachemire – pour
l'hiver, droit ou croisé. Vous le porterez avec des chemises à col classique
ou boutonné, à fines ou moyennes rayures ; avec des cravates rayées ou à
motif « club ». Chaussettes noires ou marine.

Trois pantalons, gris clair, anthracite, bleu marine, (marron ou vert foncé,
éventuellement) que vous porterez avec le (les) blazer(s) et certaines vestes de vos costumes, en hiver. Pour l'été trois pantalons légers de coton
(style « cimino »), de laine sèche ou de lin beige, marine, gris clair.
Un jean brut très bien coupé.

Un costume bleu foncé, pour les occasions formelles ou tous les jours si
vous êtes au top niveau. Vous le porterez avec une chemise à col Windsor
unie ou rayée. Le costume marine à fines rayures « tennis » peut être une
alternative.

Un costume gris foncé de laine sèche style super 100, ou un costume de flanelle plus souple, facile à porter avec une chemise unie bleu dur ou à rayures bordeaux avec une cravate imprimée cachemire.

Un costume croisé ou droit imprimé, gris ou dans des bruns fondus. Portez-le avec une chemise à fines rayures grises et une cravate à fond uni bordeaux ou vert foncé.

Une veste en *tweed* léger (plus épais, il est importable en ville), peut être une alternative au costume précédent.

Un blazer *camel*, beige, en lin ou en coton pour l'été.

Un costume de coton beige ou mastic, que vous porterez comme la veste en lin (été) sur des chemises à manches courtes rayées ou unies. Accompagnez d'une cravate à larges rayures.

Un smoking noir ou marine. Si vous n'en avez pas, ce n'est pas grave louez-en un.

CHEMISES

Quatre chemises unies à manches longues, dont automatiquement deux bleues et deux blanches.

Trois chemises à raies fines ou moyennes à manches longues.

Une chemise blanche à col cassé pour smoking.

Trois chemises à manches courtes unies (teintes pastel) et rayées.

POLOS ET CARDIGANS

Des polos de couleurs pastel ou foncées (pour accompagner un costume un samedi matin) ou, si d'aventure, vous êtes invité dans des circonstances professionnelles à la campagne. Un cardigan boutonné en cachemire ou un sans manches raffiné sont admis par temps froid sous une veste confortable. Jamais sous un costume, qu'il soit croisé ou non.
Jamais, au grand jamais, *sans* une veste !

IMPERMÉABLE

Coton beige ou mastic ou large parka vert foncé, marine ou gris foncé. Le *trench* permet d'assortir une doublure amovible couleur *camel*.

MANTEAU

Droit, de couleur marine, noir ou *camel*, en poil de chameau ou cachemire, avec son écharpe de cachemire unicolore.

Les accessoires sont essentiels

Les accessoires sont essentiels et permettent de personnaliser à l'infini une tenue. Apprenez aussi leurs codes de base car ils sont l'alphabet de votre image. Lorsque vous les aurez bien assimilés, rendez-vous au paragraphe suivant où vous apprendrez à décaler vos vêtements et vos accessoires. C'est-à-dire à y introduire humour, fantaisie et personnalité.

Depuis peu, les hommes ont droit aux couleurs. « C'est une vraie thérapie. Par le biais d'une écharpe, d'un pull, d'une chemise, on peut se donner du courage », dit Christian Lacroix.

La chemise et le triangle sensible

Ce qu'on appelle le triangle sensible est celui de l'encolure délimitée par les deux revers du costume (et leurs coutures) et qui expose la cravate, le nœud de cravate, la chemise (et ses boutons), le col de la chemise (et ses coutures) est le premier sur lequel se pose le regard. Soyez irréprochable. Exigez des coutures parfaites, des boutonnières impeccables, et, si vous voulez, adoptez de discrètes initiales sur la poche de poitrine. La chemise nous vient du fond de l'antiquité et du Moyen Âge car c'est un des premiers vêtements cousus que l'homme se façonna. Le coton, déjà tissé par les Aztèques, fut cultivé par les colons de Virginie dès 1607. Cette fibre qui a autant de classe que les *Gospels* nostalgiques est aujourd'hui un élément de confort et de netteté central pour votre image. Choisissez-la toujours en pur coton, fibre noble par excellence, et déclinez les épaisseurs : en Oxford ou en popeline de coton pour l'hiver, en voile de coton pour l'été.

Décidez une fois pour toutes du col qui vous va en prenant le temps d'essayer différentes chemises devant un miroir. Ne choisissez plus au hasard et, quitte à braver le regard lourd du vendeur, essayez ! Les cols aussi se déclinent selon votre morphologie, vos intentions et les circonstances. Plus votre visage est rond, votre cou large, plus vous choisirez des cols allongés qui amincissent. Pour les minces et les traits « en lame de couteau », les cols larges dits italiens adoucissent.

La chemise sur mesure, est un luxe nécessaire pour les bras trop longs, les corpulents et les cous très minces. C'est un plaisir ineffable peu cher payé pour les raffinés et les inconditionnels des manchettes. Et dites :

NON !

À une chemise transparente sur un T-shirt ou un T-shirt dont le col apparaît, sauf si vous travaillez dans « la com ». Portez alors le col de votre chemise en *jean* ou en chambray, ouvert et sans cravate.
À une gourmette ou une chaînette visible sur la chemise, des poils follets passant dans l'encolure ou pire… visibles en transparence.
Aux matières synthétiques, aux chemises noires ou fluo, aux couleurs violentes ou aux rayures trop larges.
Aux cols mal taillés, « étrangleurs », trop petits ou qui bâillent sur le cou.

OUI !

Aux manches courtes et aux couleurs tendres avec une cravate, l'été. Allongez alors légèrement les manches de vos complets d'été, afin d'éviter l'effet tristounet des manches trop courtes sur des poignets poilus.

Incollable sur les cols !

L'ouverture d'un col est fonction de l'ovale du visage. La tenue d'un col est fonction du port de tête que l'on souhaite obtenir (effet relax ou maintien plus rigide). On peut rendre mature une personnalité trop jeune en trouvant un col adéquat. En général, les cols anglais conviennent aux visages longs, les cols italiens aux visages ronds. Les cols de chemise sont une mine à décalage et peuvent – tel un clin d'œil plein d'humour – personnaliser la plus banale des tenues.

Ah ! j'oubliais. On n'empèse plus jamais les cols, et les baleines – ces horribles petits bouts de plastique qui fondent au repassage lorsqu'on les oublie – sont réservées aux personnes plus mûres et soucieuses de dignité ou à ceux qui ont passé la nuit dans l'avion et qui veulent avoir l'air net. Les plus jeunes peuvent se permettre des cols souples et à peine doublés.

Incollable sur les cols

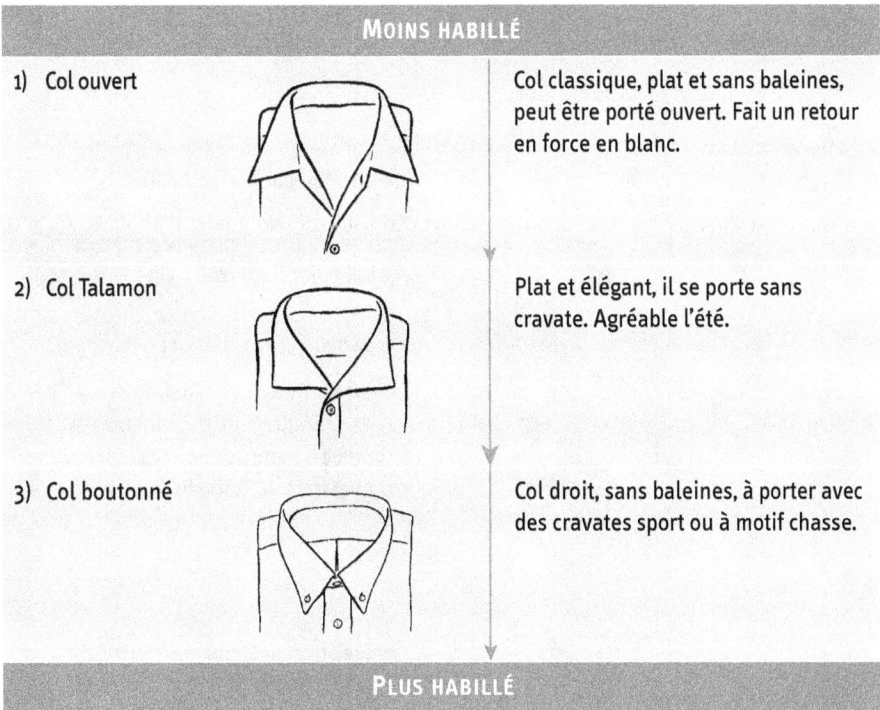

MOINS HABILLÉ		
1) Col ouvert		Col classique, plat et sans baleines, peut être porté ouvert. Fait un retour en force en blanc.
2) Col Talamon		Plat et élégant, il se porte sans cravate. Agréable l'été.
3) Col boutonné		Col droit, sans baleines, à porter avec des cravates sport ou à motif chasse.
PLUS HABILLÉ		

MOINS HABILLÉ	
4) Col classique français	Avec ou sans baleines il convient à tous les visages et à toutes les vestes
5) Col classique-italien	Ses pointes assez écartées dégagent le devant de la chemise. Il convient donc aux vestes croisées et aux trois-pièces. C'est l'ennemi des petits bedons et l'ami des visages ronds.
6) Col italien	Pointes encore plus écartées que sur le précédent. Utile avec les gilets très montants.
7) Col anglais à épingles	C'est un col qui comporte une patte (ou une épingle) qui se boutonne sous la cravate et la maintient impeccablement. Trop amidonné ou avec des baleines, il est trop rigide.

Attention : ces cols conviennent à la maturé ou à ceux qui souhaitent accentuer cet aspect

8) Col blanc Windsor	Comme le précédent, il donne de l'allure aux silhouettes brouillonnes ou banales. Porté sur un corps bleu, gris ou parme, il exalte le bronzage.
9) Col Duchamp	Du nom d'un grand faiseur anglais, il imite les cols du XIX\e siècle aux pointes arrondies, comme en portait Marcel Proust. Il confère une note de préciosité.

PLUS HABILLÉ

MOINS HABILLÉ		
10) Col Mao		Ce col est incompatible avec l'entreprise. Sauf dans les milieux de la création, de l'art, ou de la communication.
11) Col cassé		Strictement réservé au soir.

Attention : ces cols précieux sont des effets de style ou sont réservés au soir. À manier avec prudence.

PLUS HABILLÉ		

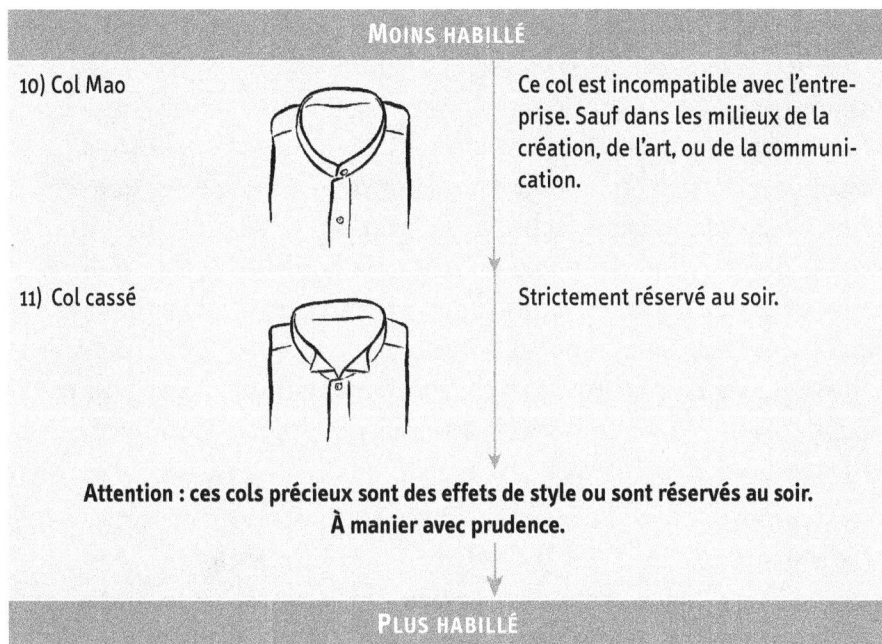

La cravate relie le tout

La cravate est le symbole sexuel par excellence. Votre cravate se voit comme le nez au milieu de la figure, tout comme votre libido. En fait, elle ne sert à rien sinon à étrangler encore un peu plus l'homme archaïque en vous, et accessoirement à dissimuler vos pulsions et le boutonnage de votre chemise. Elle fait aussi le lien entre les différents coloris utilisés dans votre mise. Chaque année on jure qu'elle disparaîtra mais elle représente finalement une bonne dose de sécurité : col bien fermé sur des poils follets ou des toisons sauvages qui n'ont pas leur place dans l'entreprise.

Collerette, jabot, lavallière, elle fut le théâtre passé de bien des excès mais elle revient aujourd'hui à des dimensions plus sages : 145 mm × 8 mm × 4 mm. Elle est le point d'attraction du regard vers le milieu du « triangle sensible » délimité par les deux revers de votre veste et le col de votre chemise. L'œil averti perçoit, en quelques secondes, le langage des coutures, des boutons, du nœud de la cravate, du tissu de la chemise. Sont-ils bâclés, déplacés, avachis, tiraillés ? Il y a de bonnes chances pour que vous le soyez aussi. On dit que les ascètes la portent étranglée et que les bons vivants la portent lâche, portez-la donc à sa place, au beau milieu de votre col de chemise, la pointe tombant sur le milieu de votre ceinture. Et si vous faites partie de ces tempéraments impétueux qui semblent toujours mal coiffés et peu soignés (alors qu'ils y passent un temps respectable), adoptez sans hésiter le col anglais – avec une sous-patte qui ne sera pas trop serrée – et le classique *Four n'hand*.

Aussi important que la cravate, le nœud de la cravate et sa disposition sur la chemise. Le *four n'hand* est le plus simple et le plus seyant. Mais le *demi-Windsor* un peu plus épais se porte obligatoirement avec les cols italiens ou les cols Windsor. Un effet peut être obtenu, avec un gilet, en faisant légèrement « bouffer » la cravate sur l'encolure du gilet après avoir noué un nœud Dior, assez ample. Un pli creux central sur un nœud Windsor est agréable avec un col sur patte ou à épingle. Voyez ci-dessous les quatre principaux nœuds de cravate, et les cols de chemises avec lesquels ils s'harmonisent.

Le demi-Windsor : une épaisseur maîtrisée

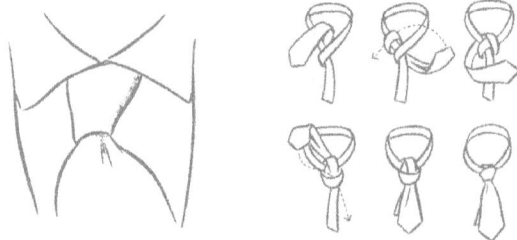

Le nœud Dior : une ampleur bien contrôlée

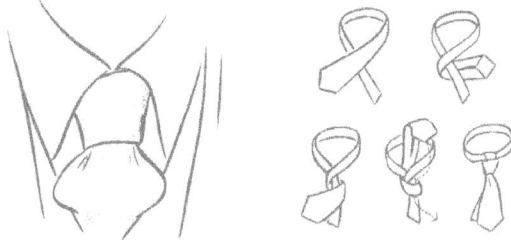

Le nœud anglais : un classicisme mesuré

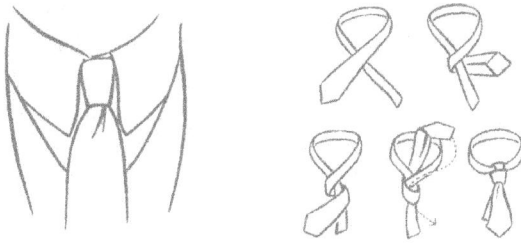

Le nœud Lanvin : une décontraction étudiée

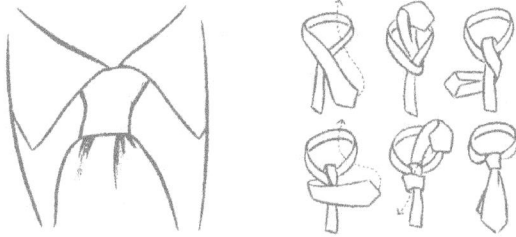

Votre fils adore sa cravate-paysage chargée de pagodes miniatures et d'hibiscus colorés : vous aurez soin de lui en laisser la responsabilité… jusqu'à son entrée dans la vie professionnelle. Alors vous le dissuaderez de postuler à son premier emploi avec la cravate « Betty Boop » qu'il préfère et vous l'initierez aux joies de la mesure : les cravates tissées aux petits motifs très fondus sont élégantes avec les blazers et les vestes en *tweed*, les cravates de soie imprimée de motifs chasse et golf sont réservées au blazer bleu marine, tandis que les cravates imprimées cachemire ou les cravates de soie unie sont toujours belles avec les complets gris et bleu foncé.

Un dernier mot sur sa couleur : la cravate doit être le lien avec lequel vous « nouez » (rassemblez) ensemble toutes les couleurs de votre mise : costume, chemise, pochette et autres accessoires compris. Elle est le signe d'une cohérence bien pensée. Pensez-y ! Vous n'avez droit qu'à trois couleurs, pas une de plus. Et dites :

NON !

À la cravate jabot trop large et à la cravate lien trop fine.

À la cravate club alors que vous n'appartenez à aucun.

À la cravate rouge sur une chemise rose.

Au nœud tout fait ; il est un moins pour votre image et il ne cache pas les boutons de la chemise ; apprenez à le faire vous-même.

Au nœud papillon. Réfléchissez avant d'en porter un : avez-vous jamais vu un leader avec un « nœud pap » ?

À la cravate tombant au-dessous ou au-dessus de la ceinture.

OUI !

Aux accessoires coordonnés : achetez toujours cravates, chemises et pochettes ensemble. Soigneusement désassorties, elles seront l'emblème de votre cohérence car elles auront au moins une couleur de base en commun.

À la cravate de tricot avec une veste sport.

À la cravate tissée ou en faux uni (de près, les motifs très petits sont tissés).

À la cravate de soie unie, toute simple.

À la cravate ton sur ton sur une chemise assortie. Préférez un ou deux tons plus foncés.

À la cravate dans la même matière que votre chemise.

La pochette

Ne servant strictement à rien, la pochette est l'aune à laquelle on mesurera votre goût. Elle est un repaire d'erreurs qui vous marquent du doigt. Portée avant six heures du soir, elle est ostentatoire et coquette, totalement ridicule. Portée à l'italienne, dans un foisonnement de pans qui s'épanchent sur votre veston, elle dément votre rigueur. Portée trop bien pliée et pas assez naturelle, elle dénonce le débutant. Ah, que l'art de la pochette est difficile ! Pourquoi ne pas la supprimer avant 21 heures ?

Cravates et pochettes sont soigneusement désassorties mais avec un petit quelque chose en commun : une couleur, un style, une texture, une complémentarité ou une similarité de style.

Un simple mouchoir de fine baptiste blanche sur un complet bleu marine ou gris, surtout s'il est porté avec une chemise rayée et un col Windsor, fera craquer vos collaboratrices et vos actionnaires. Mais dites :

NON !

À la compétition hiérarchique : soyez diplomate et laissez sa pochette à votre patron s'il en porte une dans la journée, c'est son panache blanc.

Aux pochettes extravagantes ou pendouillantes ; il y a de grandes chances pour que votre interlocuteur vous attribue ces caractéristiques lamentables.

Aux pochettes à motifs golf avec une cravate à motifs cachemire. Là aussi on ne mélange pas les genres.

Au mouchoir de baptiste blanc s'il a été utilisé et n'est pas impeccable.

Il n'y a qu'une façon de nouer sa pochette

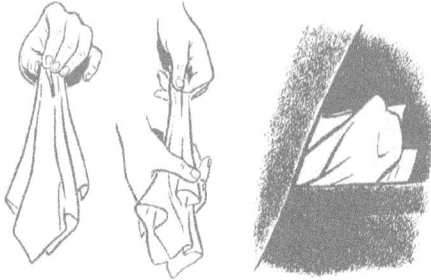

Les chaussettes

Sur de larges mollets poilus une socquette tire-bouchonne entre la cheville et le bord d'un pantalon. En voilà assez pour mettre en cause tous vos beaux discours sur la qualité totale ! Le remède est simple : ou vous portez des mi-bas (ils sont souvent trop serrés sur les mollets musclés) ou vous passez votre temps à réajuster vos chaussettes (ce qui ne sied pas à votre fonction). C'est sans solution ! J'invite les fabricants à se plonger sérieusement sur ce problème car les porte-chaussettes sont aussi inconfortables que les porte-jarretelles ; ils feraient bien, en outre, d'ajouter quelques grandes pointures (quarante-cinq et quarante-six) pour que les gros orteils de nos compagnons soient aussi couverts. Les chaussettes se portent unies ou avec une mince baguette sur le côté. Les couleurs : bleu marine, gris foncé, brun, noir, exclusivement. Les chaussettes de couleur sont des mines à décalage, à manier avec mesure. Et dites :

NON !

Aux chaussettes blanches – trois fois non aux chaussettes de tennis.
Aux motifs jacquard, même discrets, qui sont réservés aux très jeunes et aux occasions informelles, pourvu qu'elles soient alors portées avec des mocassins.
À toutes les autres chaussettes : synthétiques, à motifs, de couleurs vives, de strass ou de dentelle.

Les chaussures sont l'ancrage de votre allure

Peut-être est-ce en souvenir du temps où les manants allaient pieds nus (les chevaliers, eux, étaient chaussés), les chaussures sont à la base de votre personne et de votre image : elles signent son enracinement et sa solidité, son rapport à l'environnement. Parce qu'elles sont peu visibles, elles sont aussi le baromètre de votre classe : il y a toujours eu une aristocratie de la chaussure. Tel sociologue de talent en fit même un sujet de thèse. Observez-la sur vos interlocuteurs : elle dit tout de leur mode de vie. Talon éculé, semelle usée ou déjetée, cuir malmené, style imprécis ou fantaisiste de mauvais aloi, couleurs vulgaires sont autant d'incongruités pour une image excellente qui préférerait les atouts d'un cuir noble et patiné par le temps, sur un talon (c'est lui qui porte « l'attaque » de toute la marche) bien entretenu.

En souvenir du temps où les valets des lords anglais polissaient les vénérables chaussures de leur maître avec de la poudre d'os, renouez avec la volupté d'être bien chaussé et chouchoutez vos chaussures. Pensez à votre cambrure, à l'arrondi du bout de la chaussure, à la fermeté ou à la souplesse de la peau : ils modifient votre démarche, et, bien souvent, nous avons réconforté un timide en changeant la forme de ses chaussures. Comme le reste de votre image, vos chaussures sont en quête de cohérence. Elles s'assortissent à vos tenues. Une règle simple est à mémoriser : la chaussure la plus lisse est la plus habillée, celle qui porte le plus de trous et de surpiqûres est la plus sport. Le mocassin, faisant un peu bande à part, est décliné plus ou moins sport. Vous éviterez donc de le porter avec votre complet bleu marine et le réserverez à vos vestes de tweed et à vos pantalons de velours. Faites connaissance avec les quatre formes de base.

Derby, richelieu, mocassin à plateau, chaussure à boucle

Derby

Richelieu

Mocassin à plateau

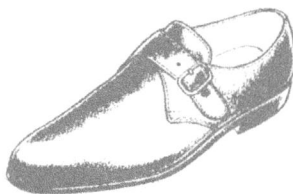

Chaussure à boucle

L'équation à mémoriser est simple :

– Dans la journée, portez le Derby ou le Richelieu noir ou marron, avec vos costumes droits. Avec vos blazers, vestes de *tweed* et complets de *tweed* fins vous pouvez porter vos mocassins (ils sont plus légers l'été) ou des Richelieux marron ou *gold*.

– Le soir et en costume toutes les chaussures sont noires et les mocassins au placard. Pour le grand soir les mocassins ressortent en version effilée.

LA GARDE-ROBE PROFESSIONNELLE DE BASE COMPORTE AU MOINS :

Deux paires de chaussures lacées,
noir et marron.
Une paire de chaussures à boucle noire.
Une paire de mocassins classiques.

La « basket » de ville en cuir, ou la « cycliste » souple (comme celles que portait Gainsbourg) envahit la ville. Il faut noter que l'évolution de la mode est extrêmement perceptible sur les chaussures où l'effet « spormidable » est très marqué. Parfois même la « converse » apparaît sous une jupe fleurie.

Cette liste est à compléter selon votre entreprise ; vous aurez peut-être envie d'y ajouter le dernier best-seller : les *paraboots* ou encore la *Hogan*, dérivée d'une chaussure de cricket ou une jolie « basket » de cuir. Reportez-vous aux chapitres suivants sur le *friday wear* ou le décalage. Mais évitez de porter la même paire de chaussures tous les jours, sa durée de vie en serait diminuée.

La volupté d'une belle paire de chaussures se paie bon prix. Dorlotez vos chaussures et, pour commencer, faites poser lorsqu'elles sont encore neuves une semelle « topy » qui doublera leur durée de vie. Cirer ses chaussures le dimanche soir fait partie des grands plaisir de la vie : quelle chouette semaine en perspective avec ces merveilles aux pieds ! Leur patine va se bonifiant avec les années. Un « truc » pour un beau *finish* : quelques gouttes d'eau sur votre chiffon après le cirage, et un cirage d'un ton plus foncé que celui du cuir.

Les petits et les timides, les jeunes managers en quête d'autorité préféreront les chaussures dont les semelles sont légèrement débordantes. Les grands d'aspect sévère adouciront leur image avec des mocassins à pompon ou des chaussures à lacets et à boucle. Tous éviteront les « cyclistes » blanches de Repetto comme Serge Gainsbourg. Et dites :

OUI !

> Aux chaussures noires et lisses (vernies éventuellement), sans perforations, pour le soir.
> Aux mocassins à bout effilé en veau noir ou, à la rigueur, en vernis noir, pour le soir.
> Aux mocassins avec un pardessus long.

NON !

Aux mocassins marron après sept heures du soir, aux docksiders – mocassins de bateau – au bureau, sauf pour le *friday wear* dont nous vous donnons la clé dans les pages qui suivent.

Aux chaussures gold ou marron clair, dans les occasions formelles (conseils de direction, clientèle japonaise), après 18 heures.

Aux chaussures dont le talon excède 2,5 cm, même et surtout pour les petits.

Aux baskets de cuir avec un complet deux ou trois pièces.

Les gants, les sacs, les parapluies, les chapeaux

Les premiers sont chargés de symbolisme : on « prend des gants », on « jette son gant », on a une « main de fer dans un gant de velours » on « relève le gant » ou « cela va comme un gant ». Le gant est un autre soi-même, il garde fidèlement l'empreinte de la main. Le gant, c'est la force, mais c'est aussi la protection de l'impur. Les retirer pour serrer la main de quelqu'un fait partie de la politesse la plus élémentaire, de même que se déganter en entrant dans une pièce ou lorsqu'on est reçu. Personne autrefois ne sortait sans gants. On les porte aujourd'hui pour skier ou chasser, mais la mode revient, comme celle du chapeau.

Ces petits riens n'échappent pas à l'œil de vos interlocuteurs, ils font partie de la concordance et de la lisibilité de votre image. Ils peuvent aussi la signer : un parapluie noir bien roulé comme une canne donne une allure et une démarche royale, un chapeau bien choisi devient un emblème, des gants donnent un fini soigné.

Assortissez-les les uns aux autres et évitez de porter une ceinture de cuir *gold* sport avec une montre fine au bracelet noir. Le meilleur moyen de ne pas passer trop de temps devant son placard est de décider une fois pour toutes que vous déclinerez tous ces accessoires en noir ou en marron. Le parapluie, quant à lui, est noir avec un manche en bois ou en corne. Les autres, ceux à ramages, restent dans la voiture.

NON !

Aux gants de sport tricot et cuir dans la vie professionnelle.
Aux boucles de ceintures trop voyantes, aux ceintures trop larges ou de couleurs vives.
Aux ceintures de cuir et toile avec les costumes de ville.

OUI !

Aux gants marron ou noirs à surpiqûres assortis à vos chaussures et à votre attaché-case.

Le chapeau

Il couvre le chef auquel il donne belle allure et beau geste. Pour celui qui n'a pas la fibre du leader, mieux vaut s'abstenir. Comme nous aimions vous voir, messieurs, retirer le vôtre pour nous saluer. Mais foin de nostalgie, le chapeau revient doucement, et si la casquette n'est pas de mise dans l'entreprise, le feutre Borsalino, arrivé dans les valises des voyous italiens, reprend du poil de la bête. Outre qu'il a l'immense avantage de protéger du vent et de la pluie, le feutre mou flirte avec les archétypes et vous entoure de légende. C'est utile certains petits matins gris où vous devez prendre la parole en public. C'est indispensable pour les « petits » qui y gagnent ???? des centimètres.

Il demande de l'aplomb car il ne saurait être porté que par un chef, veillez à vous assurer, avant de vous en couronner, que vous en assumez le statut pleinement : rien de plus triste pour votre image qu'un superbe feutre sur un emploi subalterne. Gris, marron ou noir, vous le préférerez à bords étroits.

Et la casquette ? L'horrible casquette à visière tournée vers la nuque ? Adoptée par les chanteurs de rap, elle apparaît – horreur ! – sur des costumes de ville – jamais dans l'entreprise, promettez-moi !

Il couvre les chefs

Smoking or no smoking ?

Sur vos invitations vous lirez : *dinner jacket* ; il s'agit du smoking. Contrairement aux apparences, il est le plus démocratique des vêtements : chacun peut aujourd'hui le louer et, dans une soirée, ressembler trait pour trait à son voisin. Ne vous en privez pas lorsque vous organisez un événement à l'intérieur de l'entreprise : le smoking mettra tout le monde à l'aise.

Vos fonctions peuvent exiger d'investir dans un smoking. Consolez-vous en pensant que sa forme n'a pas changé depuis près de 50 ans : si vous choisissez bien, il habillera aussi votre fils. Il peut être *white tie* ou *black tie*. La différence ? Le premier est de moins en moins usité et transforme son possesseur en gentil pingouin empesé. La cravate, bien sûr est blanche, et la veste noire sur une chemise blanche à col cassé.

Le *black tie* peut être noir ou bleu nuit. Il se compose d'une veste croisée ou droite – attention, elle est non fendue – à col tailleur, d'un pantalon à baguette de satin sur le côté de la jambe. La chemise est à col cassé et peut être recouverte d'un gilet si la veste est droite. De charmantes fantaisies vous sont permises : gilet à motifs brodés ou en soie, par exemple. Restez discret si vous voulez les porter avec plaisir pendant de nombreuses années.

Le spencer

Un jour que lord Spencer chassait le renard, celui-ci se trouva fort encombré par les queues de son habit et les coupa net, donnant ainsi naissance à cette veste courte – est porté surtout l'été où il voisine avec les vestes de smoking blanches.

**Le spencer
Attention, il dévoile la partie charnue de votre individu !**

137

Lorsque vous aurez endossé une de ces merveilles, faites deux ou trois flexions sur votre tapis ou le tour de votre jardin en courant, vous serez encore plus beau après.

NON !

Au spencer pour les postérieurs ronds ; il dévoile impitoyablement cette partie charnue de l'individu. Regardez-vous de dos avant de l'acheter.
Aux revers de pantalon sur un smoking.
À la chemise en piqué avec un smoking.

OUI !

Au spencer pour les longs et minces.
À la pochette de fil blanc pliée au carré et dont on voit les coins, avec un smoking ou un complet marine foncé.
À l'œillet blanc à votre boutonnière.

Chapitre 6

Décaler,
c'est créer !

« La mode meurt jeune, c'est ce qui fait sa légèreté si grave. »

Jean Cocteau

Comment être le créateur de son image

En Angleterre, dans le Savile Row des années soixante, on l'appelait le *dandy dressing* : une apparence classique démentie avec humour par une folie de couleurs ou de textures souvent placées à l'intérieur. En Italie, aujourd'hui, on n'est pas en reste dans l'art de porter – pieds nus dans des Tod's – le costume fluide *camel* pur lin juste chiffonné comme il faut sur une chemise sans cravate aux boutons de corne (celui du poignet déboutonné sur de *vraies* boutonnières faites main).

Cette tendance du décalage est issue de la côte est américaine – Cape Cod – qui a su très tôt concilier le monde des affaires avec celui du sport. On comprendra donc qu'ici, l'essentiel du décalage se réduise à introduire des éléments *sportwear* dans le *citywear*. Par extension, décaler, c'est jouer avec les codes et introduire le zeste de personnalité désinvolte qui signera votre image. En Europe, ce n'est pas toujours dans le *sportwear* que furent puisés les codes d'un chic à la fois correct et décontracté. Il s'est souvent mêlé plus de dérision que d'ironie souriante à cette démarche qui, pour ludique qu'elle puisse être, est toujours une transgression.

Prudence donc ! Si le *casual wear* – petit frère du décalage – évolue dans le sens d'une société plus permissive et moins rigide, ce qui est une bonne nouvelle, il n'est en aucun cas le signe d'une suppression des codes. Bien au contraire ! Et ceci est la mauvaise nouvelle : s'habiller devient certes plus amusant (le complet bleu n'est plus la réponse unique) mais cela devient aussi beaucoup plus compliqué.

Reste que ces coquetteries raffinées ne sont jamais de mise – je dis bien jamais – dans le haut management. Pas plus d'ailleurs que dans la banque, dans les affaires, et encore moins dans la politique et la diplomatie, pour peu que vous fassiez partie des leaders. Si vous faites partie du haut management, rendez-vous au chapitre 7 où nous éclaircissons avec vous le mécanisme psychologique des projections qui doit gouverner cette prudence. Ab-so-lu-ment.

> " Leadership et décalage : la prudence s'impose ! "

Pourtant, si vous avez suivi pointilleusement les conseils donnés dans les pages qui précèdent, vous aurez peut-être le sentiment que votre image, pour élégante qu'elle soit, n'est pas pour autant *numineuse* ; et qu'elle manque de charme, de personnalité. Vous

vous sentez un peu collé aux codes, trop conforme, sans la touche d'humour que vous souhaiteriez voir dans votre image. Ce que vous voulez, c'est l'individualiser, trouver votre style en marquant une distance légère et ironique avec *l'establishment* ? Soit !

I-ro-nie est le maître mot. Je vais vous donner la clef d'un jeu qui vous permettra de devenir le créateur de votre image et de vous adapter à votre contexte professionnel, quel qu'il soit.

Kitsch, *grunge, destroy* ou *gothic* : le chic décontracté ?

Certaines occasions requièrent plus de formalisme que d'autres. Une attitude trop relax lors d'un entretien d'embauche risque d'indisposer votre interlocuteur et de vous démobiliser mentalement. Certaines attitudes frisent le défi. Relax et correct à la fois, c'est possible. Sans risquer l'exclusion, le quotidien de l'entreprise s'accommode fort bien, surtout pour les plus jeunes, d'un vêtement correct *mais* relax. À vous les vestes non doublées, aux épaules discrètes, les cols « maigres » et descendus, les pantalons plus larges ou plus étroits (et de coton), le velours côtelé, les *dock-siders* et les *paraboots*, et même la *Hogan* montante, la basket de cuir.

Cependant laissez-moi vous rappeler ceci : les codes de base que vous venez d'apprendre sont ceux qui vous permettront d'être à l'aise partout. Ce sont ceux que vous devez adopter dans les situations formelles ou celles dont vous ne connaissez pas le contexte, lorsqu'il faut « assurer ». Aucune transgression n'est alors autorisée, sinon celle qui consiste à raffiner encore et encore sur la qualité des matières et l'économie des signes et des couleurs.

Mais parlons du décalage. Si la véritable élégance est loin du conformisme, elle se garde bien pourtant d'ignorer les codes.

Elle sait que ceux-ci, qu'ils soient esthétiques, sociologiques, psychologiques, historiques sont l'alphabet de base sur lequel se construit la grammaire de l'image : il faut les connaître par cœur, comme des gammes. Mais les gammes ne font pas la musique. Mettez de la musique dans votre image avec le décalage. Il est l'atout suprême de ceux qui possèdent si bien leurs doigtés qu'ils peuvent jouer avec les codes, et même les transgresser, pour en créer de nouveaux.

Car qu'est-ce en fait que créer, sinon transgresser l'ordre des signes en vigueur ? Tous les grands peintres ont un jour transgressé pour créer du nouveau, de l'unique, du personnel.

> « Décaler, c'est organiser différemment son vêtement et faire cohabiter des genres qui, habituellement, ne se mélangent pas. »

La règle n° 1 est simple :

Allez doucement !

Le décalage est à manier avec brio car transgresser, c'est passer outre un ordre établi. À la clef, un couac horrible ou la musique harmonieuse du créateur. Le triomphe du leader qui re-sémantise les codes ou l'exclusion piteuse du groupe convoité. Mais qu'est-ce que le décalage ?

Il y eut dans les années soixante-dix une publicité d'Hermès qui fit du bruit. On y voyait cohabiter le foulard mythique, symbole de classe et de maturité, avec son antithèse, un blouson de jean, symbole de l'aventurier texan et de la jeunesse. Les jeunes générations se sont jetées sur l'aubaine, et la cohabitation jean-jeunesse-aventure plus vêtement-institution-conservatisme est devenue courante. Les Bo-bo[1] la recyclent à l'infini. On a vu partout des blazers croisés marine ou des *spencers* du soir avec des jeans, et des complets gris sur des Lacoste rose pâle.

Ces codes éclatés – le kitsch ou ses avatars : le *grunge*, le *destroy*, le Bo-bo – sont aujourd'hui passés dans les mœurs ; espace de liberté que les classes montantes n'ont pas dédaigné de s'approprier. Elles y expriment leur dynamisme et leur créativité face à l'immobilisme figé des codes. Conscient et mesuré, le décalage est un clin d'œil au second degré : « Voyez, je m'aventure loin de nos codes communs, mais je suis pourtant des vôtres. » Comme toute ironie, il est une aristocratie qui reconnaît les siens.

Ces transgressions ne sont pas toujours heureuses : on voit de charmantes battantes accumuler, sur un tailleur strict, des boucles d'oreilles de strass longues-comme-ça et des transparences de dentelle noire, autrefois réservées au grand soir. D'autres mélangent dans la plus parfaite innocence les références au sport (un blouson fluo) avec les références au soir (des bas noirs à baguette et des talons de neuf centimètres). Ce qui était il y a dix ans un sinistre manque de culture est aujourd'hui considéré comme l'expression de références et de valeurs culturelles qui identifient les différentes tribus et leur permettent, d'un coup d'œil, de se reconnaître entre elles.

Dans les années quatre-vingts, on était seulement baba ou new wave, aujourd'hui, on est *punk*, *gothic*, *fashion*, *skater* ou *strech*.

> ❝
> Une transgression naïve et ignorante est un fiasco. Une transgression savante et consciente peut être votre meilleur outil de promotion.
> ❞

© Eyrolles

---

1. Bourgeois-Bohème, tribu apparue dans les années quatre-vingt-dix.

Parfois, c'est la réussite et le décalage fonctionne ; il est accepté avec enthousiasme par l'entourage comme un nouveau code de base. Un homme d'affaires glisse sous son blazer de cachemire, une chemise de chambray – tissu autrefois réservé aux ouvriers agricoles – et c'est joli. Des chemises à petits carreaux bleus et blancs, style fermière, apparaissent avec des T-shirts à capuche, sous de sombres costumes croisés. Superbe ! Le message est alors « Je suis un prince, je suis au-dessus des codes car je les crée. »

Certains décalages sont restés fameux : le *duffle-coat* sur le smoking de Jean Cocteau et d'Yves Saint Laurent, le col Mao ou les premières chemises roses de Jack Lang, le chandail de Giscard ; ils font aujourd'hui partie de l'Histoire.

Retenez qu'ils ont en commun d'enfreindre les codes en proposant des juxtapositions nouvelles. Ils jouent avec l'interdit dans une revendication perpétuelle d'originalité et d'individualité. À vous de déceler les juxtapositions inhabituelles et d'en jouer avec art. Voici quelques dialectiques de décalage à cultiver avec précaution :

DES DIALECTIQUES À CULTIVER :

ville-campagne,
vulgaire-raffiné,
sport-ville,
une couleur et la même (camaïeu),
pois-rayures-écossais,
rayures-rayures,
rayures-imprimés fleuris ou à pois,
couleurs pastel-bleu marine,
féminin-masculin,
jour-soir,
enfant-adulte,
habillé-relax,

noir-couleurs explosives,
noir sur noir.

Ce sont les accessoires et les achats mode qui vous permettent de décaler à loisir. Attention, c'est difficile ! Tel camaïeu de vert peut vous faire ressembler à un Bavarois, tel ton sur ton noir à un gangster échappé de Sing-Sing. Pourquoi ne pas commencer par le décalage le plus simple, et que je conseille aux jeunes débutants : dépareillez toujours la veste et le pantalon. Les matières et les formes sont essentielles.

Voici quelques décalages réussis réservés à l'entreprise. Dans votre vie privée, feu vert à la créativité.

HOMMES

Une doublure colorée ou de tissu imprimé pour doubler un veston.
Des couleurs voyantes mais qui se cachent.
Un gilet de cachemire de couleur vive sous un veston de *tweed*.
Un polo à manches longues de cachemire de couleur claire sur une chemise rayée portée avec cravate, à la place de la veste.
Un camaïeu de couleur dans des dégradés de gris ou de bleu, pour la chemise, la cravate imprimée et le complet.
Une cravate fleurie et naïve (campagne) avec un complet gris foncé (urbain), chemise à fond gris à col Windsor (ville). Une chemise de *jean* très fin, à boutons-pression (campagne) ou de chambray gris (campagne) sous un blazer de cachemire vert foncé (urbain-chasse), une cravate à motifs « chasse » liant le tout.
Une chemise rose tendre, mauve layette (enfance), sous un complet croisé bleu marine (adulte), avec une cravate fleurie (champêtre).
Une chemise à rayures, sous un complet à fines rayures tennis, cravate à pois dans des tons voisins.
Chemise blanche, complet bleu, cravate bleu marine, très classiques, avec une pochette rouge vif.
Une veste fluide de lainage léger sur un pantalon de coton de style « chino », avec une ceinture tressée.
Une chemise Lacoste à manches longues sous un complet de coton ou de lin beige.
Mocassins et ceinture tressée.

Un veston de *tweed* très fin dans les tons bleu-marron, sur un col roulé de cachemire du même bleu.

Pantalon gris et mocassins.

Une chemise de laine fine – gris moyen – (bien boutonnée jusqu'au dernier bouton), sur une veste de *tweed* à chevrons fins – gris plus soutenu – et un pantalon gris.

FEMMES

Un tailleur (urbain) porté sur un vrai T-shirt de coton (sport), impeccablement repassé. Une coiffure très sport (jour), avec un maquillage élaboré (soir).

Une simple blouse blanche de coton à col ouvert portée sans maquillage (féminin) avec un tailleur noir (masculin). Bas noir, chaussures raffinées noires petits talons.

Une coiffure savamment décoiffée (plein air), avec tailleur et manteau somptueux (ville).

Des chaussures plates et à forte semelles (sport), avec bas clairs et tailleur raffiné près du corps (ville-féminin).

Un tailleur noir le jour (masculin), dans une forme raffinée (féminin).

Un tailleur beige décliné en délicats camaïeux avec sa blouse, ses bas, ses chaussures, ses bijoux.

Pas de bijoux du tout. Faire cohabiter exclusivement des couleurs non complémentaires : rose-rouge, jaune-rouge, noir-marron, marine-marron, mauve-rose, blanc-noir (Christian Lacroix est coutumier du fait).

Faire cohabiter des imprimés denses : prince de galles, plus pois, plus imprimés fleuris.

Ou bien, imprimés fleuris, plus rayures.

Faire cohabiter des symboles de classes opposés : dentelle-cuir, fourrure-drap, matière précieuse-matière vulgaire.

Le ridicule ne tue que ceux qui n'assurent pas

Il y a des jours où vous êtes en forme, des jours où ça ne va pas ; ne choisissez pas celui-là pour étrenner votre robe moulante rouge vif à la réunion de huit heures quinze. Le ridicule ne tue pas, mais il est inconfortable pour vos interlocuteurs si vous n'avez ni la distance ni l'humour ni la forme pour l'afficher comme un drapeau ou un éclat de rire.

Il y a aussi des circonstances où cet éclat de rire gênera vos interlocuteurs, où il sera pris comme du mépris ou de l'indifférence : c'est le cas dans les négociations qui exigent neutralité ou profil bas. Dans d'autres cas, il sera un clin d'œil charmeur qui détendra l'atmosphère. J'aime le décalage et je pense qu'il est un grand régulateur des inégalités sociales : l'astuce et l'intelligence remplacent le pouvoir et l'argent. N'importe qui peut aujourd'hui avoir du style avec un peu de talent et d'audace, et c'est finalement le message de Jean-Paul Gaultier qui, pour sa première collection de haute couture, fit broder par l'incomparable Lesage un jean délavé transformé en robe du soir.

Il est pourtant des cas où la transgression va trop loin et où, avec ou sans panache, elle ne vous sera pas pardonnée. Voyez ci-dessous la liste de ces horreurs absolues.

HORREURS ABSOLUES CHEZ LES MESSIEURS

Un complet de *tweed* pour accompagner le soir
une dame vêtue de soie.
Des socquettes de tennis blanches
dans des Derby noires.
Un smoking avec des mocassins.
Un costume fait à Hong-Kong.
Une chemise de smoking à jabot de dentelle.
Des chaussettes blanches le soir.
Une pochette de soie sur un loden.
La pochette assortie à la cravate.
Une cravate à mi-poitrine.
Une épingle à cravate.
Une cravate avec motif chasse ou golf
sur un costume de ville bleu foncé.
Une cravate trop large.

Un col de chemise ouvert sur une gourmette.
Une chemise à raies épaisses
(plus d'un demi centimètre).
Un nœud papillon à élastique.
Le col d'une chemise rabattu sur la veste.
Une chemise cintrée, une veste cintrée.
Un nœud papillon rouge avec un smoking.
Vous endimancher un dimanche.
Une cravate dont les pans
ne se terminent pas en pointe.
Un foulard dans l'encolure
de la chemise au bureau.

HORREURS ABSOLUES CHEZ LES DAMES

Une tenue « froufroutante » pour accompagner,
de jour, un monsieur vêtu de *tweed*.
Des chaussures rouges à talon avec des bas
noirs et un tailleur vert olive (etc.).
Des talons hauts avec une jupe large
à la cheville.
Des chaussures à talons de neuf centimètres
si vous êtes petite.
Une jupe trop courte qui montre
vos sous-vêtements.
Tout ce qui est « sexy » de manière primaire :
des bas suggestifs,
une robe trop décolletée,
un pantalon moulant ou de satin,
une jupe de mousseline transparente, etc.
Toutes les transparences :
un soutien-gorge rose
apparaissant sous une blouse transparente,
une jupe ou un pantalon qui colle au corps
et laisse entrevoir vos sous-vêtements,

des bretelles de combinaison ou de soutien-
gorge apparaissant dans l'encolure.
Un pantalon serré avec des talons hauts.
Un épais chandail douillet rose layette,
tricoté par votre maman.
Une robe trop habillée à un cocktail
(trop de paillettes, trop de brillant).
Les accumulations de bijoux vrais ou faux.
Une robe de tricot électrostatique (qui colle !).
Un vêtement transparent
sur des sous-vêtements noirs.

Du bon usage du friday wear : s'habiller casual

Le mot *casual*, intraduisible, signifie à la fois relax, décontracté, mais aussi simple, pratique. Il est dans la droite ligne du décalage. Soucieuses de démocratiser le costume et de diminuer le fossé entre la direction et les employés, certaines grandes banques américaines de Wall Street et de la City, à Londres, avaient autorisé, il y a quelque temps et par voie de pancarte, le personnel à s'habiller de manière informelle le vendredi, avant les départs en week-end. Ce *dressing down* devait, dans le meilleur des cas, permettre le remplacement du costume trois-pièces et des chaussures lacées – trop chauds en été – par une tenue plus confortable. On aurait attendu que chacun baisse d'un cran sa tenue, et, tout en conservant une excellence et un respect de l'interlocuteur, introduise, qui un *jean* et des mocassins plus confortables, qui une chemise polo, qui une chemise ouverte à manches courtes sous un blazer de coton. Il n'en fut rien.

Invitée à plancher sur le concept l'Image de Soi devant des entreprises bostoniennes, j'avais été émerveillée de la tenue impeccable de certains hommes d'affaires qui, au creux de la canicule, conservaient le haut – veston-chemise-cravate – mais troquaient le bas en portant de longs shorts de coton beige sur des chaussures lacées portées avec des mi-bas impeccablement tirés. Le tout dignement porté avec le maintien et la réserve adéquate. Superbe !

Dans le cas du *friday suit,* le résultat fut stupéfiant car cette permission fut entendue comme une injonction et aboutit exactement à l'effet contraire de celui qui était désiré par la direction : elle creusa les différences individuelles et hiérarchiques, et aboutit à l'anarchie. Ce qui confirme bien nos théories selon lesquelles la liberté s'appuie sur la conscience que la contrainte est organisatrice. Au lieu de niveler les écarts socioprofessionnels, on s'aperçut bientôt que les bureaux paysagers étaient devenus le lieu d'une féroce compétition de mode entre des styles vestimentaires différents qui marquaient peu à peu des tribus autonomes. L'image des entreprises disparut derrière ces revendications libertaires incohérentes. Les salles de change se mirent à ressembler à des défilés de mode ; les *brogues,* confortables mais laides chaussures de sport, apparurent avec les T-shirts psychédéliques, et, bientôt, le laisser-aller général abolit toute distinction entre vie publique et vie privée.

Les sanctions ne se firent pas attendre et les clients japonais, notamment, s'inquiétèrent de voir la première place boursière européenne délaisser la sécurité de son élégance raffinée. L'écriteau disparut un beau jour. Et ce fut la fin du *friday suit* officiel. À notre regret. Car il eut été possible de descendre d'un cran la rigidité du *dressing up* américain (nos interventions auprès des entreprises américaines nous ont persuadés que la permissivité que nous prêtons à nos amis d'Outre-Atlantique est pure légende !), à une tenue plus relax mais tout aussi soucieuse du respect de l'interlocuteur. En France, le mouvement *casual*, quoique implicite, semble bien installé. Et c'est tant mieux. Les jeunes générations l'adoptent spontanément. Il existe bien des gradations dans la manière d'évoluer vers plus d'aisance dans son vêtement professionnel. Mais n'oubliez pas ceci :

" En dehors de votre bureau, votre image prend soin de vos affaires... et de celles de l'entreprise. "

Nous en donnons ici quelques exemples qui sont, en fait, les grandes tendances du vêtement professionnel des années futures. On notera, pour les utiliser dans les transgressions mesurées dès aujourd'hui, que la liberté viendra de quatre points : le sport et le *leisure*, les nouveaux tissus toutes saisons – la laine, le coton et les super 100 très légers – la couleur apprivoisée, la fin des prothèses et autres *paddings* d'épaule, et le retour d'un corps naturel pour des vestes non doublées. Ceci est aussi valable pour les femmes.

CINQ TENDANCES À UTILISER DÈS AUJOURD'HUI :

L'effet spormidable côte Ouest : le *leisure*
ou le *casual* autorisent de nouveaux tissus
(denim, chambray, *jean*).
L'effet toutes saisons des tissus :
laine sèche, 100 %, coton.
L'effet flash des couleurs qui osent :
rose, jaune, mais aussi bleu dur,
rouge, vert foncé ;
le démenti étincelant des doublures fantaisie.

L'effet corps naturel : fin des doublures
et des *paddings,* épaulettes minimum,
disparition de la cravate au profit des cols polo.
L'effet *strech* : plus d'aisance
pour plus de mouvement.

Certains éléments *casual* ne seront jamais compatibles avec l'entreprise. Je dis bien jamais !

CASUAL MAIS JAMAIS...

... torse nu,
... en pantalon de jogging,
... en bustier,
... en collant ou en caleçon,
... en short court et collant,
... en mini ou en jupe de tennis ou de sport,
... en T-shirt (sans une veste dessus),
... en T-shirt pendouillant *sur* un pantalon,
... en chandail (sans chemise en dessous),
... en chandail épais à col roulé (sans veste),
... en sweat-shirt d'aucune sorte,
... en « Nike », en « Adidas » (ou similaire),
sauf s'ils sont unis et en cuir.
... en tong,
... en sandales très découvertes,
... en robe d'été courte à bretelles fines,
... en *jean* tailladé ou bien sali, vieilli, brodé, ou
trop collant.

Chapitre 7

La communication des dirigeant(e)s et de ceux (celles) qui veulent le devenir

« Les miroirs feraient bien de réfléchir un peu avant de renvoyer des images. »

Jean Cocteau

Soyons clairs : l'entreprise répercute les mouvements de mode avec dix ans de retard. Il n'en reste que, managers, votre image est la pierre angulaire de celle de l'entreprise ; le pouvoir et la décision sont vos outils quotidiens, et il n'est d'heure que vous ne soyez sous les projecteurs. Parfois, vous n'avez fait ni Harvard ni l'ENA, votre famille n'a ni particule ni blason, mais, après de durs efforts, vous avez conscience – ou vous avez envie – de faire partie du panthéon des VIP, les décideurs. Plus que pour un autre, votre image doit faire la part de l'homme social et de l'homme privé, et afficher sans ambiguïté les valeurs et statuts dont vous êtes porteur : autorité, charisme, pouvoir de décision, souplesse d'adaptation, dynamisme font partie du tronc commun du *leadership* ; à chaque entreprise d'y ajouter les composantes de son identité propre qui, elles aussi, trouveront leur expression visuelle.

Manager les chocs culturels

Grands groupes et entreprises doivent souvent faire face à d'importants chocs culturels dus à l'évolution de leur vie économique. Certaines l'ont compris qui nous demandent alors de recentrer leur identité visuelle *via* la communication de leurs dirigeants. C'est à travers une « Lecture d'Image[1] » que nous diagnostiquons les composantes visuelles de leur identité présente ; ensuite sont mises au clair les composantes visuelles de l'identité nouvelle. C'est alors que se prennent les décisions stratégiques importantes – changement de présidence, mutations, rachats ou fusions, par exemple – qu'il faut repenser la communication des personnes et leurs différentes représentations. Nous avons donné un souffle nouveau à de nombreux dirigeants dont la communication était perturbée par les changements culturels. Quand on est directeur général, on ne communique pas de la même manière dans un important laboratoire pharmaceutique et dans un grand groupe de BTP ; parfois, les passages d'une fonction à une autre sont très difficiles, surtout lorsque des nationalités et des cultures différentes interviennent. Et bien des couacs managériaux sont en fait des couacs de communication mettant en déficit l'adhésion aux valeurs nouvelles et les performances des équipes.

---

1. La « Lecture d'Image » est une méthode mise au point il y a dix ans par M.-L. Pierson. Après une évaluation écrite, un Cahier des charges est remis aux intéressés. Vous en trouverez un aperçu en fin de volume.

> « Managers, dirigeants, il est temps de *lifter* votre image. Prudence cependant car plus vous montez dans l'échelle sociale et plus vous êtes exposé. »

Ce n'est pas par simple conformisme que les avocats, les hommes politiques, et les chefs d'État s'habillent de couleurs neutres : gris, marine ou noir. C'est qu'ils sont conscients d'un phénomène bien connu des psychologues : les projections. Formes et couleurs stimulent l'imaginaire et les interlocuteurs projettent sur autrui le fruit de leur imagination. Le meilleur comme le pire. La prudence s'impose… pour votre sécurité.

La mondialisation du vêtement et les projections

Regardons ensemble cette photographie d'une réunion au sommet de chefs d'État de différents pays. Vous constaterez comme moi que – comme la culture ou comme l'économie – le vêtement se mondialise. Vous constaterez aussi – et souvent pour vous en amuser – la prudence avec laquelle les chefs d'État s'habillent. Et pourtant, ils n'ont qu'à lever le petit doigt pour que les trouvailles les plus originales, les vêtements les plus innovants soient dans leur garde-robe. Il y a une raison à leur prudence, et j'y souscrit pleinement. La voici : plus vous grimpez en grade et plus vous êtes exposé aux projections. Que celles-ci soient latérales : rumeurs, événements politiques ou sociaux apparus au même moment (c'est ce que M. Pilhan, ancien conseiller de M. Jacques Chirac appelle « des bruits ») ; ou bien directes, c'est-à-dire ce que l'interlocuteur projette de ses sentiments imaginaires sur vous. Obtenir une communication claire, exempte des « bruits » qui ne font pas partie de votre message, est fort difficile car le psychisme de l'interlocuteur est incontrôlable et inconnu. Nul ne sait alors ce qui est fait du message. Et plus les temps sont troublés, plus c'est difficile. Calmer le jeu est souvent requis ; s'abstenir d'émettre des signes ou n'émettre que des signes clairement identifiables *par tous* est la seule parade. Car ces projections peuvent gravement pervertir votre message ; et plus elles seront tempérées, voire canalisées, plus votre message sera clair et accepté. Mais alors, demanderez-vous, les dirigeants doivent-ils faire leur deuil de toute expression ? Certes non ! Mais leur degré de conscience doit être optimal. Travaillons donc ensemble à lifter votre image à l'intérieur de ces contraintes. Pour mieux nous organiser avec elles.

Dirigeant(e)s, liftez votre image !

Les pages précédentes vous ont fourni des éléments pour composer votre garde-robe de base. Matières et tissus n'ont plus de secret pour vous, et vous connaissez par cœur les joies quotidiennes du décalage que vous maniez avec brio. Vous avez fait connaissance avec l'extase du dimanche soir : vos chaussures ont la patine des tableaux du quattrocento.

Les dernières clés de l'excellence sont dans le sur-mesure. Il faut s'offrir une fois dans sa vie l'expérience inoubliable de cette seconde peau, mais le temps passé en essayages et les prix peuvent être dissuasifs. N'abandonnez pas aujourd'hui des exigences qui, demain, persuaderont votre tailleur que vous ne vous contentez que du meilleur. Utilisez-les dès demain en achetant, en confection, votre garde-robe de base. Il faut deux essayages – devant un miroir à trois faces – pour ajuster un costume correctement. Remplissez les poches de tous vos objets usuels et mettez la chemise que vous destinez à ce nouveau costume. Puis suivez avec nous les sept points d'évaluation d'un vêtement excellent.

L'EXCELLENCE DES DIRIGEANT(E)S
LES 7 POINTS D'ÉVALUATION À L'ESSAYAGE

LES ÉPAULES

Si vous n'insistiez que sur un point, ce serait celui-là : les épaules doivent être parfaites. Ni trop larges (épaules italiennes), ni trop étroites (épaules anglaises). Ni plis, ni épaisseurs, ni gonflements (votre musculature par exemple). Les coutures des manches ne doivent pas « friser », les doublures ou épaulettes ne doivent pas apparaître, même sous un tissu très fin. Bougez les bras, marchez, mettez les mains dans vos poches et regardez-vous de dos. Un bon tailleur passe fréquemment la main sur le tissu pour vérifier que les épaisseurs qui donnent sa structure à votre silhouette resteront invisibles.

LE COL

Il doit épouser souplement votre nuque, ne laissant voir que le haut du col de la chemise. Pas de col trop haut (on ne voit plus la chemise), pas de col trop lâche (il pend en arrière), pas de col trop large (il s'écarte à l'horizontale de votre cou). Bougez encore, laissez la veste prendre sa place naturelle, et contrôlez.

LES EMMANCHURES

Impossible de retoucher une emmanchure car c'est de sa coupe que dépend le sentiment d'aisance ou de contrainte que vous éprouvez. Prenez votre temps, et si vous ne répondez pas « oui » à ces questions, essayez un autre modèle. Bougez-vous sans être étriqué ? Sans être « perdu » dans une ouverture trop large ? Vos bras peuvent-ils prendre toutes les positions ?

LES REVERS

Il arrive souvent que la doublure « frise » ou plisse sous le tissu. Les revers doivent être bien à plat et leurs pointes ne doivent pas « rebiquer ». Lorsqu'elles sont surpiqués mains, les coutures doivent être impeccables

LA TAILLE

Là encore pas de plis ni d'épaisseurs ; les deux côtés doivent tomber parallèlement, sans s'écarter de votre torse. Les vestes cintrées sont abominables, mieux vaut l'excès contraire. La longueur de votre veste est fonction de votre silhouette : deux centimètres en plus peuvent faire la différence si votre postérieur est un peu étoffé. Les fentes centrales ou de côté tombent parfaitement à plat sans s'ouvrir.

L E   D E S S I N

La couture centrale du dos est révélatrice, les deux côtés du dessin doivent coïncider. De même pour les poches, les manches, les épaules et, ce qui est plus difficile, les revers. N'admettez aucune économie de tissu de ce côté-là.

L E   P A N T A L O N

Mettez pour l'essayer les chaussures que vous porterez ; un demi centimètre de hauteur de talon peut faire la différence pour votre silhouette. Ne mettez pas encore de ceinture et ne vous occupez pas de la longueur de jambes, elle vient en dernier. Par contre, ne laissez personne décider pour vous de la hauteur de votre taille, placez-la où *vous* aimez la porter. Là aussi, le confort vient en premier : comment vous sentez-vous ? L'entrejambe est-il trop serré ? Trop lâche ?

On peut reprendre légèrement une hauteur d'entrejambe, refaire un arrondi dans le dos (la couture du milieu du dos est là pour cela) les côtés sont plus difficiles à cause des poches. Asseyez-vous, accroupissez-vous : le pantalon tire-t-il dans le dos ? Les deux longueurs de jambes doivent être prises séparément et respecter une cassure légère.

Sachez que le costume de demain ressemblera comme un frère à celui d'Ozwald Boaten, jeune tailleur londonien, qui transforme en managers futuristes tous ceux qui se glissent dans ses complets pure tradition *et* terriblement branchés : vestes longues et fines à peine doublées, épaules libres, *padding* absent, jambes étroites sans revers, tissus de laine sèche toute l'année.

Pour les plus conservateurs, cherchant cependant une élégance contemporaine : Éric Bergère, Ralph Lauren, ou Richard James, à Londres.

L'élégance des décideurs : le prestige du caché

Seuls quelques privilégiés ont trouvé dans leur berceau la clé des codes de l'exclusivisme. Ils se sont bien gardé de la donner car ils avaient compris, dès leur plus jeune âge, que le secret en était la règle.

Chacun sait que ce qui est caché est valorisé : pensez à ces chevilles féminines à peine découvertes qui firent frissonner tant de messieurs du siècle passé ; pensez aussi aux voiles et aux tabernacles des églises. Le secret valorise car il permet à l'imaginaire de se déployer.

À l'inverse de la mode qui se lasse de ses propres signes et en crée toujours de nouveaux, le luxe est un mouvement grégaire qui tend à l'auto-reproduction. Le luxe est le contraire du changement et de l'ostentation : on ne s'en lasse jamais. Parler d'un luxe tapageur est un contresens car le luxe disparaît dès qu'il s'affiche.

> " Par essence, et ceci est la règle d'or, le luxe est minimaliste et cache son jeu. La facilité, l'abondance, l'éclat, l'ornement ne sont pas pour lui ; mais plutôt la sobriété, la retenue, l'économie des signes. "

Il y a toujours le défi de la mesure et du retrait (dans une époque où tout doit être montré) dans ce langage silencieux.

L'EXCLUSIVISME AU FÉMININ

Porter le plus précieux hors de vue :
des dessous de soie délicats, de la fourrure
ou tout autre tissu fastueux en doublure.
Ne pas porter de bijou *du tout*.
Porter de « vrais » bijoux discrets :
du platine, de l'argent, de l'or gris ;
porter des « faux » bijoux de grande taille.
Porter des finitions raffinées : boutonnières
passepoilées, piqûres sellier, roulottés main,
poches intérieures parfaites.
Porter avec désinvolture et simplicité
des vêtements de prix.

Porter peu de couleurs, dans des matières
de rêve : soie, cachemire, poil de chameau.
Jouer la sobriété totale dans la couleur
et la démentir par une forme extravagante.
Porter des couleurs violentes – fuschia, rose,
vert émeraude – avec du noir.
Assortir avec brio des couleurs ou des formes
difficiles et jugées ingrates.
Porter avec humour ce qui est jugé
par d'autres « immettable ».
Avoir une allure folle sans qu'on puisse
identifier la marque qui vous habille.
Transgresser les genres avec superbe,
revendiquer des fautes de goût spectaculaires.
Être réfractaire à toute mode
et rallier tout le monde à son style.
Anticiper les trois tendances majeures :
évolution du féminin vers le masculin,
de la ville vers la campagne, du loisir vers le sport.

L'EXCLUSIVISME AU MASCULIN

Porter des camaïeux rares dont l'harmonie
subtile ne se remarque pas au premier coup d'œil.
Assortir ses caleçons à sa cravate et à sa chemise.
Porter un col de chemise souple avec un smoking.
Porter un gilet précieux *caché*
sous la veste d'un costume austère.
Porter avec désinvolture un vêtement prestigieux.
Porter une chemise sur mesure
avec un discret monogramme brodé main.
Porter des chemises à double boutonnage
au poignet, sans couture sur la poitrine.
Porter des poignets simples avec une veste

droite et des poignets mousquetaire
avec un costume croisé et un gilet.
Assortir les poignets (blancs) de sa chemise
Windsor à col blanc.
Porter des Derby de daim marron foncé.

Les décideurs ont aussi leurs *statuts symbols*. Ils préfèrent les ser-
viettes ou, mieux, leur ipod aux attachés-cases ventrus car tout
est dans leur puissante mémoire ou dans celle de leur secrétaire.
Bourré de rendez-vous et de papiers, leur Filofax ou leur Lefax
est une autre partie d'eux-mêmes. Leur stylo Cross (en argent)
Mont-Blanc (en noir) ou Dupont (en laque) signe des contrats
de prestige avec plus de panache qu'un vieux bic baveux ; s'ils
sont plusieurs, ces stylos voisinent dans une jolie pochette de
cuir assortie à la serviette et à l'agenda, et surtout pas dans la
poche extérieure. Beaucoup ont arrêté de fumer et préfèrent de
temps à autre la rareté d'un unique cigare cubain, bien à l'abri
dans son étui à côté de la pince à cigare.

Certains deviennent maîtres dans la valorisation du détail. Ces
maniéristes raffinés sont, sans affectation, à la recherche d'emblèmes personnels. Un emblème suffit. Plusieurs, bonjour les dégâts !

UN EMBLÈME SUFFIT

Une ceinture, un portefeuille ou une serviette
raffinée de croco ou de lézard vieilli.
Des chemises coupées sur mesure.
Une montre gousset ancienne, en or,
très fine et très plate, avec sa chaîne.
Des boutons de manchette anciens
sur des chemises à poignets.
Un mouchoir blanc très fin,
plié sagement dans votre poche poitrine.
Deux couleurs qui vous vont bien
auxquelles vous restez fidèle.
Un foulard étrange d'une couleur mobile.
Des bretelles et une cravate savamment désassortis.
Une collection de cachemires de couleurs vives.
Une écharpe de cachemire blanc.
Des chaussettes rouges.
Une collection de gilets de soie.
Des nœuds papillon exclusivement noués à la main.
De magnifiques gants.
Les lunettes « rétro » d'un grand créateur.

Trois détails qui vous classent

Mains longues, mains rondelettes, mains fragiles, mains à larges paumes : les mains ont leur langage. Sèches et nerveuses, humides et émotives, elles reflètent aussi votre humeur. Une bonne raison pour ne pas vous stresser et prendre posément la température du contexte avant d'intervenir. La paume rugueuse du « manuel », le doigt taché de nicotine de l'intello fumeur, les

© Eyrolles

ongles en deuil ou les vernis écaillés dévalorisent votre image de marque plus sûrement qu'un gros mot.

> " Toutes les mains sont belles si elles sont soignées. "

On vous juge sur vos mains ; voici quelques conseils pour que votre image soit valorisante jusqu'au bout des ongles.

La manucure est à l'ongle ce que le sur-mesure est à vos chemises : un instant délicat de béatitude qui remplace bien des tranquillisants. Bien des femmes font ainsi la conquête d'un homme en s'occupant de ses ongles. La lime métallique suffit pour vous mesdames qui portez vos ongles plus longs. Ne touchez jamais aux cuticules : contentez vous de les brosser vigoureusement dans l'eau chaude et savonneuse lorsque vous prenez votre bain, cela suffit. Un peu d'eau oxygénée passée sous l'ongle donne, avec un coup de crayon blanc, un aspect très net. C'est une solution que bien des femmes adoptent, en complétant l'aspect nature d'une ou deux couches de vernis translucide ou clair. La *french manucure*, qui, comme son nom ne l'indique pas, est adorée des Américaines, est une lunule blanche ajoutée *sur* le vernis transparent. Attention, les ongles trop clairs font malsains car ils sont la marque au naturel d'un état de santé déficient ! Un rouge très vif sur des ongles de longueur modérée donne du fini à une tenue.

Votre peau, elle aussi, a son langage : mate et sèche elle évoque le contrôle ou l'absence d'émotions, luisante et humide elle laisse entendre la présence d'anxiété ou d'émotions mal gérées. Rien n'est plus triste qu'un négociateur qui sort un large mouchoir à carreaux pour s'éponger le front : « Je souffre ! » est le message ; ne vous couvrez pas trop si vous intervenez en public dans une salle surchauffée.

La peau masculine, si elle est plus épaisse que la peau féminine, vieillit aussi plus vite. Les rides de caractère ne plaisent qu'aux perfides qui en veulent à votre image. Un bon savon sur-gras acheté en pharmacie est ce que les dermatologues ont trouvé de mieux pour le nettoyage. Faites ensuite comme Paul Newman, abusez de l'eau froide et baignez votre visage longuement. Songez que la qualité de votre peau reflète votre hygiène de vie : tabac, pollution, manque de sommeil, stress, alcool et… mauvaise humeur sont ses pires ennemis.

> **Rappelez-vous que le meilleur élixir de jeunesse est… votre sourire !**

Lifting naturel, il remonte les muscles du visage autour des pommettes, et évite les tristes rides dépressives de chaque côté de la bouche. Le bronzage est « un plus » pour votre image, surtout pour vous monsieur, mais les lampes à bronzer donnent une couleur peu naturelle et les méfaits du soleil ne sont plus à dénoncer. N'en abusez pas.

Les cabinets de recrutement n'aiment pas les poils sur la figure. Ni la barbe, ni la moustache, ni aucune des ces pilosités dont certains s'obstinent à orner leur visage. Le chapitre de la barbe et de la moustache a son importance et son langage propre car les poils et les cheveux sont des rebelles qui évoquent l'animalité ; à tel point que les États ont souvent légiféré sur la longueur et la forme du poil. Il n'y a pas si longtemps, les jeunes gens portaient leurs cheveux longs, comme un défi, et le payaient parfois très cher. La barbe, signe de ralliement politique au siècle dernier, a même été cause d'emprisonnement.

> Objectivement, et quelle que soit sa forme, le message d'une barbe est toujours : j'ai quelque chose à cacher.

Les messieurs qui jugent leur visage trop rond ou trop juvénile adorent la barbe car elle « virilise » (et vieillit) instantanément leur apparence. Beaucoup de jeunes gens l'ont compris et leur premier réflexe d'homme est de se laisser pousser le poil. On montre en voulant cacher, et l'interlocuteur n'est pas dupe.

La moustache a une connotation légèrement impertinente, surtout si elle est fine. Malgré quelques tentatives pour arborer des pilosités soigneusement entretenues à l'état naissant (le *look destroy* à la Gainsbourg n'a aucune chance de succès dans les bureaux), la tendance est aux visages glabres et aux coiffures nettes. « Je n'ai rien à cacher, je joue franc jeu » est alors le message. Quel que soit votre choix, toutes (je dis bien « toutes ») les pilosités sur le visage doivent être soigneusement entretenues.

Faire évoluer, rectifier ou modifier un message vestimentaire dans l'entreprise

Votre vie professionnelle n'est pas un long fleuve tranquille et vous aimez ça ! Vous venez de reprendre une PME ou de passer d'une entreprise à une autre au sein du même groupe ; à moins que vous ne soyez en *out placement*, en mutation à l'étranger ou sur le point de remplacer votre supérieur hiérarchique (qui part à la retraite) à la tête de l'entreprise. Parfois encore, on vous propose la présidence d'un groupe connu qui connaît des difficultés,

© Eyrolles

à moins que votre entreprise publique ne soit en passe d'être privatisée. Autant de situations où les enjeux de communication sont importants pour vous et pour l'entreprise car, là aussi, « on n'a pas deux fois l'occasion de faire une première impression » et les équipes attendent, avec anxiété (et parfois un peu d'ironie), l'apparition du nouveau patron.

Vous aurez alors le sentiment que vos premières rencontres avec l'équipe, vos premières apparitions en public ou vos première directives managériales doivent être appuyées par une modification gratifiante de la culture visuelle de l'entreprise ; que celle-ci soit obsolète, désuète, inadéquate ou même néfaste. Cela arrive très souvent. Ou, tout simplement, qu'elle ne soit pas votre *cup of tea*. Vous souhaitez fédérer vos cadres, dynamiser l'adhésion, les ventes, fédérer les contacts avec l'étranger ou encore accentuer chez vos troupes la conscience qu'avec l'Image de Soi, ils détiennent un outil de travail très performant pour s'occuper des affaires au bureau et ailleurs.

> **L'Image de Soi est à la jonction de deux intérêts complémentaires : l'intérêt de la personne et celui de l'entreprise.**

Le temps est venu pour vous de faire passer le message. Vous pouvez le faire de deux manières :
- De manière semi-directive, en suscitant au sein de groupes de formation une réflexion sur les attentes des clients et des interlocuteurs, et la manière de signaler, à travers la communication des personnes, la détermination de l'entreprise à y répondre parfaitement. Des réponses très pointues peuvent être apportées à travers les « Lectures d'Image » et les « Grilles Sémantiques » que nous faisons passer anonymement dans les

services et qui sont de précieux véhicules de formation pour redresser les dérives. Aux méthodes coercitives employées Outre-Atlantique – les *dress codes* sont affichés et les vêtements « interdits ou autorisés » sont listés –, nous préférons bien entendu les méthodes d'éveil qui permettent à chacun de se sentir l'acteur de son projet. L'aboutissement que nous proposons est par exemple l'élaboration d'une « Charte de l'Image de Soi » mise au point, avec notre aide, par les salariés eux-mêmes ; et la définition d'une image pertinente pour soi-même et l'entreprise.

— De manière non directive évidente ; elle passe par vous et c'est vous qui donnez le ton. Avant de vous lancer, vérifiez avec nous vos connaissances dans ce « Quiz des dirigeants ». Et voyez nos réponses et nos commentaires en fin de volume. Mais au fait, pourquoi pas les deux solutions ?

«
Le changement, c'est mieux si ça se voit.
 »

Le quiz des dirigeants
Cherchez les meilleures solutions sur cette double page
(par exemple : 1 h A O)
Réponses p. 286-287

1   2   3

Costume bleu rayures   Costume flanelle grise   Costume
Prince-de-Galles

h   i   j

A   B   C

Chemise fine rayure
col blanc Windsor   Chemise blanche unie
col classique   Chemise rayure fine
col classique

O   P    Q

Le quiz des dirigeants
Cherchez les meilleures solutions sur cette double page
(par exemple : 4 m D R)
Réponses p. 286-287

4

5

6

Blazer marine,
pantalon gris

Veste tweed ou pied-
de-poule, pantalon gris

Costume lin beige

k   l   m   n

D   E   F   G

Chemise
imprimée « fermière »

Chemise
à petits carreaux

Chemise
à grands carreaux

Polo
à manches longues

R   S   T   U

Le zéro défaut

Quitte à faire mentir le dicton, assurez-vous quand même du zéro défaut de votre garde-robe. Certains détails mettent KO votre image avant que vous ayez même prononcé un mot, même si par ailleurs tout semble parfait. C'est particulièrement inacceptable pour un dirigeant. Et, tout d'abord, recyclez ces idées reçues en répondant au questionnaire ci-dessous.

Le questionnaire des dirigeants
Réponses p. 287

VRAI FAUX Il est inutile de penser à vos interlocuteurs professionnels en vous habillant le matin.

VRAI FAUX La manière dont vous vous habillez en voyage d'affaires n'a aucune importance.

VRAI FAUX En vous habillant, il est inutile de penser au pays où vous voyagez : celui-ci n'a aucune influence sur votre vêtement.

VRAI FAUX Il vaut mieux être habillé de manière plus formelle que son patron.

VRAI FAUX Dans les affaires, on peut porter la même chose du matin au soir.

VRAI FAUX Tous les hommes d'affaires de tous les pays s'habillent pareil.

VRAI FAUX La manière dont vous vous habillez n'a aucune influence sur le montant de votre chiffre d'affaires ou sur celui de votre feuille de paye.

VRAI FAUX Il vaut mieux être habillé de manière plus formelle que son client.

VRAI FAUX Un dirigeant doit s'habiller de manière plus simple dans certaines occasions : pour visiter une usine, rencontrer les syndicats, etc.

VRAI FAUX On doit toujours être partout sur son « trente et un ».

Puis, debout devant le miroir, regardez-vous tranquillement. Eh, oui ! Le temps passe. Pas de panique ! Jouez avec nous au jeu des sept erreurs et voyez ensuite comment corriger les défauts de la nature.

© Eyrolles

Le zéro défaut des dirigeants :
Le jeu des sept erreurs
Cherchez les erreurs avant de lire la suite.
Réponses p. 288

Réparez gentiment quelques erreurs de la nature

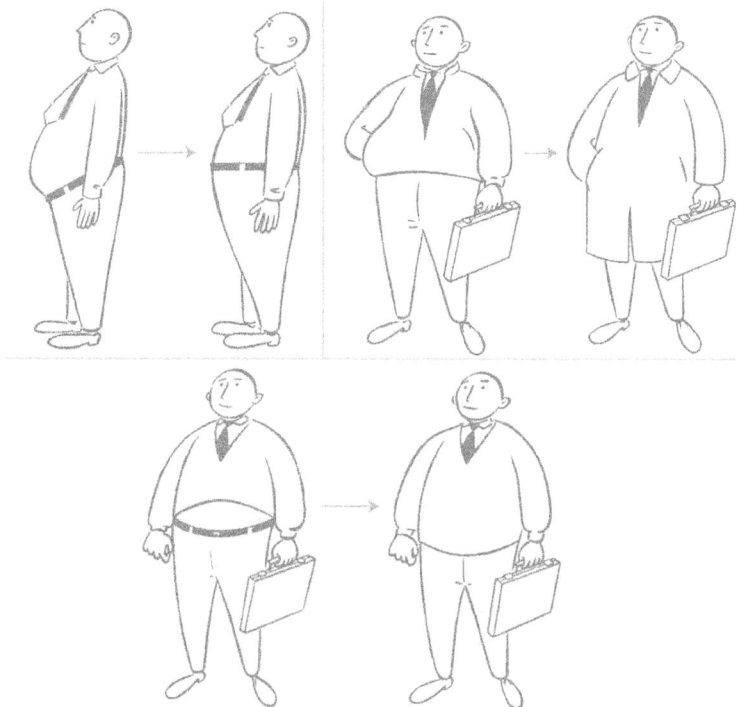

Dans la liste des inexcusables qui déclassent votre image et décrédibilisent votre discours au premier coup d'œil, vous pouvez ajouter la liste des dirigeants nuls :

LA LISTE DES DIRIGEANTS NULS

Une ceinture passant sous la petite brioche
d'un dirigeant.

Une cravate portée sur le col de chemise
déboutonné (ou trop petit) d'un dirigeant.

Un dirigeant en chemise à manches courtes portée
sous une veste aux manches longues
(oh ! les jolis poignets poilus).

Un dirigeant avec des manches trop longues qui lui
donnent l'air emprunté et gauche.

Un dirigeant avec des pantalons qui pochent
ou godillent sur le cou-de-pied.

Un dirigeant avec des pantalons « sexy »
trop collants ou trop petits.

Une encolure trop vaste ou mal adaptée
à la conformité d'un dirigeant.

Une veste trop cintrée d'un dirigeant.

Un dirigeant avec des « poignées d'amour »
apparentes sous une chemise collante.

Un dirigeant blouson.

Un dirigeant avec des talons éculés.

Un dirigeant plus très jeune avec une allure *casual*
ou trop décalée.

Un dirigeant aux cheveux gris trop longs ou
trop collés (gomina ou autre).

Un dirigeant avec des vêtements froissés ou troués.

Un dirigeant en chandail.

Un dirigeant en *jean*, même avec une veste.

Un dirigeant en bottes ou pieds nus
dans des chaussures.

Un dirigeant très grand en complet noir, chemise
blanche, cravate noire.

Chapitre 8

Tout est langage : couleurs, chevelures, regards et maquillages

« L'homme a besoin du spectacle pour accéder à la vérité. »

Régis Debray

Le langage des couleurs

La couleur est un élément profondément désorganisateur car elle a partie liée avec l'émotion : elle provoque, elle stimule, elle ne laisse personne indifférent. Certaines couleurs sont porteuses d'un sens très archaïque : le jaune fut longtemps la couleur de la prostitution et au *Quattrocento* italien il fut longtemps banni des œuvres picturales. Le marron, couleur des hobereaux campagnards, était jusqu'à récemment une couleur interdite aux gentlemen. Retenez ces deux grandes orientations.

LE B.A.-BA DES COULEURS

Trop de couleurs disparates
évoquent un **mental exubérant**
mal organisé et des pulsions peu canalisées.
Le gris, le noir, le marine ne sont pas tristes.
Ils évoquent la rigueur,
la réserve et une économie mentale de bon aloi.

Les couleurs de base d'une garde-robe féminine sont à peu de choses près les couleurs du vestiaire masculin : le bleu marine, le noir, le gris, le *camel* ou le beige. Il est difficile de décliner toute une garde-robe autour du marron, et le vert foncé de type Loden connote encore les années quatre-vingt où on l'a beaucoup vu. Le blanc, ou le blanc cassé, est une couleur d'été magnifique.

Il est à noter que toutes les couleurs autres que le noir et le marine posent des problèmes de coordination aux néophytes : si vous voulez faire un sans-faute, ou si les finances ne suivent pas, jouez la sûreté et choisissez le noir ou le marine comme couleur de base.

Au chapitre de la couleur des accessoires, les femmes sortent apparemment gagnantes : leur palette est plus vaste et inclut des teintes violentes (fuchsia, violet) qui sont encore notre exclusivité. L'élégance est cependant de faire un usage circonspect de cette permission : moins il y a de couleurs sur vous, plus elles sont discrètes, plus leur alliance est inhabituelle, et plus vous êtes gagnante. Les imprimés sont à manier avec précaution et sagesse car ils sont des signes écrans.

Retenez donc cette règle : le noir est toujours la couleur de l'élégance absolue. Associé au blanc il allie le charme réservé à la sécurité absolue.

OSEZ DES ASSEMBLAGES INHABITUELS :

Du bleu marine et du marron ;

Du noir et du bleu marine ;

Du noir et du blanc ;

Du noir et du rouge ;

Du rouge foncé et du marron ;

Du vert foncé et du bleu marine ;

Du bleu lavande et du vert émeraude ;

Du noir et une couleur très vive :
rose indien, vert pistache,
mauve, bleu lavande intense ;

Du rouge et du jaune ;

Du rose et du rouge ;

Du rose et un autre rose ;

Du marron et un autre marron ;

Du noir mat et du noir brillant.

C'est autour du visage, sur un chemisier, un foulard ou un châle, que se joue votre atout couleur. La règle à retenir est que la couleur près du visage doit mettre en valeur votre carnation et vos yeux, et non les faire disparaître.

Tenez-vous devant un miroir avec le vêtement que vous essayez et regardez vous de loin, non pas sous les lumières violentes de la cabine d'essayage mais en évoluant dans le magasin. Que voit-on en premier ? Votre visage – c'est bon – ou le vêtement et sa couleur – c'est mauvais.

VOTRE CARNATION ET SES COULEURS

TEINT ROSÉ, COUPEROSE, BROUILLÉ
Évitez les roses.
Préférez le bleu lavande et le beige,
le vert émeraude, le gris pâle,
même si vos cheveux sont blonds.

TEINT TRÈS CLAIR
Évitez les blancs et les roses.
Les beiges rosés, les bleus clairs,
les jaunes pâles et le noir vous vont bien,
même si vos cheveux sont blancs
et surtout si vous vous maquillez avec soin.

TEINT MAT CLAIR
Les roses pâles très vifs,
les bleus durs, les lavande foncés
et les blancs brillants vous vont bien.
Vous êtes des rares personnes
à pouvoir porter du kaki.

TEINT MAT FONCÉ
Évitez les marrons, les jaunes pâles,
les bleus et les roses pâles.
Que les rouges intenses et brillants, les mauves,
les orange ne vous effraient pas !

Le langage des cheveux

Blanchie et parfumée à la racine d'iris, à l'os séché ou au bois vermoulu et pourri, poudrée abondamment à la farine, amoncelée en de complexes échafaudages, la chevelure a atteint dans l'Histoire des sommets d'extravagance… et d'infortunes : on raconte que la vermine fourmillait sous les perruques poudrées du XVIIᵉ siècle, infligeant à leurs possesseurs des démangeaisons terribles.

« Les panaches ont rendu bossues toutes nos élégantes », et il faut parfois se mettre à genoux dans les diligences, s'indigne un contemporain du Grand Siècle, qui constate que l'architecture et les lieux doivent être modifiés pour laisser passer ces « montgolfières »[1].

Dieu merci, les temps ont changé ! Mais le langage des cheveux est toujours là. Papillotés, crêpés, soutenus de crins, gonflés de faux cheveux, frisés au fer ou à la permanente, lissés au *brushing* ou à l'huile, épilés – on enlevait les cheveux blancs un à un avant l'apparition des teintures – décolorés, teints, méchés : la torture du cheveux n'est pas l'apanage du féminin, l'homme aussi a eu son compte.

Quant à la couleur, elle a aussi ses tendances. Blonde ou blanche au XVIIIᵉ siècle, la femme romantique lisse ses bandeaux bruns, tandis que les poètes célèbrent l'exotisme des peaux orientales. La fin du XVIIIᵉ siècle voit l'abandon des perruques, mais les postiches triomphent ainsi que, de façon surprenante, les cheveux roux longtemps honnis. Dalila, nous raconte la légende, tint à garder pour elle ce symbole puissant de séduction féminine : elle ravit, en coupant ceux de Samson, sa force et son image.

C'est que la chevelure a, avec les ongles, un symbolisme commun : elle pousse, comme la vie. Vitalité, force, sexualité certes, mais elle évoque aussi la puissance désorganisatrice de l'univers pulsionnel et la marche du temps. Rappel des autres pilosités du corps et évo-

---

1. Cité par Patrice Perrot, *Le travail des apparences, op. cit.*

cation d'une intimité troublante, c'est bien l'animalité du roi de la création se souvenant encore du singe nu qui est alors connotée.

Croyance ou réalité culturelle ? On a toujours placé les femmes du côté du « continent noir », cet abîme incontrôlable où logent les passions. Pas étonnant que les religions s'en mêlent et interdisent par voie de tchador l'exposition impudique. Le cheveu fut, pendant longtemps, interdit de sortie. On le couvrait d'un chapeau ou d'un voile, et même dans la plus stricte intimité. Après quelques errances (Mai 68 bouscula bien des codes), la chevelure longue fait aujourd'hui la femme. C'est elle que l'on coupe pour entrer au couvent, c'est elle que l'on couvre de cendres les jours de deuil, c'est elle que l'amant déploie en prélude à l'intimité et à l'abandon. Comme pour le vêtement, l'histoire de la chevelure est une histoire de la contention : le monde social et institutionnel demande à être rassuré par la capacité du possesseur à exercer un contrôle sur son naturel et ses pulsions.

C'est vers 1909 qu'un certain monsieur Nestlé, vivant à Londres, inventa l'indéfrisable, ouvrant ainsi l'ère nouvelle de la coiffure démocratique. S'ébauchent alors trois grandes tendances, qui recoupent point par point les tendances vestimentaires :

TROIS TENDANCES CLÉS DE LA COIFFURE

La coiffure se sophistique et remplace le chapeau.
Le pratique prend le pas sur l'encombrement
et la coupe prolonge la tenue
mieux que les poudres et les huiles.

La netteté de la santé (campagne)
prend le pas sur l'apprêté ostentatoire (ville).

La coiffure féminine évolue vers la coiffure
masculine, sans pour autant s'y confondre.

En bons experts d'image, vous avez compris que la coiffure a son langage. Là aussi :

"
Toute forme est langage.
"

Avant d'aller plus loin dans l'exploration sémantique des formes de coiffure, il faut savoir que vous pourrez intervenir sur trois points : Les volumes, la matière, la couleur.

Pour la matière, le problème est vite réglé. Plus un cheveu est brillant et sain, plus il évoque la vie, plus il est beau. Une très bonne raison pour respecter leur texture naturelle et pour les soigner. Une belle matière, comme pour le vêtement, a un tombé souple et soyeux, qui bouge souplement avec vous. Le mouvements, et la souplesse, sont deux critères qui fondent la coiffure contemporaine, et Jean-Louis David, qui inaugura les premières coiffures dégradées, détrônant ainsi les *brushings* fastidieux, insistait beaucoup sur cette qualité.

Pour la couleur, c'est à peine plus compliqué. L'industrie de la chimie cosmétique a fait depuis vingt ans des pas de géants. On peut garder toute sa vie la teinte de ses cheveux d'enfant. Là encore, faites du naturel un allié : restez proche de votre couleur d'origine. Toutes les teintures exigent un suivi assidu : un cheveu pousse entre un ou deux centimètres par mois ; rien de plus dévalorisant que ces racines qui se montrent. Balayages, mèches, coups de soleil, sont autant de ruses légères qui éclairent sans modifier votre teinte naturelle.

Chacune (chacun) aujourd'hui a recours à la teinture pour reculer, à jamais parfois, le signe avoué de l'âge : les cheveux blancs. Il faut savoir ici encore repérer le panache de certains défis qui vous classent : des cheveux blancs très soignés sont une parure raffinée que j'ai rencontré souvent dans les milieux de la haute élégance (Marie, le mannequin de Christian Lacroix, a de longs cheveux de neige). « Je suis blanche, et alors ? » semblaient dire ces visages encore jeunes, affirmant avec audace que tout restait à dire sur l'âge et sur la séduction des femmes.

Pour le volume, c'est plus compliqué. Quelques grandes lois d'optique sont à connaître :

- Tout ce qui vient couvrir votre visage, que ce soit la barbe, la moustache, une frange ou une mèche devant l'œil, sera interprété comme un souci de dissimuler. Les cabinets de recrutement en sont conscients qui tolèrent tout juste une fine moustache.
- Les lignes descendantes – donc les cheveux longs – vieillissent et attristent l'expression. C'est le cas pour les cheveux trop longs chez les hommes.
- Les lignes montantes – donc les cheveux courts – sont un *lifting* naturel. Ils rajeunissent et dynamisent un visage et une silhouette.
- On choisit sa coiffure en fonction de sa silhouette, c'est-à-dire debout devant un miroir.
- Les cheveux longs et dénoués doivent être impeccablement propres.

« Petite tête » ou « grosse tête » ? Infiniment plastique, le volume de vos cheveux permet d'équilibrer votre allure. Retenez ceci :

> "
> Une silhouette enrobée exigera un volume plus gonflé que pour une silhouette petite et fine.
> „

Ne faites pas comme les élégantes du XVIII\ :sup:`e` siècle dont on localisait les yeux au milieu du corps. Les « petites têtes » sont toujours plus élégantes que les « grosses têtes ».

Mon passage dans la mode m'a laissé, je l'avoue, l'amour des fronts. Cette partie noble du visage, si bafouée à notre époque, éclaire le regard, ouvre l'expression. Montrer son front est comme une main tendue, et j'ai la satisfaction d'avoir fait, au cours de mes séminaires, bien des adeptes qui s'en félicitent aujourd'hui. Si le soi devait loger quelque part, ce serait derrière votre front.

Dites *non* définitivement à ces coiffures qui connotent des évocations négatives, violentes, désuètes ou déplacées dans l'entreprise. Réservez-les à votre vie privée.

Femmes

NON !

Aux coiffures de Gorgone : semblables à des nœuds de serpents emmêlés, leur volume important est peu soigné et ne connaît jamais le peigne.

Aux permanentes qui frisottent le cheveu ou le rendent poreux. Elles font des ravages sur la tête de celles qui se plaignent des cheveux plats dont tant d'autres rêvent.

Aux tons platine si seyants sur un écran de cinéma, sous la lumière savante d'un expert photographe. À la lumière du métro ou de la salle de réunion, l'effet est pitoyable.

À la queue de rat. Ce n'est pas parce qu'il est sur votre nuque et que vous ne voyez pas ce triste petit élastique qu'il ne signale pas haut et fort que vous avez les cheveux sales. Nouez un velours noir en catogan.

Aux nuques rasées ou trop courtes, surtout avec des cheveux blancs, si votre cou n'a plus vingt ans et la gracilité de l'adolescence.

Au gel et aux cheveux plaqués ou dressés sur le crâne. *Non* et *non* aux mèches violettes ou roses, sauf pour passer à « C'est mon choix ».

Hommes

NON !

Aux barbes fournies, peu ou pas taillées, sauf si vous travaillez dans la communication.

Aux moustaches tombantes, surtout quand votre carnation et vos cheveux sont bruns.

Aux cheveux bruns et à la barbe blanche (elle vieillit inutilement).

Aux « bananes » ou autres masses de cheveux ramenées sur l'avant du crâne.

Aux coiffures punk, aux « brosses » agressives et carrées découvrant trop les oreilles. Le *look* militaire est seyant pour les très jeunes.

Aux favoris, aux pattes trop longues ou trop courtes (utilisées avec astuce, elles élargissent le visage).

À la mèche dissimulant la calvitie, préférez les cheveux très courts ou rasés.

Aux nuques longues et peu soignées.

Aux franges si vous n'êtes pas Philippe Sollers, aux fronts trop couverts.

Aux cheveux plaqués en arrière et luisants de gel ou de gomina. Cette allure est une préciosité permise après 21 heures et avec un *smoking*.

Lisez ci-dessous les évocations concernant les différents volumes qui vous sont permis dans l'entreprise, et faites votre choix en fonction de votre message et du contexte.

FEMMES		
SIGNES	**ÉVOCATIONS**	**FORMES ET COIFFURES**
Volumes rassemblés et retenus souplement	Contrôle, compétence discipline, raffinement	Cheveux longs avec chignons, souples bandeaux, peignes, rubans et catogans

FEMMES		
SIGNES	**ÉVOCATIONS**	**FORMES ET COIFFURES**
Volumes importants, non contenus, libres	Abandon, incontrôle, jeunesse, spontanéité, vitalité, exubérance	Cheveux longs dégradés ou non, jusqu'aux épaules
Front invisible, asymétrie	Coquetterie, jeu, ostentation, dissimulation	Franges basses et épaisses, mèche couvrant l'œil, coupes courtes et dissymétriques
Volumes plaqués très maintenus ou pendants	Contrainte, rectitude, refoulement, tristesse	Cheveux tirés en arrière, utilisation d'élastiques, de barrettes, chevelure sans mouvement
Volumes lisses, bougeant bien, mi-longs	Aisance, mesure, jeunesse, souplesse, adaptation, sens pratique, modernité	Coupes « au carré » mi-longues ou légèrement dégradées
Volumes courts et ramassés	Praticité, androgynie, vivacité, brutalité	Coiffures courtes ou très courtes, nuques courtes ou rasées

HOMMES		
SIGNES	**ÉVOCATIONS**	**FORMES ET COIFFURES**
Volumes longs ou épais, ou dissimulant le visage et le front	Complexes, déni, dissimulation, immaturité, démenti, protection	Barbes moustaches soignées, cheveux longs, mèches
Volumes très controlés ramenés sur le devant du visage	Préciosité, retenue, créativité, conservatisme	Mèche à la PPDA, « banane » discrète, raie sur le côté, mèche importante plaquée sur le haut du front
Volumes très nets, dégageant la nuque, les oreilles et le front	Pugnacité, franchise, sens sportif, dynamisme	Coiffures en « brosse » de longueur moyenne ou courte. À l'exclusion des « brosses » trop dégagées sur les oreilles
Volumes mi-longs, souples	Adolescence, romantisme, affectation, libéralisme	Coupes dégradées et souples couvrant les oreilles
Volumes plaqués en arrière	Contrôle, dandysme, sophistication, distinction, maturité, fermeté, distance	Coiffures plates, visage très dégagé, mèches longues maintenues en arrière (la version gominée est réservée au soir)

Vous et le naturel :
comment équilibrer la nature ?

Une des tendances les plus remarquables de la mode ou des modes des vingt dernières années est l'accent volontariste mis sur le *naturel*, ce mythe porteur de tant de polémiques esthétiques. Nul ne saurait ignorer, à moins d'être très naïf, que de nombreux efforts président à l'expression de ce naturel esthétique et corporel. Même tout nu dans votre salle de bains, épilé, massé, poncé, « body buildé », pouvez-vous dire que vous êtes naturel ? En fait, ce que l'époque refuse de voir sur l'image des gens, c'est la vision de l'effort ou de la contrainte qu'elle leur impose. Un maquillage, soit (il est souvent imposé aux hôtesses de l'air), mais à la limite de l'invisible : naturel. Une coiffure vivante et qui bouge, oui, mais que ces apprêts restent invisibles et que l'effet soit naturel.

L'industrie cosmétique s'est engouffrée dans cette tendance qui tend à accentuer les secrets préparatifs de l'hygiène au détriment d'un apprêt ostentatoire dont la pesanteur viendrait, là encore, bousculer le mythe tenace de ce naturel possible. Votre interlocuteur social veut certes percevoir votre prévenance. Il ne veut pas être culpabilisé par la vision de votre effort et incommodé par le sentiment de votre inconfort. C'est sans doute sur la coiffure que ce subtil dosage a le plus d'effet. L'effort perce péniblement sur des cheveux permanentés, colorés de manière ostentatoire, maintenus ou coupés contre nature. Acceptez la nature de vos cheveux, allez donc dans son sens.

> " Ne prenez pas vos cheveux à rebrousse-poil ! "

Une hygiène absolue – un lavage sous la douche tous les deux ou trois jours avec un shampooing léger respectant leur PH acide –

un bon masque pour les nourrir, de temps à autre, et, surtout, une coupe intelligente respectant leur implantation leur conserveront beauté et mouvement.

Avant de voir ensemble comment équilibrer la morphologie de votre visage par une coupe judicieuse, voici quelques « trucs » de professionnels pour vous faire des cheveux heureux.

SIX « TRUCS » POUR DES CHEVEUX HEUREUX

Délayez votre shampooing dans un verre d'eau et
n'en faites qu'un seul, laissez poser trois minutes.
Terminez vos shampooings par un long rinçage
à l'eau froide, il régularise la séborrhée
et rend vos cheveux brillants.
Avant de faire un *brushing*, laissez sécher
vos cheveux, ils seront moins traumatisés
et le résultat est le même.
Pour un joli volume, séchez vos cheveux
la tête à l'envers (femmes).
Ne contrariez pas vos « épis » naturels,
ils ont leur charme (hommes).
Les défrisants crèmes font merveille
pour maintenir sans *spray*.

Une coiffure ne doit pas démentir le discours d'un vêtement ni d'une personnalité ; sinon de manière consciente et volontaire pour personnaliser un style. Pas de coiffures luisantes et sophistiquées avec un vêtement de sport, pas de crinière décolorée d'amazone avec un tailleur de battante. Là aussi, faites concorder les messages.

Et voyez ci-dessous comment jouer astucieusement avec les volumes pour harmoniser l'architecture de votre visage.

LES CORRECTIFS CAPILLAIRES

L'ovale est la « forme idéale »

Pour harmoniser
un visage carré :
encadrer avec les volumes de côté

Pour harmoniser un visage
« en poire » : équilibrer
avec les volumes en haut

Pour harmoniser
un visage étroit :
des volumes qui élargissent

Pour harmoniser
un visage rond
ou trop « plein » :
allonger avec
les volumes en haut et en bas

Un regard bien en vue

Votre regard parle. Il parle tellement fort que son absence criante blesse votre interlocuteur qui se sent ignoré, ce qui est pour lui la pire des choses. Absent, il rend la communication impossible. Trop insistant, il viole les « territoires du moi », l'intimité ou le quant-à-soi de votre interlocuteur qui peut parfois avoir besoin de penser à autre chose pour mieux… penser ses pensées. Alors, que faire ?

Le regard parle
Les deux registres du regard professionnel

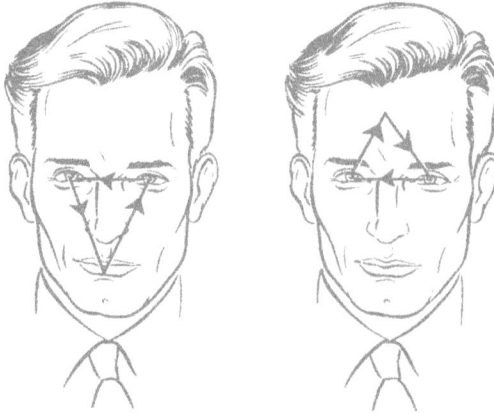

Les émotions viennent animer un regard, le ternir ou l'enflammer. C'est bien humain et bien gênant, parfois, lorsque la situation requiert la neutralité. Pour cette raison, le regard professionnel évite les zones corporelles associées à la sexualité (ventre, poitrine) et se cantonne dans la zone du visage où il peut évoluer à l'aise sans fixer son interlocuteur. Ce face-à-face est lui-même trop fort dans certaines situations.

En réunion, et contrairement à la coutume, placez votre interlocuteur privilégié face à vous mais légèrement en biais de façon que vos deux regards puissent s'évader librement vers d'autres paysages. Vous n'en réfléchirez que mieux et n'offrirez votre regard à votre interlocuteur qu'à bon escient.

Évitez le face-à-face de compétition dans tous les cas, et surtout là où on l'oublie le plus souvent : dans vos déjeuners d'affaires. Les tables de restaurant sont étroites et les regards ont besoin d'air. Être pris dans la nécessité, sous peine d'être impolis, de regarder sans cesse quelqu'un dans les yeux est une contrainte étouffante qui fait peser une dangerosité dans les situations de négociation. Le résultat est navrant : sous peine d'étouffer sous la pression des émotions, le regard de votre interlocuteur erre (air !) par-dessus votre épaule, vous donnant l'impression que vous êtes transparent.

Les paramètres interculturels entrent en large part dans l'appréciation que les êtres, les organisations et les nations posent sur le regard. Les entreprises n'échappent pas à ces codes qui trouvent leurs racines jusque dans la religion. Dans certains pays, l'absence de regard sera comprise comme un souhait de dissimulation (« Regarde-moi quand je te parle ! ») ; dans d'autres, il sera ressenti comme une effronterie, et baisser les yeux sera assimilé à un acte de soumission. En Allemagne par exemple, les regards s'évitent soigneusement dans les lieux publics, et il serait jugé inconvenant de ne pas souscrire à cette règle. Dans les pays latins, l'Italie, l'Espagne, par exemple, on se regarde, on se dévisage tranquillement sans que d'aucuns en soient incommodés ; au contraire, l'absence de regard sera assimilée à un refus de la convivialité.

En règle générale, plus les corps se rapprochent et plus les regards s'absentent. Au Japon, dans les transports en commun, cette règle va parfois jusqu'au yeux clos et au sommeil, ultime moyen de préserver une intimité mise à mal.

Un regard peut gêner

> " Il faut bien le dire, il y a une violence dans le regard. "

De nos cinq sens, c'est celui qui anticipe le plus (plus loin que l'odorat). Il voit loin, dans tous les sens du terme. Raison de plus pour aimer cet accessoire magique : les lunettes. Elles peuvent certes dissimuler, mais elles peuvent aussi exalter et donner de l'accent là où il en faut.

Les lunettes : un supplément d'âme

Mine fatiguée ? Cernes sous les yeux ? Teint un peu terne ? Personnalité fade ? Refus du maquillage ? Problème de timidité ou d'assertivité ? Manque de maturité ?

> « Voici l'accessoire magique qui tour à tour rehausse, dissimule, attire, maquille, dynamise, équilibre, mature un visage. »

Encore faut-il bien les choisir. La forme d'une paire de lunettes se choisit debout et en fonction des critères suivants : votre sexe, votre âge, votre activité professionnelle, la forme de votre visage, votre teint, la couleur de vos cheveux et la couleur dominante de votre garde-robe. Nous ne parlerons pas ici des éléments techniques ou de confort qui doivent présider à votre achat : lunettes qui tombent sur le nez, lunettes qui serrent les tempes, lunettes qui laissent des traces disgracieuses sur votre nez (il existe des petits « amortisseurs » de tissu à cet effet).

Messieurs, dites définitivement *non* aux montures prothèses couleur chair qui veulent passer inaperçues et portez fièrement vos lunettes comme un élément de votre garde-robe. Mais, de grâce, cessez de les concevoir comme une partie inamovible de votre corps. Offrez de temps en temps à votre interlocuteur le supplément d'âme d'un regard nu et désarmé ; il en sera charmé : retirez-les, remettez-les, jouez avec. Et soulignez vos prises de parole en public avec ce merveilleux accessoire qui dépannera tous ceux que la hantise des bras ballants paralyse.

Mais auparavant répondez clairement à la question suivante. Voulez-vous :

DES LUNETTES VISIBLES ET QUI S'AFFICHENT ?
GROUPE N°1

À vous les montures larges ou colorées (vous désirez rajeunir votre image), les détails précieux ou originaux (vous souhaitez une signalétique individuelle forte), les couleurs vives, les formes modernes (vous travaillez dans « la com »). À vous les formes des années soixante-dix, les hublots tout ronds, les formes ovales (vous êtes tout jeune ou désirez le paraître), les bicolores aux larges branches (pour un effet fort et humoristique).

DES LUNETTES DISCRÈTES ?
GROUPE N°2

À vous les montures invisibles, les nouveaux poids plume en titane, les montures en acétate de cellulose transparent, les « percées » dont la monture se réduit à quelques vis qui fixent les verres aux branches (pour les discrets qui préfèrent mettre l'accent sur autre chose).

DES LUNETTES « FARDS » ?
GROUPE N°3

À vous les verres colorés dans leur partie supérieure (pour ne pas maquiller les yeux), les coloris doux et lumineux, (les verres légèrement rosés atténuent les cernes), les verres antireflet (ils laissent percevoir votre regard sans éblouir), quelques touches de pierreries aux angles (pour rehausser une allure un peu fade).

Répondez avec pertinence en songeant au contexte ; c'est-à-dire à l'ensemble de votre allure et à la manière dont vous souhaitez manager votre communication visuelle. N'oubliez pas le temps qu'il fait (verres teintés ou non) et le climat : les montures épaisses sont lourdes et pénibles lorsqu'il fait chaud. Pensez à ceux qui vous regardent et à leur attente. Pertinence, crédibilité, convivialité, lisibilité, font partie du tronc commun de la communication visuelle du manager contemporain. Et les petites lunettes bleues juvéniles qui apparurent sur le visage de monsieur Lionel Jospin il y a quelques années n'accrurent pas sa crédibilité.

Vous pouvez souhaiter rajeunir votre image, y ajouter un zeste d'autorité ou d'assertivité, une goutte de féminité et de charme, une aura d'éclat et de présence, un soupçon de modération et de discrétion. N'oubliez pas l'effet Gestalt : « Le tout est différent de la somme des parties. » Pensez à vos autres accessoires et à l'effet « arbre de Noël ». Lunettes, plus boucles d'oreilles, plus bandeau de cheveux, plus colliers en sautoir, plus porte-lunettes, c'est trop ! Fuyez, là aussi, la redondance.

Pensez surtout à votre personnalité, à vos objectifs de carrière, à votre mode de vie, et faisons ensemble ce « Quid des lunettes ».

LE QUID DES LUNETTES
À CHAQUE PERSONNALITÉ SES LUNETTES

À chaque personnalité convient un groupe de lunettes. Assortissez le bon groupe (groupe n° 1, 2 ou 3) à votre personnalité en répondant aux questions suivantes. Réponses en fin de volume.

VOTRE PERSONNALITÉ EST-ELLE *TRÈS* EXPOSÉE ?

Si... vous êtes *très* grande, *très* rousse, *très* belle, *très* intelligente ; à moins que vous ne soyez *très* haut placée dans une *très* grande entreprise et *très* en vue à cause d'événements politiques ou sociaux *très* importants...

Si... Vous avez le verbe *très* haut, vous êtes *très* soupe au lait, vous rencontrez des clients japonais *très* sourcilleux ou vous partez en Chine explorer des marchés *très* nouveaux...

Si... Vous avez *très* besoin de travailler car c'est votre premier emploi, vous avez *très* peur d'un entretien, vous êtes *très* fatiguée, etc.

VOTRE PERSONNALITÉ EST-ELLE *SOUS*-EXPOSÉE ?

Si... votre taille est *sous* la moyenne ; à moins que vous ne vous sentiez *sous*-employée, *sous*-estimée, *sous*-payée ; à moins que vous en ayez assez d'être *sous* les ordres de quelqu'un...

Si... vous vous sentez *sous* vos possibilités professionnelles et physiques, assez transparente ; à moins que vous ne soyez mal à l'aise *sous* les regards et que votre vie soit un long fleuve tranquille...

C'est debout, devant un miroir en pied – les opticiens feraient bien de s'en souvenir – et vêtu de pied en cap avec vos vêtements professionnels et autres accessoires que vous choisirez le mieux vos lunettes.

Montures et forme du visage

Vos lunettes encadrent votre regard, et viennent structurer votre
visage. Il convient de les adapter à sa forme. Une tendance se dégage
cependant : on cherche toujours à retrouver l'ovale – c'est la forme
de référence – du visage. En matière de forme, elles sont,
aujourd'hui, toutes permises. Tant mieux ! Cherchez dans le tableau
ci-après celles qui conviendront le mieux à votre morphologie
(réponse p. 288).

Visage ovale

Visage rond

Visage triangulaire

Lunettes, couleur de cheveux et maquillage

Vous l'avez bien compris, les lunettes choisies astucieusement mettent en scène votre regard. Vous vous interdirez donc le port des
lunettes de soleil car son effet star est déplacé dans l'entreprise, et

sa préciosité va de pair avec une inefficacité évidente : il dissimule ce qui doit être montré. La couleur de vos cheveux, présidant, avec la tonalité de votre teint, aux choix des couleurs qui vous habillent, est un bon repère pour choisir vos montures et leurs couleurs.

COULEUR DES CHEVEUX	TEINT	MONTURES
Châtains	Doré	Écaille. Couleur dominante des vêtements : marine, noir. Coloris pastel.
Blonds	Clair à doré	Or, noir. Détails précieux (strass discret, ornements, divers).
Châtains foncés à noir	Clair ou mat	Noires ou blanches. Coloris francs (rouge, bleu dur). Éviter l'aspect métallique.
Gris ou poivre et sel	Clair ou rosé	Transparences, cristal, montures invisibles. Noires ou avec effets de métal argenté.
Roux	Très clair	Écaille blonde ou dorée. Couleurs : rouge, rose, ocre, doré.

L'architecture de vos lunettes et ses lignes dominantes, l'épaisseur des verres, la texture ou la couleur des montures doivent parfois vous amener à modifier légèrement votre maquillage initial. Rien de plus laid que des verres qui grossissent un œil déjà grand – c'est le cas des verres pour hypermétropes ou presbytes –, que vous avez maquillé d'une main un peu lourde et qui détaille à l'envi un mascara épais faisant des taches, un *eye-liner* grossier et un fard à paupières se laissant aller dans les plis de la peau. Pouah !

✔ **Doucement la couleur…** si vous choisissez des montures de couleur. Reportez-vous aux pages concernant le maquillage et dites *non* aux paupières bleues ou vertes, même si vous adorez le retour de la mode *grunge* et si vous avez vingt ans. Préférez un chamois ou un brun clair. Le gris, souvent triste, vous est ici exceptionnellement permis.

✔ **Doucement les bijoux…** si vous choisissez des montures dorées ou très ornementées.

- ✔ **Doucement l'*eye-liner*...** il rend votre regard sévère et double la ligne verticale des montures. On cherche votre regard entre tous ces barreaux.
- ✔ **Doucement le mascara...** on ne voit que la surcharge et vos cils frottent sur les verres en les ternissant.
- ✔ **Doucement les cheveux...** les crinières indomptées, surtout si vous choisissez des montures façon panthère ou très ornementées ; surtout si vous êtes rousse. Soignez plutôt les détails qui mettront vos lunettes en valeur.
- ✔ **Soignez vos sourcils...** les pages sur le maquillage vous auront déjà convaincue qu'ils sont la clé de voûte de votre visage mais ils sont aussi l'accent tonique de votre regard. C'est encore plus vrai lorsque vous portez des lunettes ; leur ligne ne doit pas en être trop fine ou absente. La ligne de la monture supérieure de vos lunettes doit suivre, sinon souligner, la ligne de vos sourcils. Ce n'est pas toujours possible, notamment avec des hublots. Évitez alors les superpositions disgracieuses et « l'effet clown » : ne maquillez pas vos sourcils. Dans les autres cas, un jet de *spray* sur votre brosse à cils après que vous ayez posé votre poudre (j'utilise une petite brosse à dents pour enfant) les disciplinera et viendra estomper les coups de crayon.
- ✔ **Soignez votre fard à joues...** ne posez que de la poudre sur de la poudre et jamais un fard gras. Remontez doucement sur les tempes et terminez par une touche sur la partie de la paupière externe sous le sourcil.

Les myopes me demandent souvent comment se maquiller lorsqu'on ne voit pas à un mètre. Il existe une forme de verres grossissants dont l'un des deux verres peut être basculé vers le bas, libérant l'œil à maquiller, tandis que l'autre reste en place pour vérifier le maquillage. C'est utile, aussi, pour l'épilation des sourcils (lunettes Guy Colin). Mais l'avenir est sans doute aux lunettes de P. Stark dont les branches reproduisent le mécanisme d'une clavicule humaine et qui se relèvent verticalement en visière.

Chapitre 9

Être femme dans l'entreprise

> « Votre sexe n'est là que pour la dépendance.
> Du côté de la barbe est la toute-puissance.
> Bien qu'on soit deux moitiés de la société,
> Ces deux moitiés pourtant n'ont pas d'égalité. »
> Molière

N'en déplaise à Arnolphe, notre sexe n'est pas là « que pour la dépendance » ; il est là aussi pour l'autonomie. Ce qui n'enlève rien à son charme ! C'est avec bonheur que les femmes s'aperçoivent qu'il est épanouissant d'être utile à son siècle et que les deux sexes tirent profit de cette nouvelle audace ; c'était il est vrai bien fatiguant pour les hommes de devoir assurer – en plus du succès des affaires – le bonheur de leur épouse. Aujourd'hui, nous avons admis que ce n'est pas à l'homme d'assurer notre bonheur mais à chacune d'entre nous. C'est donc avec plaisir que j'aborde ce chapitre car les femmes veulent et peuvent jouer un rôle important dans l'entreprise et en politique si elles savent rester femmes *et* compétentes. Elles ont, il est vrai, un lourd contentieux à régler avec les projections masculines car on les a longtemps persuadées que leur destin social et affectif dépendait étroitement de leur apparence. C'est vrai, mais ni plus ni moins que pour tout un chacun. Une autre manière de les maintenir dans le gynécée d'où elles voulaient sortir.

Un vestiaire sous le signe de la prudence

Pour toutes ces raisons, le vestiaire féminin doit être géré sous le signe de la prudence. Comme celui du haut management politique, de la diplomatie, du premier emploi et de toutes les personnes qui sont très exposées du fait de leur fonction ou de leur nature. Il est utile de le souligner ici car nombreuses sont les femmes – nous le constatons régulièrement dans nos séminaires – qui, avec une bonne volonté désarmante, créent elles-mêmes leur propre exclusion. Elles en font trop ! Soit elles se déguisent en *fashion victim*, soit elles oublient que l'entreprise est le lieu d'une sexualité canalisée (c'est moi qui souligne). Trop longtemps confinées dans le gynécée elles s'attribuent une compétence pour parler chiffon, ce qui est peut-être vrai dans la vie privée, mais le contraire se vérifie quotidiennement dans les entreprises.

L'efficacité, le sérieux, la crédibilité des femmes en milieu professionnel n'a pas été acquise d'un seul coup. Il a fallu deux guerres et l'obligation pour elles de remplacer les hommes aux machines pour que l'on s'aperçoive qu'elles faisaient aussi bien ; mieux même, disent les dirigeants d'entreprise. Chacun n'en est pas entièrement convaincu ; et beaucoup d'hommes redoutent encore d'être managés par une femme. La réponse à ce qu'il faut bien appeler une *fragilité* masculine (une crainte ancienne de la dépendance à la mère) n'est pas – soulignons-le encore – dans la débauche des frous-frous et des accessoires *sexy*, pas plus dans une allure qui se masculinise et qui refuse toute féminité. Elle est dans la mesure et dans la sérénité d'une apparence bien à sa place.

Et la parité vestimentaire ?

Puisque « Tous les hommes naissent et demeurent libres et égaux en droit… »[1], la Convention, au moment de la Révolution française, décida de libérer le vêtement et d'abroger la multitude des lois somptuaires en mettant au jour un décret qui spécifia pour l'éternité que « chacun est libre de porter tel vêtement ou ajustement de son sexe qui lui convient ». Encore fallait-il savoir quels ajustements convenaient à chaque sexe. Le législateur devait être un homme car il lui parut évident que les ajustements du sexe masculin – j'ai nommé le pantalon – devaient être la borne ultime d'un territoire-du-moi viril qui ne devait pas céder à cette libéralisation. C'était le 18 brumaire de l'an II, et c'était au temps où les femmes, absentes depuis toujours de la vie publique, juridique, et des débats publics, n'étaient personne. Cette loi – chef-d'œuvre d'ambiguïté – signifiait en réalité qu'il était interdit de porter le vêtement du sexe opposé, et surtout aux femmes, de se vêtir du pantalon masculin. La femme, comme la robe, est ouverte par le bas, ce qui, mieux que le gynécée, l'a longtemps maintenue à l'écart des activités autres que maternelles. Parmi les 70 chefs d'accusation, le port du pantalon fut d'ailleurs un de ceux qui valut le bûcher à Jeanne la Pucelle ; et une claque de la duchesse de Bedford au tailleur qui voulut, en lui essayant une robe, lui tâter les seins.

---

1. In *Déclaration des droits de l'homme et du citoyen* (1793).

C'est la terrible madame Bloomer – une drôle d'Américaine – qui, inventant pour la première fois le vêtement rationnel du même nom, fit la promotion du caleçon et sut tenir tête, non seulement à la reine Victoria (celle-ci trouvait cet article dangereux car susceptible de provoquer l'émancipation des femmes), mais à des siècles d'intolérance masculine. C'est grâce à elle que nous pouvons, aujourd'hui, être à l'aise et protégées, même en jupes courtes. Le *bloomer*, ancêtre de notre petite culotte, puis du *short* et des *panties* actuels, annonce déjà les merveilleux collants qui permettent aujourd'hui tous les jeux de jambes tout en sauvegardant la pudeur et la féminité. Avez-vous remarqué que les hommes détestent ce petit miracle de technicité au moins autant que le pantalon ? Bizarre bizarre !

Il y a à peine dix ans que les femmes accèdent en nombre aux postes de direction. Dans la vie politique le bilan est plus triste : la présence féminine va en décroissant. Comme dans le domaine des qualifications, les femmes qui lisent ces lignes savent qu'elles doivent être vigilantes.

> **Les femmes n'ont pas le droit de se tromper d'image et le *backlash* n'est jamais loin.**

Une féminité outrancière, et c'est le cauchemar des talons hauts, des cheveux fous ou décolorés, des boucles d'oreilles traînantes, des parfums agressifs ; la débauche des paillettes, des vêtements transparents ou trop collants qui affichent une sexualité qui n'a pas sa place dans le champ professionnel. Le sexe existe dans la nature, et les parades sexuelles destinées à attirer l'autre sexe aussi. Le leurre et l'artifice en sont les éléments utiles… dans leur contexte. Ils ont fort mauvaise presse dans l'entreprise et la sanction ne se fera pas attendre.

Une compétence qui nie la féminité, et c'est la tristesse des uniformes fonctionnels, des longues jupes plissées, des tailleurs qui font oublier le corps, des robes sans âge ou à ramages (pourquoi les femmes enrobées s'obstinent-elles à porter des tissus imprimés ?), des fibres si pratiques et si laides, des couleurs mornes, des coiffures sans soin, des silhouettes négligées.

" Compétence et féminité, voilà le philtre magique d'une image équilibrée.

"

Vivre au masculin dans l'entreprise est certainement plus facile aujourd'hui, mais être une femme est une chance qui se revendique visuellement : votre image peut en sortir gagnante, et ce qui vous paraît parfois un handicap peut devenir un atout. Les femmes attirent le regard, par définition. Le visage de la mère est le premier que voit le nouveau-né, et il passe sa vie à le re-connaître. Influencer avec intégrité, c'est possible et c'est parfois bien utile. Elles sont aussi plus sensibles à l'esthétisme et plus douées pour la communication car elles pratiquent quotidiennement l'intuition et l'art du lien. Foin des complexes : que le monde visuel de l'entreprise serait triste sans les femmes !

Construire sa garde-robe professionnelle

Mettons en forme votre image professionnelle car, si les dix dernières années ont marqué un cap important dans votre conquête du monde, le nombre d'erreurs criantes relevées dans les entreprises et en politique montre à l'évidence que vous n'êtes pas toujours à l'aise. Comment l'être, d'ailleurs, spontanément lorsqu'on sait que – traditionnellement – chaque erreur sera commentée. Raison de plus pour calmer le jeu, et s'organiser pour mettre en place son image sous le triple signe :

Prudence, sécurité, efficacité.

Une journée au féminin est toujours une journée bien remplie. Comment concilier le rythme soutenu de l'entreprise avec une Image de Soi harmonieuse ? Avec quels codes composer son identité visuelle ? Les pages qui viennent vont vous y aider.

Dressing up ou dressing down ?

S'il fallait donner un conseil aux hommes et aux femmes qui travaillent, je dirais aux hommes de se « déshabiller » le week-end et d'enfiler le survêtement fluo de leurs rêves ; beaucoup d'hommes se coincent encore dans leur veste le dimanche matin. Par contre, je conseillerais aux femmes de « s'habiller » plus en semaine et de mieux marquer la différence entre vêtement privé et vêtement professionnel : trop de femmes transplantent dans l'entreprise des frous-frous, des chichis ou des mises trop relax, peu compatibles avec leurs fonctions.

La garde-robe professionnelle féminine est encore à inventer. Quelques marques américaines ont brodé sur le concept de l'*executive* : les WASP (*white*, anglo-saxon, protestant) ont donné le ton, suivis bientôt par les YUPPIES (*young urban professionals*), puis les YUMPIES (*young upwardly mobile professionals*), et les DINK (*double income no kids*). De stricts tailleurs gris et des chemisiers à lavallière, portés sur de solides tennis (les « talons » sont dans le sac à main), ont envahi les trottoirs new-yorkais. Mais l'Europe n'a pas repris la tendance, et nos couturiers ont graduellement introduit dans leur garde-robe des vêtements parfaitement adaptés à la vie d'une femme élégante, qui travaille et soigne son image.

Conformément à la tendance qui fait glisser le vestiaire féminin vers le vestiaire masculin, la garde-robe professionnelle des femmes reprend à celle des hommes les signes discrets de la stabilité, de l'efficacité et de la rigueur. Elle y ajoute ensuite le charme et le clin d'œil d'une féminité bien présente mais qui n'encombre pas : silhouette nette, buste en valeur et légèrement épaulé (important la carrure dans le monde du travail), formes féminines doucement esquissées (la taille, le buste), couleurs rigoureuses soulignées d'éclats tendres ou vifs, matières souples sans mollesse. Les jambes gainées de noir allongent la silhouette, et, chaussée confortablement – autre transfuge de la garde-robe masculine –, la démarche est alerte. L'éclat discret ou spectaculaire d'un détail ou d'un accessoire signe une image cohérente qui a de l'allure.

La parka reprise aux hommes : les signes discrets de la stabilité, de l'efficacité et de la rigueur

Inutile d'ajouter du *stress* à une vie bien remplie : les femmes cumulent souvent les journées. C'est donc sous le signe de l'efficacité que nous construirons votre garde-robe. Comme les hommes jetez vos massacreurs d'image : vêtements trop petits, démodés, tachés, les beaux restes usés, les erreurs de soldes que vous traînez depuis des années sans savoir quand les mettre. Faites aussi la chasse aux boutons décousus, ourlets pendouillants, doublures en miettes, et autres vêtements froissés, ils sont une claque pour votre image.

Deux options s'offrent ensuite à vous.

– Coordonner vous-même vos vêtements en assortissant différentes marques connues et inconnues. C'est la solution qui réclame le plus de temps mais c'est la plus élégante si le résultat est réussi. Elle peut sembler insécurisante à certaines ; ne la choisissez que si vous êtes très sûre de vous.

– Confier à une marque favorite le soin de décliner plusieurs pièces de votre garde-robe. C'est la solution la plus sécurisante et la plus rapide. Elle peut sembler trop banale à certaines d'entre vous qui n'aimeront pas voir une marque signer leur allure.

Le *total look* est une solution facile qui, si elle ne fait pas de vous une femme sandwich – il y a longtemps que vous avez renoncé à arborer les divers logos des marques, même celui de Chanel sur votre T-shirt – vous fait le porte-bannière d'un couturier. C'est une sécurité si le couturier est prestigieux et si son style vous convient.

> "
> Le *total look* est la solution inévitable pour celles qui ont peu de temps, de grandes responsabilités et un poste hiérarchique qui exige une image structurée.
> "

Une troisième solution, celle que je préfère, emprunte aux deux premières. Les pièces de base de la garde-robe, les basiques sont choisis chez différents couturiers qui offrent leur savoir-faire mais ne typent pas trop leurs modèles. Ces intemporels vieilliront doucement sans rien perdre de leur charme et se marieront à la perfection avec d'autres intemporels choisis dans d'autres marques, pendant des années.

Manteaux, tailleurs, blazers, pulls structurés, jupes droites et plissées, châles, imperméables, cuirs, sont des basiques qui seront le fondement de votre image. D'autres basiques apparaissent à l'horizon, ils peuvent s'intégrer dès aujourd'hui à une garde-robe moderne car ils sont dans la tendance.

LES BASIQUES NOUVELLES TENDANCES

LE VÊTEMENT TECHNIQUE

Il révolutionnera le siècle car il permet décontraction *et* correction chez les plus jeunes. Bien conçu et débarrassé de ses surcharges, il réédite avec talent les années soixante **blousons droits en polyamide, courts et zippés** aux manches et aux poches. **Polos** et **T-shirts manches longues**. Couleurs vives : blanc, jaune, rouge. Leggin noir ou marine. L'entretien est facilité, ce qui en fait le vêtement de l'avenir.

LE VÊTEMENT CROISIÈRE

Le nouveau **caban** est arrivé : en drap de laine marine, à quatre ou à six boutons ; chez Yves Saint Laurent il se porte cintré et épaulé. En tissus plus souples et légèrement plus courts, il devient blazer. Les plus jeunes adoreront le caban cintré à six boutons en polyamide matelassé.

LE VÊTEMENT DE CHASSE

Il s'actualise : la **veste matelassée** (marron) fermée par de gros boutons-pression en métal et portée sur une jupe droite ou un pantalon.

LES CHAUSSURES INTEMPORELLES

Les « keds » de Lauren Bacall dans Key Largo : des tennis poids plume à porter immaculées (elles se lavent en machine). **Les Derbys** nouveaux prennent de la hauteur : ils sont à talons et bicolores (marron-blanc, marine-blanc, noir-blanc). Lisses ou à surpiqûres, ces chaussures volées aux hommes sont idéales avec les jupes droites et les pantalons. Allongez la silhouette en choisissant une couleur de bas du même ton que celui des chaussures. **Les mocassins** : comme Audrey Hepburn dans ses « Tod's », portez-les vernis ou de couleurs acidulées sous un pantalon noir étroit. **Les boots** reviennent, impeccables sous un pantalon. Réservez les **mules pointues** perchées sur des talons hauts à la soirée.

LES VESTES LONGUES

Entre le manteau court et la veste de tailleur, elles affichent des couleurs acidulées et se portent toujours avec du noir.

LES LARGES CHÂLES UNIS ET CARRÉS

Plus actuels que la cape, ils sont l'aubaine des jolies rondes et réchauffent un tailleur.

LE *TWIN-SET*

À col polo, il raccourcit et se modernise.

LES *TRENCHS* COURTS ET LES PARKAS CEINTURÉES

Ce vêtement de sport, coupé dans un tissu ville et de couleur neutre, (beige, gris, marine), accompagne fort bien un tailleur au bureau.

LE T-SHIRT

Encore et toujours. En coton aux couleurs basiques : blanc, noir, gris, marine. À manches longues ou courtes. En soie, un peu épaulé, avec un joli biais au col. En mousseline imprimée.

LES KILTS

Écossais ou unis. Au-dessus du genou ils ont une allure juvénile, et se portent sur des collants noirs, avec des chaussures plates et noires. La nouvelle longueur : sous le mollet.

LES MATIÈRES

Issues du vestiaire masculin : pied-de-poule, prince de galles ou fil-à-fil gris clair. Ce sont les valeurs sûres de la féminité au bureau, si vous adoucissez leur sévérité par des formes douces : tailleurs cintrés ou à « basques ». Novateurs : les tissus bi-extensibles qui apportent confort et souplesse. On ne peut plus se passer de la petite jupe noire en *strech*.

LES MANTEAUX

Raglan, ceinturé, s'accompagne de son tailleur décliné dans les mêmes coloris. Privilégiez les tissus légers et souples. Le manteau court et évasé rajeunira les silhouettes. La longue veste-manteau noire est bien commode.

LE TAILLEUR-PANTALON

Volé aux hommes, il se décline dans tous les tissus masculins.

LA ROBE

C'est le retour de la robe « trois trous » à petite manches courtes, accompagnée de sa veste. Imprimée fermière, marine et blanc ou de style saharienne, elle est souvent boutonnée ou zippée devant. Choisissez-la coupée dans une matière souple, soie, acétate, toile de coton, qui bouge bien. Elle s'accompagne maintenant d'une veste courte, épaulée. La robe chasuble plaît aux jeunes femmes.

LE CHEMISIER BLANC

De popeline, de coton ou de soie : ce grand classique dédaigne les fanfreluches pour afficher noblesse et authenticité dans des matières nobles. La jupe de toile noire en lin ou coton lourd, droite ou en forme, l'accompagne à merveille.

LE GILET

Uni, de fin lainage, il se porte à même la peau sous sa veste assortie.

LES VESTES

Elles triomphent : on les préférera sahariennes, redingotes, cavalières, cintrées, à basques, plutôt que droites et masculines.

LE VERNIS NOIR

Il ne se cantonne plus aux chaussures, les ceintures et les sacs l'adoptent.

LES JUPES

Au genou, au-dessus du genou, plissée, au mollet, sous le genou… tout est permis si cela vous va. Choisissez avec nous ce qui vous convient.

Les jupes font l'allure de la silhouette

Bonne nouvelle du côté des jupes : tout est permis. Enfin presque ! Car la jupe est la pièce qui décide de votre silhouette et de votre allure. Je ne sais pas si vous êtes comme moi : en hiver, j'ai froid, et je préfère les jupes plus longues. En été, j'ai chaud, et je m'habille plus court. Mais ceci supporte les exceptions que m'imposent les circonstances et mon humeur. Une large et longue jupe de lin *camel* sous une veste saharienne blanche, et de mignonnes sandales de cuir *gold* assorties à ma sacoche professionnelle, et je me sens toute légère pour courir à mes rendez-vous d'été. Une jupe noire au-dessus du genoux sous un long manteau souple ceinturé, portée sur des collants un peu épais et de mignonnes bottines noires et je suis parée pour les frimas et le bureau.

Toutes les jupes ne vont pas à toutes les silhouettes. Certaines jupes longues, trop lourdes, transforment les petites en paquets disgracieux. Certaines jupes courtes dans des tissus trop minces, collant sur de jolies rondeurs, exaltent les popotins et… les potins. Suivez avec nous le « quid des jupes » avant de tester la pertinence de vos choix.

Le quid des jupes
Validez le bon choix et jouez p. 214

A – LES DROITES

Elles triomphent au bureau car elles sont synonymes de la correction et du dynamisme de la femme moderne. Évitez la mini si vous avez plus de vingt ans, et la maxi... aussi !

A1

mini

A2

au-dessus du genou

A3

au genou

A4

sous le genou

A5

au mollet

A6

maxi

B – LES PLISSÉES

Souples et légères, ce sont souvent les jupes de l'été. Redoutables pour les hanches rondes, surtout lorsque le tissu est épais. Le n° 1 est interdit sauf sur les courts de tennis.

B1

mini

B2

au-dessus du genou

B3

au genou

B4

sous le genou

B5

au mollet

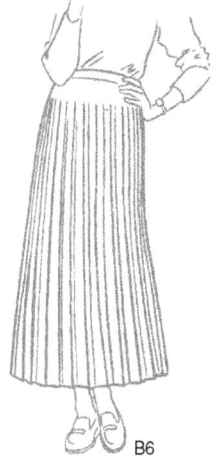

B6

maxi

C – EN FORME

Le lin a revisité ce grand classique. Elles dansent lorsque vous marchez, surtout lorsque le tissu est souple. Elles sont lourdes et inconfortables dans un tissu de laine plus épais. Elles exigent une taille fine et marquée. Le n° 6 est à exclure dans l'entreprise.

C1

mini

C2

au-dessus du genou

C3

au genou

C4

sous le genou

C5

au mollet

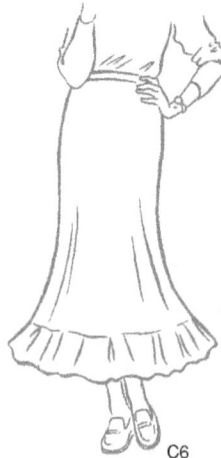
C6

maxi

D – LES STRECH

La providence des accros du confort, elles envahissent les bureaux et se déclinent dans tous les tissus. Jusqu'au jean. À manier avec prudence par les plus de cinquante ans et les très rondes. Les n° 5 et 6 sont sinistres !

D1

mini

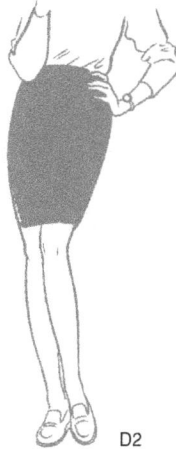

D2

au-dessus du genou

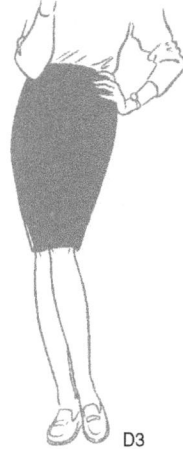

D3

au genou

D4

sous le genou

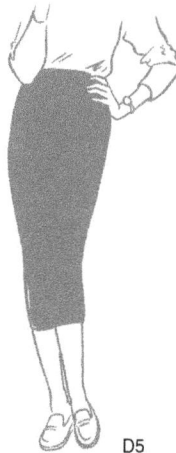

D5

au mollet

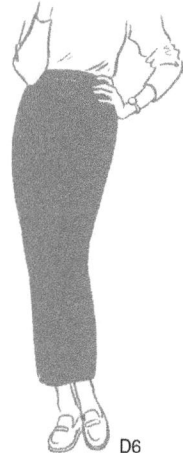

D6

maxi

E – LES SOUPLES

Elles sont parfois « culotte », et rajeunissent agréablement une silhouette printanière
lorsqu'elles sont coupées juste au-dessus du genou. Pour celles qui sont lasses
du costume tailleur, elles sont charmantes avec une veste de tailleur.
Les n° 1 et 6 sont à réserver aux très jeunes.

E1
mini

E2
au-dessus du genou

E3
au genou

E4
sous le genou

E5
au mollet

E6
maxi

F – LES PORTEFEUILLES OU KILTS

Elles font une jolie silhouette et ajoutent un confort agréable à la marche.
Les n° 1 et 6 sont déplacés dans l'entreprise.

F1

mini

F2

au-dessus du genou

F3

au genou

F4

sous le genou

F5

au mollet

F6

maxi

Le quid des jupes

Validez le bon choix en vous reportant
aux tableaux des pages précédentes.
Choisissez le chiffre des jupes qui vous vont
(par exemple « Petite et mince » : A2, A3, etc.)

Vous êtes plutôt...

✔ **Petite et mince ?** ☐ ☐ ☐ ☐ ☐ ☐

✔ **Petite et « enrobée » ?** ☐ ☐ ☐ ☐ ☐ ☐

✔ **Grande et mince ?** ☐ ☐ ☐ ☐ ☐ ☐

✔ **Grande et « enrobée » ?** ☐ ☐ ☐ ☐ ☐ ☐

✔ **Carrément ronde ?** ☐ ☐ ☐ ☐ ☐ ☐

✔ **Carrément filiforme ?** ☐ ☐ ☐ ☐ ☐ ☐

✔ **C'est votre entretien de recrutement ?** ☐ ☐ ☐ ☐ ☐ ☐

✔ **Vous dirigez une entreprise ?** ☐ ☐ ☐ ☐ ☐ ☐

Réponses en page 288

Un must : la qualité du tissu. L'astuce dans ce type de garde-robe est de renforcer la cohérence en choisissant toujours vos basiques dans une – pour commencer –, puis plusieurs couleurs de base.

LES COULEURS DE BASE DES BASIQUES	
ÉTÉ	HIVER
Noir	Noir
Marine	Gris
Blanc	Marine
Kaki	Beige, camel
Rouge vif	Rouge vif
LES COULEURS BASIQUES QUI LASSENT VITE	
Prune, vert loden, orange foncé, marron	

Les accessoires pourront évoluer en fonction de cette couleur de base, de vos goûts et de la mode du jour. Un chemisier coûte moins cher à remplacer, parce qu'on a trop vu sa couleur, qu'un manteau long de cachemire. Des marques diverses déclinent des basiques pour différents budgets. Rien de comparable entre un blazer marine pur cachemire de Ralph Lauren et un autre blazer marine. Le toucher et le tombé du tissu, sa capacité à épouser vos mouvements et à vieillir en beauté font, avec le prix, la diffé-rence. Évaluez-la en terme d'années et en terme d'image. Ne vaut-elle pas quelques milliers de francs supplémentaires ? On trouve des intemporels à tous les prix.

Même les petites, les rondes et les budgets junior y trouvent leur compte. Claudie Pierlot habille délicieusement des battantes minuscules, Agnès B. a toujours le basique qu'on aime à s'offrir. Les Burberrys', Old England, Hermès, Façonnables et Henry Cot-ton's ont fait leur réputation sur des vêtements d'homme mais ils recèlent de trésors pour les garde-robes féminines : pochettes raffi-nées, cravates d'homme, châles ou écharpes de cachemire, foulards de soie, chemises, boutons de manchettes, T-shirts de soie, ceintu-res, parkas de coton enduit sont là aussi pour nous.

L'italienne Elena Miro habille les toutes rondes dans de belles matières. Une garde-robe professionnelle masculine et féminine se construit soigneusement en fonction d'un contexte. Vous avez sans doute remarqué que la donnée de base de toute élégance est l'aisance. C'est cette aisance qui est la bonne nouvelle annoncée à votre interlocuteur : « Je suis bien. »

> C'est donc toujours la prise en compte du contexte (le lieu, le geste, la tâche, le statut, le temps qu'il fait, la température, l'heure et la circonstance) qui porteront la bonne nouvelle : « Je suis en phase. »

POSEZ LA QUESTION DU CONTEXTE

Voyages nombreux ? Priorité absolue aux coordonnés : insistez sur la concordance des couleurs, quitte à restreindre votre choix. Le noir et le blanc sont toujours beaux, partout, du matin au soir. Variez et décalez astucieusement les accessoires qui déclineront vos vêtements du matin au soir : une paire de chaussures, des gants, un bijou habillent une tenue. Une jupe plissée voyage à l'aise roulée en longueur dans un collant. Et « Pleats please », la marque d'Issey Miyake, est la providence des voyageurs.

Prise de parole en public et manifestations médiatiques ? Ayez en réserve quelques tenues un ton en dessus de votre garde-robe ordinaire. À vous les coloris flatteurs aux lumières fortes et immettables ailleurs, (roses indiens, bleus électriques), les détails de charme (pochette de fine dentelle, châle fastueux), les bijoux spectaculaires, les lunettes originales. Reportez-vous au chapitre suivant pour plus de détails.

Position hiérarchique exposée ? Votre image doit vous protéger et exalter votre statut : soyez irréprochable. Pas de décalage, pas d'interprétation personnelle : trop de regards sont fixés sur vous. Tailleurs haut de gamme, accessoires et finitions parfaites, neutralité bienveillante sont vos atouts.

Un vêtement élégant est un vêtement où l'on est bien *dans une situation donnée*. Ensuite, seulement, viennent vos goûts personnels. Mais parlons enfin du basique féminin qui, comme son homologue masculin, fait un *come back* : le merveilleux petit tailleur. Il fut l'événement de notre fin de siècle et la providence de la femme manager. Autorité, correction, sobriété, féminité sont ses messages.

Le merveilleux petit tailleur

Jeté aux orties avec le soutien-gorge par les libérateurs de la femme, il avait complètement disparu des garde-robes au profit des longues jupes volantées des gitanes baba cool. Une anti-mode qui nous semble aujourd'hui bien démodée. La scène se passe en Angleterre en 1885. La princesse Alexandra de Galles avait un problème, sa charge l'obligeant fréquemment à passer en revue, par tous les temps, des troupes militaires. La mode est

alors aux chichis ornés de glands, de dentelles et autres passe-
menteries, sans oublier la fameuse « tournure », ce petit coussin
absurde placé dans le dos qui donnait aux femmes l'allure de
poules faisanes. Imaginez ce qu'il en reste après quelques heures
dans le brouillard anglais.

Elle confia le soin de résoudre cet important problème à un jeune
couturier, John Redfern, qui s'inspira du costume masculin, habi-
tué, lui, aux intempéries. La coupe stricte et fonctionnelle du veston fut conservée et complétée par une simple jupe droite. Un joli
corsage de dentelle ou de lingerie fine de couleur claire adoucit
l'austérité de cet ensemble. Alexandra fut enchantée et renouvela
entièrement sa garde-robe, suivie bientôt par toutes les dames de
la gentry anglaise qui trouvèrent l'ensemble distingué.

Ce *tailor made costume* bientôt baptisé tailleur fut d'abord boudé
par les Françaises qui adoraient leurs chichis. Mais il devint,
avant-guerre, la pièce maîtresse de la garde-robe féminine, de la
plus modeste à la plus aisée. Chanel fit le reste en initiant ses
clientes aux joies insolentes du bronzage et du déclassé : surplus
de jersey, toile à parachute, talons plats ; la femme moderne marche vers l'aisance et le fameux tailleur Chanel sera copié dans le
monde entier.

Le tailleur est pour longtemps à la base de toute garde-robe féminine. Version cintrée (plus féminin) ou version blazer (plus
sport), il passe partout du matin au soir et accompagne très bien
un pantalon droit. C'est par la taille, plus ou moins cintrée, par
les épaules, plus ou moins marquées, qu'il revendique sa féminité. Comme un costume d'homme, il s'accompagne l'hiver
d'un manteau raglan ou épaulé de lainage, légèrement plus long.
Les petits manteaux courts et étroits sont charmants, et les vestes
longues idéales, sur un chandail fin ou sur un T-shirt.

Difficile de décider une fois pour toutes que vos jupes seront au-
dessus ou au-dessous du genou, d'un hiver à l'autre, ces quelques

centimètres changent toute la silhouette. Rappelez-vous que plus une jupe est courte, plus elle rajeunit, et plus vos talons doivent être plats et vos collants opaques. Pour le reste, gardez vos jupes de différentes longueurs dans votre garde-robe : le mouvement permissif ne régressera plus.

Les connotations liées à la sexualité sont à réserver à votre vie privée. C'est pour cette raison que vous ferez au bureau un emploi modéré de la dentelle noire, des talons aiguilles, des bas à baguettes, des transparences ou des formes moulantes. Attention à la maille et aux acryliques qui ne laissent rien ignorer des imperfections de votre silhouette, en collant disgracieusement par temps froids et secs !

Une veste tailleur se porte aussi avec une jupe plissée ou drapée sur le côté que l'on peut très bien désassortir. Un pantalon à pinces avec deux bonnes poches, comme chez les hommes, viendra multiplier cette tenue si vous assortissez chemisiers et pulls légers à la veste. Le tailleur-pantalon, nouveau même dans l'entreprise, trouve aujourd'hui sa place au quotidien. Mais, avant de l'adopter, lisez les pages suivantes. Ne boudez pas les châles de cachemire ou de laine imprimée. Ils féminisent et réchauffent une tenue ; ils vous donnent aussi de jolis gestes, vous évitant l'embarras des bras ballants. Emportez-les lorsque vous devez prendre la parole en public : la position debout devant des personnes assises est difficile à soutenir sans gêne. Et si vous ne savez quoi faire de vos bras, ce qui est souvent le cas, pensez au châle, au stylo, aux lunettes, ces accessoires providentiels des timides… et des autres.

Mais à propos, où en est le pantalon au féminin ?

Le sexe du pantalon

Au début était la robe, et hommes et femmes portaient indifféremment le vêtement drapé. Cela n'était pas très commode pour monter à cheval mais on s'asseyait sur des couvertures pliées. La plus noble conquête de l'homme est à l'origine du pantalon, mais pendant longtemps l'on ne sait à quel sexe le vouer : est-il féminin ou masculin ? Les amazones, des femmes pratiques, furent les premières à porter le pantalon avec de coquettes bottes sans talon qui adhéraient bien aux flancs de leur monture. Elles furent suivies rapidement par tous les cavaliers du monde. On sait que dans tous les pays la cavalerie représente à elle seule une aristocratie dans l'armée ; cette connotation restera au pantalon qui devint peu à peu un signe aristocratique que l'on refusa aux femmes. Rappelons que Jeanne d'Arc qui le portait fut condamnée pour cela par des juges en robe.

Au XVIIIe siècle, on le porta « à pont », Tintin l'inaugura « de golf », imitant le futur duc de Windsor alors prince de Galles. Les femmes qui le portent aujourd'hui sont toujours hors-la-loi ; aucun écrit n'est venu annuler l'édit qui le proscrit depuis bien avant la Révolution. Rassurons-nous, cependant : conformément à l'évolution qui pousse le vêtement vers une fonction pratique de plus en plus grande, le pantalon pour femme est aujourd'hui parfaitement admis dans le monde du travail *sauf* dans les très hautes sphères. Roland Barthes, expert en mentalités contemporaines, nous assure que : « Le vêtement féminin peut absorber presque tout le vêtement masculin qui se contente de repousser certains traits du vêtement féminin (un homme ne peut pas porter de jupes, tandis qu'une femme peut porter le pantalon) (...) il y a un interdit social sur la féminisation de l'homme, il n'y en a presque pas sur la masculinisation de la femme. »[1] Mais...

Le « mais » fait toute la différence : ne portez pas n'importe quel pantalon. Choisissez-le à pinces, coupé comme un pantalon d'homme, avec deux larges poches fendues et un pli devant. Il sera assorti ou désassorti à la veste de votre tailleur ou de votre blazer. Si vous êtes plus jeune et si votre silhouette le permet, vous ferez comme Greta Garbo qui recycla avec classe les vêtements masculins : pantalons aux jambes légèrement plus étroites en bas, Derbies, Hogan ou simples tennis blancs. Cette ligne est encore tout à fait actuelle : les formes *jean* sont trop collantes, les formes *jodhpurs* inesthétiques et inadéquates dans un bureau, surtout sous une veste. Les jeans bruts de tissu très épais, et bien coupés, font partie du *friday wear* en entreprise.

Si vous avez lu le chapitre consacré à la garde-robe masculine, le décalage n'a plus de secret pour vous.

> La re-formulation très personnelle et créative de son identité visuelle procède par mélange des genres ou des styles. Allez doucement : un seul élément étranger au style général est permis.

À la base, deux grands genres : le masculin et le féminin. Mais il y en a d'autres avec lesquels vous pouvez jouer.

GENRES ET STYLES

Le style maritime : c'est la mode bateau, avec le bleu marine, le blazer à boutons dorés, les T-shirts rayés bleu et blanc, le blanc cru, le coton, le ciré brillant.

Le style chasse : c'est la mode Loden venue d'Autriche, le vert foncé orné de rouge vif, les jupes larges pour marcher, les épais collants de laine, les chaussures solides, les *boots* ou les *paraboots*, les chapeaux à plumes, les cravates ornées de motifs (gibier, cor de chasse, armes), les vestes matelassées. Un de ses prolongements est le style « équitation » ou « safari ».

Le style campagnard : c'est la mode fermière, avec les motifs fleuris, les tissus légers et de coton, les chapeaux de paille, les tissus « vichy » bleu et blanc, les carreaux, les broderies champêtres, le marron, le vert cru. Un de ses prolongements est le style « cow-boy » avec le *jean,* le coton bleu « chambray », les chemises pressionnées, les bottes basses. Un autre est le style « écossais » ou « irlandais » avec les chandails de laine brute torsadée, les lainages écossais, le *tweed.* Le style « romantique » ou « gitane » avec ses volants et ses broderies anglaises en fait aussi partie.

Le style ville : c'est la mode urbaine avec les tissus secs, légers et efficaces ; le gris, le noir, la robe manteau, le tailleur, l'escarpin, les tissus prince de galles ; les formes angulaires bien structurées, les formes croisées.

Le style sport : c'est la mode « jogging ». Le style « aventurier » en est un prolongement avec les blousons d'aviateur en cuir vieilli. Le style « tennis » avec ses chandails de coton torsadés, jupes plissées blanches, tennis plates et blanches, T-shirts blancs, en fait aussi partie.

Le style techno : c'est la mode des tissus synthétiques, des couleurs fluo ou très sombres (gris et noir), des formes fonctionnelles et sans chichis, des fermetures à glissière.

Le style barbare : introduit par Christian Lacroix, il est à l'opposé du techno et revisite avec talent certaines accumulations romantiques, et un lyrisme nostalgique de bon aloi : dentelles, impressions fleuries, superpositions de tissus.

Le style *grunge* : si ce style, qui est une ironie de la décadence, figure ici, c'est parce que les jeunes l'utilisent parfois sans bien mesurer son impact dans l'entreprise. Mise en scène d'un quotidien dérisoire, il restera dans l'histoire comme le signe d'une fin de siècle qui pose sur elle-même un regard désenchanté fait d'autodérision. À utiliser avec précaution dans les milieux de la pub et quand on a vingt ans. À bannir dans l'entreprise.

Bien des décalages autrefois interdits sont aujourd'hui monnaie courante : on mélange les pois avec les rayures, l'écossais avec les petits carreaux, les rayures avec d'autres rayures, les petits pois avec les gros, les imprimés fleuris entre eux, le *tweed* avec la soie, etc. Voici pour vous inspirer quelques décalages autour d'une garde-robe professionnelle. Ils sont à manier avec prudence, en tenant compte de l'entreprise où vous travaillez et du contexte. Ils ne seront des succès que s'ils sont volontaires, élaborés, et maîtrisés.

LE DÉCALAGE AU FÉMININ

Un chemisier chinois (col Mao et boutonnage croisé) sous une veste tailleur.

Une jupe fluide et fleurie de mousseline sous une veste tailleur.

Une paire de tennis immaculées et bien plates (ou les fameuses Repetto blanches portées par Gainsbourg) avec un ensemble tailleur (pantalon ou jupe plissée).

Le haut d'un *jogging* à capuche gris (en soie ou en très beau coton) sous une veste de *tweed* confortable.

Un T-shirt *fruit of the loom* sous un tailleur noir avec des bas et des chaussures de ville.

Une chemise en jean souple sous un tailleur de ville.

Une cravate d'homme noire sur un chemisier blanc ou de chambray et un blazer marine avec une jupe droite.

Un chandail rayé de marin marine (noir) et blanc avec un blazer marine et une jupe plissée blanche.

Outre ce merveilleux petit tailleur et son (ses) pantalon(s) compatible(s) qui sera décliné en plusieurs exemplaires plus ou moins cintrés, à veste plus ou moins longue, en lainage (l'hiver), en lin, en soie ou en coton l'été, une garde-robe féminine professionnelle minimale comporte au moins :

✓ Une jupe noire droite au genou : facile à plier dans la valise, elle va du soir au matin, et vous dépanne si vous avez un problème pour coordonner une couleur rare.

✓ Une jupe plus longue, blanche (l'été), marine ou noire (l'hiver) ; glissée dans vos collants, elle voyage impeccable et accompagne toutes les vestes.

✓ Quelques chandails un peu structurés ressemblant à une veste en plus souple, dans vos couleurs de base ; ils reposent des vestes épaulées toujours un peu fatigantes à porter.

✓ Une veste raffinée bleue marine (cachemire) ou *tweed*, croisée ou non.

✓ Une robe ou une robe manteau dans votre couleur de base.

✓ Des chemisiers que vous déclinerez avec vos tailleurs, du plus féminin (ornementé) au plus intemporel (sobre), du plus précieux (satin, dentelle, soie pour le soir) au plus pratique (coton, chambray pour le jour).

✓ Des T-shirts de coton blanc ou de mousseline, impeccablement repassés, et leurs homonymes de soie, avec ou sans manches. Assortissez-leur quelques jolis foulards.

✓ Un *twin-set* d'une couleur douce (col polo ou rond), auquel vous assortirez un grand châle de cachemire pour lui donner plus de tenue.

✓ Un confortable manteau de lainage, long au mollet, croisé ou non, ceinturé ou non. Choisi dans votre couleur de base il accompagnera vos tenues et leur sera coordonné. Il peut être remplacé par une peau lainée.

✓ Un *trench*, une veste trois-quarts, ou un *duffle-coat* d'une jolie couleur.

✓ Un jeu de ceintures, de la couleur de vos chaussures et de votre sac à main.

Si les finances sont basses, pourquoi ne pas les choisir noires ? Vous compléterez plus tard avec des peausseries *gold*, marron ou crème. Et, pour le soir, les dîners avec les clients, les pots un peu formels, pensez à la délicieuse petite robe noire ou au smoking (avec jupe ou pantalon).

Le smoking avec jupe

Un dernier mot sur le tailleur. Notre avancée vers les domaines jusqu'ici réservés aux hommes a du bon, mais elle nous contraint aussi à muscler notre image. Le tailleur est aujourd'hui un *must* dans certaines professions en contact permanent avec la clientèle (hôtellerie, banque, finance, etc.) et surtout à partir d'un certain niveau hiérarchique où l'exercice du pouvoir demande une infaillible correction, jointe à une certaine neutralité. La collaboratrice met sa veste de tailleur lorsqu'elle va à une réunion importante ou lorsque son patron l'appelle dans son bureau. La directrice ou Mme la Présidente est toujours en veste, sauf dans l'intimité de son bureau lorsqu'elle est seule.

Gageons que les superbes vestes-tailleurs de jersey qui firent sensation lors des dernières collections de haute couture de Jean-Paul Gaultier seront bientôt dans nos garde-robes, ce qui sera bon pour le confort ! En attendant, et même s'il est tentant de garder sa « petite laine » dans l'entreprise, si vous voulez grimpez, laissez donc vos chandails au vestiaire !

Les chaussures prennent de l'assise

« Les talons bas font la fesse triste », disait, paraît-il, Mistinguett. Tant pis ! Nous aurons la fesse triste mais les idées gaies, cela vaut mieux. Les petits pieds bandés des Chinoises avaient paraît-il un attrait érotique certain ; c'est probablement pour la même raison que nous nous affublons encore de talons de 9 cm. Déséquilibre, fragilité, il faut toute la science du mannequin aguerri pour savoir marcher avec ces talons hauts… le temps d'un défilé. Sitôt les podiums descendus, je témoigne que ces merveilles pour fétichistes sont jetées aux orties, et, si l'on y regarde bien, elles sont parfois bien tristes ces démarches échassières : genoux rentrés, dos voûtés, démarche douloureuse ; le *look destroy* (personne n'y résiste des journées entières, en autobus, en avion, en métro) est incompatible avec l'image d'une femme confortablement en marche vers l'autonomie.

Votre inconfort se communique déjà à votre interlocuteur qui se demande comment vous pouvez penser à autre chose – aux affaires, par exemple – qu'à votre mal aux pieds. Réservez cet objet incongru à votre vie privée, la plus noble conquête de la femme est certainement le droit de pouvoir marcher confortablement sans perdre sa féminité.

Des accessoires de qualité sont la botte secrète d'une bonne image. Talons usés, semelle fine, dessus fatigué, couleur écaillée, lanières serrées à vos pieds, et l'on vous attribue déjà ces adjectifs. La règle de base est d'assortir ses chaussures à son sac à main et à la ceinture, éventuellement à ses gants et à ses autres accessoires de cuir (agendas, porte-clés). Aujourd'hui largement transgressée, on porte des gants marron avec des chaussures noires, rouges ou beige. Pensez à votre couleur de base et renoncez aux idées toutes faites en répondant avec nous au questionnaire ci-dessous. Réponses en fin de volume.

Renoncez aux idées toutes faites et répondez par OUI ou NON
Réponses et commentaires p. 289

	OUI	NON

1) Les « petites » peuvent porter des talons plats.

2) Les jambes très fines peuvent porter des chaussures costaudes.

3) Des escarpins noirs, vernis ou non, avec des bas noirs plus ou moins fins sont portables à toutes les heures du jour et tous les jours de l'année... dans tous les pays !

4) Les mocassins à plateau sont disgracieux avec une jupe ou une robe.

5) Des chaussures à talons très hauts élancent la silhouette si celle-ci est enrobée.

6) Les bas clairs ne grossissent pas la jambe.

OUI	NON

7) Les talons hauts ne se portent jamais avec un pantalon ni un jean.

8) Les nu-pieds se portent au bureau si l'on a les ongles (de pied) vernis.

9) L'été, on porte ses escarpins sans bas.

Les dix secrets des « tops »

Je ne m'étendrai pas ici sur les conseils d'un bon maquillage : les journaux féminins en abondent. Notez qu'ils illustrent plus souvent des situations d'exception que le quotidien professionnel tel qu'il se vit au jour le jour. Pour cette raison, leur pertinence est contestable au bureau. Il fait souvent très chaud dans les salles de réunion, la lumière en est assez laide (blafarde, souvent), et vous avez autre chose à faire que de rectifier le *glamour* de votre ombre à paupière entre deux rendez-vous. Vous voulez simplement avoir l'air de vous-même, agréablement et sans traces excessives de fatigue.

Un grand maquilleur de cinéma me le disait encore : maquillage de la peau, des yeux et de la bouche il faut choisir ; les trois, c'est trop. L'interlocuteur ne sait plus quoi regarder et votre personnalité disparaît au profit du masque. Rien ne vaut l'éclat de la vie et des émotions qui passent sur un visage. Vos yeux et votre regard sont ce que vous avez de plus personnel, les fonds de teint travaillés, les ombres à paupière et le mascara épais sont à réserver à vos parutions en public ; là où les lumières fortes exigent ce maquillage. Un peu de poudre libre, un joli rouge à lèvres vif et une touche de *blush* pour le moral suffisent. Certaines préféreront une crème teintée à la poudre qui dessèche.

Enfin, il faut savoir qu'on se maquille toujours à la lumière frontale et à la lumière du jour. On se maquille les yeux, les paupières détendues : c'est-à-dire en posant son miroir sur la table et en se penchant dessus. Et voyez ci-dessous les dix secrets des *tops* ou comment économiser un *lifting* !

LES DIX SECRETS DES TOPS !

✓ **La poudre libre** s'applique d'abondance et au (gros) pinceau ; y compris sur les lèvres après qu'une légère couche de rouge à lèvres y ait été posée. Ensuite, on fait le pourtour de ses lèvres au crayon et l'on remplit au pinceau.

✓ Au fond de teint je préfère, après la poudre, **une touche de *blush*** sur les paupières, le front, le côté externe des arcades sourcilières et la partie haute des pommettes. Une touche finale sur le milieu du cou et le lobe des oreilles donne de l'éclat.

✓ Le travail des ombres avec le *blush* foncé est délicat et inutile au bureau ; il est réservé à l'écran car il est très visible (et très laid) à la lumière du jour.

✓ **Un crayon contour blanc**, suivi d'un contour châtain avant de passer votre rouge à lèvres, accentuera la netteté de votre visage.

✓ On peut faire un maquillage complet avec un seul **rouge à lèvres**.

✓ La commissure de vos lèvres peut « ouvrir » ou « fermer » votre expression.

✓ **Un *eye-liner* noir** auquel est mélangé du gris ou du marron est plus jeune. Un trait horizontal d'*eye-liner* à partir de la moitié de la paupière supérieure lifte le regard. Trop de poudre sous la paupière inférieure accentue les rides.

✓ Les doigts sont le meilleur pinceau applicateur.

✓ Si je ne maquillais qu'une chose, ce seraient **les sourcils**. Un peu de *spray* sur une petite brosse pour finir.

✓ Votre rouge à lèvres appliqué de main légère sur peau nue fait un *blush* épatant. Poudrez ou non…

Pour un sourire épanoui

Un dernier mot sur votre sourire à travers cette histoire vraie. Il y a quelque temps, une femme d'une cinquantaine d'années – dirigeante d'une entreprise en vue – venait me voir pour me demander si elle devait se faire lifter une quatrième fois *(sic)*. Elle se disait très déçue de ses précédentes opérations esthétiques et regrettait que deux longues rides profondes descendent de chaque côté de son nez, donnant à son visage une expression de tristesse et d'une grande lassitude. « Elles reviennent toujours », déplorait-elle en évoquant ces marques dont elle souhaitait se débarrasser. Par ailleurs, tout en elle était tiré à quatre épingles et maîtrisé à la limite de la brimade. Elle aimait bien son corps (il était presque celui d'un garçonnet) mais… décidément, elle détestait ces deux rides et voulait les effacer. Et si, hélas ! le bistouri la faisait souffrir – ce qui pour elle n'était pas grave –, il ne pouvait pas supprimer ces signes de tristesse qu'elle ne supportait plus.

La regardant parler et s'animer en me contant sa déception, je remarquais qu'à chaque sourire, à chaque rire, une forte contraction musculaire l'amenait à contrarier son sourire et à ramener les comissures vers le bas. À l'éteindre, en quelque sorte. L'impression pénible était celle d'une femme qui ne laisse pas son sourire s'épanouir, pas plus qu'elle-même d'ailleurs. Quelques entretiens au cours desquels elle me parla de son histoire lui donnèrent l'occasion de se remémorer qu'elle était la petite dernière d'une famille de filles. « Une de trop », disait-elle. Une que sa mère – une personne normative et rigide – n'avait jamais pu accepter, lui enjoignant de se taire et de baisser les yeux à chaque éclat de rire. Elle avait ainsi pris l'habitude (et ses muscles aussi) de contrarier son sourire. Une psychothérapie lui rendit un sourire épanoui et la liberté intérieure, en l'incitant à ne plus dénier sa dépression pour mieux la guérir.

> " Un joli sourire est un atout pour votre image. Ne laissez pas votre sourire s'abîmer à cause d'une injonction ou d'un *jacket* absent. "

Si la technique ne peut réparer la nature, passez un instant devant votre glace à rééduquer votre sourire : un sourire doit monter jusqu'aux yeux et faire pétiller votre regard. C'est à cette étincelle qu'on juge de votre chaleur et de votre authenticité. Dans votre sourire aussi, allez jusqu'au bout.

Je suis ronde et alors ?

Appétit ou déséquilibre hormonal ? Gourmandise ou dépression ? Maladie ou bonheur de vivre ? Bien des surcharges pondérales devraient inciter la personne à se poser la question de ce qui l'amène à *se déformer* ainsi. À quel regard obéit-elle ? À quelle haine d'elle-même ? Il y a à la clé une image du corps souvent perturbée depuis la petite enfance, que ni les régimes ni les traitements (souvent dangereux) n'aboliront s'ils ne sont accompagnés d'une psychothérapie.

Mais il n'y a pas que la détresse psychique et le besoin de compenser des manques affectifs qui soient à la source des surcharges pondérales. Les causes en sont parfois multiples et dépendantes les unes des autres ; et je n'ai strictement rien à en dire si elles ne vous gênent pas. Si elles vous gênent, affectent votre estime de vous-même ou votre santé physique et psychique… il faut faire raisonnablement le nécessaire en se faisant guider et soutenir par un psy. L'approche psychanalytique des boulimies – cette crainte du grand manque – et de l'anorexie – cette drogue qu'est le mythe de la maîtrise absolue – ainsi que des différents mal-être liés à l'Image de Soi sur lesquels nous travaillons depuis bientôt 30 ans est parfaitement satisfaisante à terme.

Mais pour les autres ? Les juste rondes ? La gourmandise est un gentil défaut qui vaut mieux que bien des tranquillisants à l'âge où la physiologie vient parfois sanctionner un peu vite les douces compensations de quelques carrés de chocolat. Mais la vie des rondes n'est pas facile ! Elles ont à faire face à une véritable coalition sociale, dans laquelle les journaux de mode – oubliant leur rôle pédagogique – étendent au commun des mortels la déformation professionnelle du métier de modèle : oui, la caméra fait prendre des kilos et la photographie « tasse » la silhouette. Et alors, est-ce une raison pour que nous nous transformions en fil de fer ?

Si un petit mannequin filiforme qui voulait perdre récemment deux malheureux kilos lors d'une liposuccion est entre la vie et la mort, c'est que le regard que nous posons sur notre corps est souvent un regard obéissant, sous influence et très soucieux du « corporellement correct ». Parfois le corps se venge car notre culture nous pousse à mythifier une sorte de maîtrise absolue du corps – c'est le grand souci des anorexies mentales – au détriment du simple bon sens… je voulais dire du simple bien-être. Narcisse préfère son image à lui-même. Tout cela n'est que mystification.

> "
> Le corporellement correct est une mystification.
> "

Chacun d'entre nous a un poids de croisière qui correspond à son histoire personnelle et génétique, à son tempérament, à son âge et à ses habitudes de vie. Pourquoi vouloir à tout prix le contrarier ? Pour des raisons de fragilité psychique, certaines femmes sont plus dépendantes de l'avis d'autrui, plus soucieuses de plaire à tout prix et d'être conformes. À celles-là je conseille de se pencher avec amitié sur cette dépendance et de se faire aider par un psy pour retrouver un peu d'autonomie. Il y là une difficulté à se dégager des emprises et à trouver sa liberté personnelle.

Dans la mode, l'ostracisme poli qui entourait les rondes tend enfin à céder. Les fabricants prouvent qu'ils s'intéressent aux rondes, et les Français les premiers (C. Guitard, C. Laure, Paul Mausner ou Givenchy Plus). Les Allemands aussi ont proposé de beaux vêtements assez conservateurs et bien finis (Rio, Hucke, Goldix…). Les Italiens ont en ce moment notre faveur, avec des tissus de qualité et des couleurs de charme (Marina Rinaldi, Max Mara, Persona).

La tendance générale était à un conservatisme un peu lourd, pas très actuel. Plus récemment sont apparues des collections très créatives et souvent puisées dans les grandes collections des créateurs (Ph. Adec, E. Miro). Mais peu de boutiques savent réellement conseiller les belles plantes, et, si j'en juge par les nombreuses demandes qui me parviennent dans mes séminaires, les rondes ont enfin décidé de se prendre en main. Sur le fond (leur psychologie) et sur la forme (leur image).

Les rondes dans l'entreprise n'ont aucune raison de s'habiller différemment des moins rondes. Elles éviteront absolument ce qui, jusqu'à l'apparition de ce nouveau prêt-à-porter d'envergure, représentait leur quotidien. Je veux parler de tout ce qui colle, qui encombre, qui est obsolète ou pesant. C'est-à-dire :

BANNIR À JAMAIS :

Les imprimés à ramages ou léopard.
Les formes floues ou transparentes.
Les tissus trop fins ou trop fluides.
Les formes « ethniques » ou trop vastes.
Les bijoux importants et l'effet « arbre de Noël ».
La maille et les tricots.

L'atout des jolies rondes est dans leur teint, dans leur joli décol-
leté, dans l'éclat de leur sourire et dans la vivacité de leurs gestes.
Là encore moins qu'ailleurs, bannissez l'en-com-bre-ment ! Les
petits bourrelets sont invisibles sous les tissus qui tiennent :
serge, drap de laine, lin. Plus que d'autres, mettez l'accent sur
une coiffure impeccable, des ongles soignés, un teint parfait et
une retenue de bon aloi. Les cheveux courts sont vos alliés.

Chapitre 10

Les nouveaux savoir-vivre

> « Les choses partant d'un principe sont les mêmes dans tous les siècles et en tout lieu ; il n'y a que des différences de surface. »
> Baronne de Staffe.

La vie en entreprise, ce lieu clos où l'efficacité le dispute à la rapidité et à la compétitivité, est soumise, plus que toute autre, à des tensions parfois insupportables et génératrices de stress. Plus l'espace est restreint, plus les rituels sont nécessaires. Certaines personnes occupant des situations importantes semblent parfois ignorer ce qu'Érasme nommait – dans l'ouvrage qu'il dédiait au jeune prince dont il était le précepteur – « la civilité puérile et honnête ». Dommage ! Le savoir-vivre a l'immense mérite de diminuer les incertitudes liées aux mécanismes de la communication (incompréhensions, projections, introjections, dénis, identifications…) pour codifier les relations et leur ôter une bonne part de leur ambiguïté. Le savoir-vivre est un agrément qui, depuis la fameuse Baronne de Staffe et son manuel des *Usages du monde*, écrit en 1899, n'a jamais été dépassé ni remplacé.

Les Territoires du Moi

Les quatre piliers – sociabilité, équilibre, respect d'autrui et distinction – sont toujours d'actualité. Ils s'articulent tous sur la présence et le respect de frontières invisibles : les Territoires du Moi. Ces territoires peuvent être concrets (bureau, espace vital, espace sonore ou olfactif) ou abstraits (idées, concepts, propriétés intellectuelles ou relationnelles, relations). Ils peuvent aussi être symboliques, ce qui complique les choses.

Les Territoires du Moi et du Soi

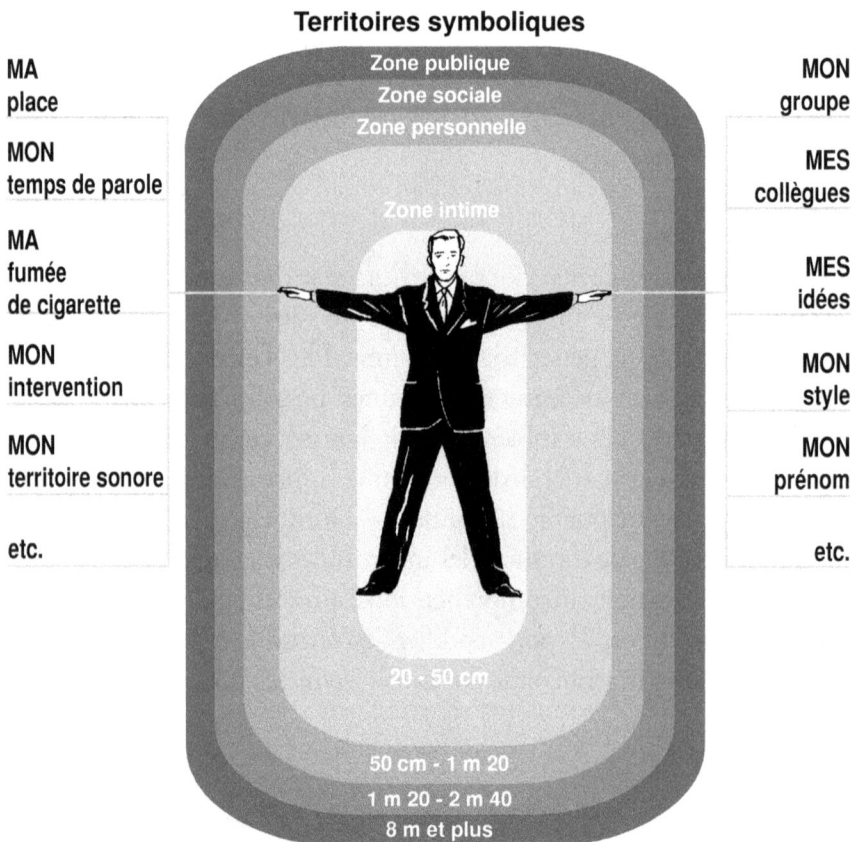

Territoires symboliques

MA place	Zone publique Zone sociale Zone personnelle	**MON** groupe
MON temps de parole		**MES** collègues
MA fumée de cigarette	Zone intime	**MES** idées
MON intervention		**MON** style
MON territoire sonore		**MON** prénom
etc.		etc.

20 - 50 cm

50 cm - 1 m 20

1 m 20 - 2 m 40

8 m et plus

Si aujourd'hui on parle de moins en moins d'étiquette et de plus en plus de courtoisie, c'est que le savoir-vivre et sa littérature ont plus de trois siècles d'âge et qu'ils évoluent. L'abbé Morellet, dès 1812, dresse l'inventaire des vices qui gâtent la vie en société : « L'inattention, interrompre ou parler plusieurs à la fois, l'empressement trop grand à montrer de l'esprit, l'esprit de domination, le pédantisme, l'esprit de contradiction, la dispute et la conversation particulière substituée à la conversation générale. » On constatera que tout ceci reste d'actualité. Au siècle de la communication, du téléphone mobile, du fax, d'internet, des radiotéléphones de voiture, d'alpha-page et autres technologies, l'esprit demeure mais la forme change.

La civilité est-elle surannée ?

> Versons donc au chapitre des oubliettes l'idée que le savoir-vivre est une civilité surannée.

Bien au contraire, elle est un des fondements de la communication inter-relationnelle. Surtout lorsqu'elle a été débarrassée de ses composantes obsolètes. Le nouveau savoir-vivre en entreprise est arrivé. Que l'abbé Morellet nous pardonne, mais l'époque autorise ce grain de folie impromptu qu'est l'humour, pourvu qu'il soit le fait de gens d'esprit et qu'il soit parfaitement maîtrisé par une bonne connaissance des usages.

Mettez-vous sous le signe du lien !

Commençons par le b.a.-ba. de la « civilité puérile et honnête » : les présentations. Elles viennent définir les Territoires du Moi. Souvent bâclées, elles permettent d'éviter toute ambiguïté sur le caractère involontaire de ce qui pourrait être pris pour une agression, chacun se devant d'affirmer nettement le lien qui relie les personnes d'un même groupe. Si ce lien n'est pas évident, des présentations bien faites y contribueront.

LES PRÉSENTATIONS	
Quand ?	Lorsqu'une personne inconnue se joint à un groupe. Lorsqu'on ouvre une réunion, ou une assemblée. Lors d'une prise de parole en public. Lorsque quelqu'un d'inconnu vient vers quelqu'un d'autre
Comment ?	On dit : ● Le nom de la personne que l'on présente ● Son statut professionnel ou son titre ● Un mot aimable de mise en valeur à son sujet
Qui à qui ?	Le subordonné au supérieur La personne la plus jeune à la plus âgée Un homme à une femme Un consultant extérieur à un directeur général Un jeune recruté à un *alter ego* dans la place

Exceptions	Dans le cas d'un chef d'État
	D'un religieux (archevêque, évêque...)
	Ces dernières personnes ont alors le privilège de rester assises
	Une très jeune femme à un souverain ou aux autorités politiques ou religieuses ainsi qu'aux personnes qui occupent un rang de premier plan : académicien, président-directeur général, artiste...

Le plus difficile pour celui qui présente en entreprise – il est souvent souhaitable de confier cette tâche au DRH – est de départager les *primus inter pares* : le premier de deux égaux. Ce casse-tête des maîtresses de maison est aussi, bien souvent, celui des directeurs généraux lors des dîners d'affaires. Il existe des listes officielles pour chaque pays de l'Union européenne et nous vous invitons à vous y référer pour dénouer soigneusement les pièges et départager, par exemple, qui du préfet de région, invité dans un département qui n'est pas le sien, ou du préfet de ce département aura la préséance. Bon nombre de contrats ne tourneraient pas court si nos cadres, nos vendeurs et nos dirigeants s'appliquaient à connaître et à respecter les codes en vigueur dans les pays hôtes.

Il est un savoir-vivre méconnu et dont on ne parle jamais qui est celui du tutoiement. Nombreuses sont les erreurs commises au nom de la familiarité, de l'amitié ou de l'esprit de corps. Un tutoiement imposé peut être aussi coercitif et dominateur qu'un vouvoiement classique. C'est ainsi que le ressentent bon nombre de cadres nouvellement introduits dans une équipe où ils ne connaissent personne, et qui sont priés (!), sous des prétextes libéraux, de tutoyer tout le monde ; et même le patron.

> Méfiez-vous comme la peste des « tu » qui ne viennent pas tout seuls.

Il est très difficile de recadrer un collaborateur que l'on tutoie, encore plus difficile de dire les choses importantes pendant l'entretien annuel à un patron que l'on tutoie.

Le respect des Territoires du Moi s'applique aussi aux bruits (voix inaudible ou criarde), aux odeurs (parfums agressifs, odeurs corporelles gênantes), au temps (appels téléphoniques interrompant un entretien). À tout ce qu'on appelle, à juste titre, l'espace vital.

La présence, l'allure et la photogénie

La virtuosité face aux médias est aujourd'hui requise. Or, si la virtuosité était la clé de voûte de votre image, les grands communicateurs seraient légion. Mais ils sont rares. Pour emporter l'adhésion d'un auditoire, il est impossible de tricher : les figures de style ne suffisent pas à créer la présence, cette qualité des grands. Et, si la plus belle fille du monde ne peut donner que ce qu'elle a, encore faut-il qu'elle l'ait…

Voilà un point sur lequel nous serons tous d'accord : la langue de bois fleurit et nous endort. Jeux de mains étudiés, visages impassibles, émotions tenues à distance, voici de parfaits communicateurs qui ratent leur cible : charmer, prouver que leurs idées sont sincères, influencer avec intégrité. Il leur manque ce « je-ne-sais-quoi » d'indéfinissable qui emporte l'adhésion. Un supplément d'âme.

La mode parle d'« allure », le jargon théâtral évoque la « présence » pour qualifier ce petit quelque chose supplémentaire qui fait qu'une personne paraît avoir un poids d'existence particulier faisant vibrer l'auditoire comme une belle musique. La présence est un mini-événement qui arrive sous nos yeux. À force de répéter leurs gammes, certains musiciens oublient que ce qui fait la bonne musique, c'est la capacité d'être ému par elle – de vibrer – et de transmettre cette émotion.

> " Il y a dans la présence une sorte d'honnêteté fondamentale, un risque à vivre et à partager ce que l'on ressent qui est plébiscité par le public. "

On peut, selon son tempérament, se positionner plus ou moins à distance de ses émotions (certains acteurs jouent très distanciés), et ceci est aussi vrai pour votre image. Il n'en reste pas moins que vos prestations en public et le plus banal des interviews télévisés deviendront un moment de vie si vous les mettez sous le signe de la présence.

Que consomme-t-on à la télévision par voie de *talk-show* et de grands débats ? On consomme l'émotion des autres… de la vie. L'émotion est une grande pourvoyeuse d'énergie, et, de l'énergie, nous n'en avons jamais assez.

LA SÉDUCTION EST STIMULATION : FAITES L'ÉVÉNEMENT

Si le *message* n'est pas un *massage* émotionnel,
gare au *zapping* !
Faites donc un allié du naturel.

Voir quelqu'un habiter sa personne, habiter sa parole et son image est une chose rare faite de liberté intérieure et d'une parfaite connaissance des enjeux et des techniques de la communication. Une sorte d'assurance tranquille : « Je suis moi… et alors ! » Comme il y a des paroles inhabitées, il y a des images inhabitées. Répétons que la présence, cela s'apprend. Être là, avec tout le poids de ce que l'heure nous apporte, tout le poids de notre vécu physique, psychique et émotionnel, *tel qu'il est* ; c'est bien par-là qu'il faut commencer. Non pas en construisant une image creuse.

Mais par où débuter, me direz-vous. Eh bien… par ce qui *est*, par exemple ! Vous êtes fatigué ? Bien, vous êtes fatigué ! Pourquoi ne pas commencer votre conférence en respirant bien et en le disant… vous n'êtes sûrement pas le seul, ce qui facilitera les identifications, et le registre de la connivence se déclenchera tout seul. Vous êtes irrité ? Bien. Accusez réception de cette émotion et fondez-vous sur elle pour continuer, au lieu de la refouler. Vous êtes en colère ? Bien ! Respirez bien et dites-le : « Je suis en colère. » Et vous verrez que le ciel ne s'écroulera pas.

Lorsque les grands timides viennent me voir, ainsi que ceux qui – pour des raisons qui ont souvent trait à leur histoire personnelle – détestent leur apparence, ils sont souvent surpris de la manière dont j'écoute. Il paraît que la phrase que je répète le plus souvent est : « Comme c'est intéressant ! » je vous invite, à chaque émotion qui vous dérange, à la prononcer avec moi :

> " **Comme c'est intéressant !** "

Accueillez ces émotions avec intérêt car elles sont le signe que vous réagissez à une image intérieure, consciente ou inconsciente, qui vous interpelle. Chemin faisant, vous trouverez peut-être les *vraies* raisons de ces émotions, au lieu de vous arrêter aux « portemanteaux » auxquels vous les accrochez. Et, au lieu de prendre la pose, vous vous ancrerez en vous-même. Laissez votre corps trouver son chemin et manifester son intelligence particulière. Prenez le temps de vous installer, de trouver la position de vrai confort. Ne jouez pas l'aisance, trouvez-la *vraiment*. Un corps qui est beau est un corps qui est bien. Et la concentration n'est rien d'autre que le temps qu'on se donne pour établir le lien avec soi-même et avec son auditoire. Certains gestes vous y aideront :

FAITES « AMI-AMI »

Faites « ami-ami » avec l'auditoire. Établissez le lien : un léger sourire, un regard, une question posée…

✔ Faites « ami-ami » **avec vous-même**. Prenez le temps de vous poser, installez votre « bulle » personnelle avec le micro, les lumières, la température, le temps qui vous est imparti et… votre humeur. Ne démarrez que lorsque vous vous sentirez en sécurité.

✔ Faites « ami-ami » **avec le contexte**. Favorable ? Défavorable ? Acquiescez à ce qui est.

✔ Faites « ami-ami » **avec votre corps**. Quelques grimaces très appuyées relaxeront vos muscles faciaux. Une respiration calme et ample supprime le trac.

Transformez ce qui cloche en événement

Nous mettons souvent en scène dans nos séminaires des situations périlleuses auxquelles sont parfois confrontés nos stagiaires dans leur vie professionnelle. Retards catastrophiques à une réunion au sommet, pertes de mémoire, pertes des notes nécessitant une improvisation, lapsus, gaffes, impairs, fatigue intense, interviews de plusieurs personnes en plusieurs langues, oublis calamiteux, exigences impossibles à satisfaire, etc. Les exemples ne manquent pas.

À la suite d'une longue journée de travail, une de nos participantes, directrice d'une grande chaîne d'hôtels, avait voulu préparer avec nous sa prochaine intervention en public. « Ah je suis épuisée, c'est pour ça que j'ai été mauvaise ! » s'écria-t-elle, exprimant sa déception en visionnant son film vidéo. Vos meilleurs prestations en public doivent-elles être réservées aux rares moments de pleine forme physique ? Aux vacances ? Rudolf Noureïev nous donne sa réponse. Alors qu'un journaliste s'étonnait de le voir se préparer à danser avec une forte fièvre il répondit : « Vous allez voir comme on fait danser les morts ! » et, s'élançant sur la scène, il dansa ce soir-là le plus mémorable de ses ballets. Tout le monde n'a pas ce panache, mais où puiser sa sincérité, sinon dans sa vérité ?

Les situations abondent dans votre vie professionnelle où les accrocs, qu'ils soient vestimentaires, physiques ou psychologiques, vous démoralisent. Ce sont eux que vous craignez le plus. Retards, oublis, détails qui clochent, intendance qui cafouille, langue qui fourche, lapsus, impairs, gaffes viennent mettre en péril votre souci de tout tenir en main, et, pourtant, c'est sur eux que s'appuie votre charisme, cette qualité des grands communicateurs. Et alors ? La gaffe émeut, le lapsus attendrit et fait sourire, l'accroc génère la sympathie et l'envie d'aider à réparer, l'oubli stimule, le cafouillage débloque les situations bloquées, etc. Ce n'est pas eux qui nous gênent, c'est votre gêne face à eux.

Mon but n'est pas de démontrer que la fatigue est bonne conseillère, bien que je ne sois pas loin de penser qu'elle oblige à puiser dans des ressources insoupçonnées et à donner le meilleur de soi-même, mais il ne faut pas en abuser. Disons plutôt que : Il ne tient qu'à vous de transformer en événement poétique, esthétique, affectif, professionnel tout ce qui vous arrive, même si c'est quelque chose qui cloche.

Je voudrais écrire ceci en lettres d'or :

> " C'est avec ses défauts qu'on construit un style, c'est avec ses défauts transformés en signature que l'on fait son image. "

Et ce n'est pas Stanislavsky, ce maître du théâtre, qui dira le contraire. Il sélectionna un jour un comédien boiteux pour jouer le rôle d'Hamlet (qui ne boitait pas). S'étonnant de voir celui-ci s'appliquer, lors des répétitions, à éliminer toute claudication de sa démarche, Stanislavsky lui demanda d'être simplement lui-même, avec son défaut. Le comédien fut un extraordinaire Hamlet boiteux qui enthousiasma la critique.

Faites un allié du naturel

Chassez le naturel il revient au galop ! Votre naturel vous le connaissez bien, et vous avez sur lui des opinions diverses qui sont un *melting* pot de tout ce que vous avez pu entendre à ce sujet depuis votre enfance. Vous y pensez souvent avec mélancolie et sans bien savoir qu'en faire. On vous a conseillé des tas de choses et leur contraire, vous n'avez jamais su choisir. Que faire de toutes ces projections ?

" Quand déciderez-vous d'être l'expert de votre image ? "

Vous vous alarmez de défauts terribles qui vous accablent, vous passez votre vie à les cacher, vous ne pensez qu'à eux quand vous devez prendre la parole, à tel point que vous attendez souvent le dernier jour de mes séminaires pour demander conseil.

Je ne résiste pas à l'envie d'envoyer un coup de chapeau à tous les braves qui m'ont annoncé dès le premier jour que leurs oreilles décollées, leurs dents mal plantées, leur embonpoint sans remède, leurs cheveux rares, leur calvitie, leur silhouette chétive, leur carnation tristounette, leur rougissement, leur bégaiement, leur petite taille, leur nez, leur menton, leurs cheveux blancs, que sais-je, leur gâchaient la vie. J'ai eu le plaisir de leur montrer que les héros n'étaient plus les seuls à régner au panthéon de l'image : l'avaient-ils d'ailleurs jamais été ? Les anti-héros font leur apparition et revendiquent avec panache leur part du gâteau publicitaire et social.

Des mères Denis prolétaires, des mamies Nova plus toutes jeunes, des Mégastore qui font leur cent kilos, des Suédoises pas sportives qui font de la gymnastique à coup d'allégés, des *freetimers* déprimés qui donnent à manger à leur tailleur plutôt qu'à leur estomac, des petites Kookaï insolentes et chipies, la liste est longue de ceux et de celles qui ont renoncé au syndrome de Vénus.

> **C'est votre gêne qui gêne, pas votre défaut.**

Le syndrome de Vénus : dissimuler c'est désigner

Avez-vous déjà vu *La naissance de Vénus* ? C'est un tableau fameux de Boticelli où Vénus toute nue se présente à nos regards. Par un geste bien connu de la main elle tente de dissimuler une partie sensible de son anatomie, mais, loin d'être efficace, son geste au contraire attire l'œil sur l'endroit proscrit : il montre parce qu'il essaye de dissimuler. Il est d'ailleurs au centre du tableau. Voilà le syndrome de Vénus : vous montrez du doigt ce que vous voulez dissimuler.

> **Il existe des particularités physiques pour lesquelles vous ne pouvez rien, alors arrêtez de les cacher, acceptez-vous.**

Chassez le naturel il revient au galop : faites-en prudemment un allié. Mieux ! Faites de vos défauts des qualités de style. Faites comme Woody Allen, Orson Wells, Yul Bryner, Josiane Balasco, donnez le pouvoir aux anti-héros.

DITES **NON** AU SYNDROME DE VÉNUS		
Oreilles décollées	**Hommes :** OUI aux cheveux en brosse très courts. NON aux cheveux couvrant les oreilles. **Femmes :** OUI aux cheveux mi-longs et flous. NON aux cheveux tirés.	**Hommes et femmes :** Jouez l'humour avec des couleurs tendres et des lunettes drôles. Attirez l'attention sur les yeux ou la bouche.
Dents mal rangées	**Hommes et femmes :** OUI aux sourires détendus. NON aux sourires crispés. NON à l'absence de sourire.	**Hommes et femmes :** Ce sont vos dents les fautives, pas votre sourire : laissez-le vivre !
Surcharge pondérale	**Hommes :** OUI aux couleurs et aux formes nettes. **Femmes :** OUI aux jupes courtes et aux ceintures. NON au noir éternel, aux formes amples, aux vêtements de maille trop larges et moulants. Aux imprimés trop colorés.	**Hommes et femmes :** Conservez la vivacité de vos mouvements : dansez, joggez. Adoptez des formes nettes et modernes, bien épaulées. Pas de superpositions.
Calvitie	**Hommes :** OUI à votre crâne chauve. NON à la mèche rabatue pour le recouvrir. OUI aux détails flatteurs attirant l'œil : cravate, pochette, lunettes.	**Hommes :** Poudrez votre crâne si vous passez devant les caméras. Évitez les lumières plongeantes.

DITES NON AU SYNDROME DE VÉNUS		
Cheveux rares	**Hommes et femmes :** OUI aux coupes courtes. NON aux brushings compliqués.	**Hommes et femmes :** Soignez-les. N'allez pas contre leur nature, affinez plutôt votre maquillage ou la couleur de la chemise.
Bégaiement	**Hommes et femmes :** OUI à votre bégaiement s'il résiste aux thérapies. NON à votre peur de bégayer, elle vous coupe la respiration et... vous fait bégayer.	**Hommes et femmes :** Respirez et prenez votre temps quand vous parlez. Le silence fait partie de la parole. Utilisez-le.
Rougissement	**Hommes et femmes :** Si vous dites OUI à ces rougeurs, elles disparaîtront sur l'heure. **Femmes :** NON aux fonds de teint et aux poudres trop claires.	**Hommes et femmes :** Évitez blouses blanches et chemises blanches, le jaune et le rose près du visage. Préférez les couleurs douces, gris, beige, bleu lavande.
Silhouette chétive	**Hommes et femmes :** OUI aux couleurs vives, aux harmonies subtiles, aux camaïeux raffinés. **Hommes :** NON aux vêtements passe-muraille, aux formes trop près du corps.	**Hommes et femmes :** Faites partie des aristocrates du décalage.
Petite taille	**Hommes et femmes :** OUI aux couleurs de l'autorité : marine, blanc, noir, aux formes relax. NON sans appel aux chaussures à talons. **Femmes :** OUI aux talons plats et aux talons maximum 5 centimètres.	**Hommes et femmes :** Éloignez de votre image toute connotation enfantine. **Hommes :** Évitez les cols blancs Windsor. N'ajoutez pas à la fragilité : chaussez-vous solide.
Cheveux blancs	**Hommes et femmes :** OUI à la transgression valorisante des cheveux blancs sur un visage jeune. Sur un visage moins jeune à vous de décider. NON à des teintures éloignées de votre couleur naturelle.	**Hommes et femmes :** Vos cheveux seront un atout s'ils sont lisses et soignés. **Femmes :** Ne dédaignez pas les accessoires de coiffure raffinés.

Chasser les fidélités cachées

Il y a dans votre image deux archétypes qui ont sur elle une forte influence, que vous le vouliez ou non. Ils ont pour nom Papa et Maman. Non pas votre « vrai » papa ou votre « vraie » maman, plutôt les grandes *imago* paternelles et maternelles que vous avez dans la tête. Parfois même il s'agira d'un grand-père ou d'une grand-mère, d'une tante, d'un oncle, qui joue le rôle dans votre mémoire de la mère ou du père idéal.

> « Votre image est toujours modélisée par ces fantômes, souvent fort tard dans l'âge adulte. »

Elle hérite de l'Histoire avec un grand « H », mais aussi de l'histoire avec un petit « h » : la vôtre. Encore faut-il que vous puissiez y accéder et faire le tri. Comme tout héritage, celui-ci n'est pas toujours à votre avantage. Il est utile à ce sujet de se rappeler qu'on peut accepter ou refuser un héritage. Je vois tous les jours des managers qui traînent les lourdes valises d'un passé dont ils pourraient fort bien se débarrasser. Les connaître et mesurer leur influence à l'aune de vos projets actuels, c'est se demander si l'héritage et bon ou mauvais pour vous, aujourd'hui.

L'histoire de Claude le démontre. Il fut l'un de mes premiers participants et l'un des plus réfractaires, celui aussi dont je suis la plus fière. Son patron l'avait envoyé en formation « s'occuper de sa communication » ; c'est donc avec le sentiment désagréable d'être là à son corps défendant, qu'il apparut. Directeur de la communication dans un grand groupe aéronautique, il prenait la parole quotidiennement devant un auditoire international de décideurs. On lui avait laissé entendre à mots couverts que son travail était irréprochable mais qu'une promotion était irréalisable dans l'état actuel des choses. Je le trouvais très sympathique bien qu'il s'appliquât sans cesse à jouer les trublions, revendiquant d'une voix grasseyante et sans appel « qu'on lui fiche la paix avec son image, car il était tout à fait naturel, lui, au moins ».

Chemise cintrée et pas très nette, largement ouverte sur un poitrail d'homme des bois, pantalon collant et poché aux genoux, veste trop petite de couleur incertaine, chaussures éculées, il semblait se donner un mal fou pour avoir l'air de sortir du fin fond de la France profonde, alors que sa culture, ses études, son emploi actuel faisaient de lui un élément prometteur pour l'entreprise.

Rien n'y fit : ni les jeux vidéo où il fut habillé de pied en cap, ni les Lectures d'Images où il fut confronté par le groupe à sa propre image. Je crus un instant qu'il partirait comme il était venu : sans avoir d'un pouce reconsidéré ses choix. Une chose me frappait : tous les vêtements qu'il portait étaient trop petits ou trop étroits pour lui. Ce fut à une demi-heure de la fin du séminaire, alors qu'assis tranquillement les participants évoquaient leurs acquis, que je mis le débat sur l'héritage familial. En verve, Claude nous parla avec enthousiasme du grand-père bûcheron pour lequel il avait gardé une vénération : lui au moins était un homme, lui au moins avait su vivre.

Il donna l'impression d'être touché par la foudre lorsque je lui déclarais qu'il vouait à son grand-père une fidélité cachée qui mettait en cause son avenir professionnel. Le grand-père aurait-il souhaité cela ? Était-ce bien nécessaire de lui sacrifier sa réussite professionnelle ? Il fut inutile d'aller plus loin, Claude avait compris. Il s'inscrivit au séminaire suivant et recommença à zéro. Il accepta de grandir, de quitter son enfance pour devenir adulte dans sa vie. Il garda ses vêtements d'homme des bois pour le week-end et apprit à introduire dans son apparence des valeurs terriennes auxquelles il tenait, sans pour autant massacrer son image. Il fut un manager élégant et sûr de lui, bien dans son *tweed* et dans ses couleurs raffinées. Un mois plus tard il m'annonça avec enthousiasme sa promotion.

Votre image et les médias

Vous passez sur TF1 pour présenter votre produit révolutionnaire, la grève menace dans votre entreprise et un journaliste vient vous interroger sur place, PPDA, Paul Amar ou Michel Field sont enthousiasmés par votre nouveau brevet, vous passez sur votre télévision régionale pour présenter l'entreprise à la place de votre patron, autant de situations sans problèmes pour le manager américain qui aura trouvé avec son cursus universitaire des cours de communication. En France, on n'a pas encore très bien compris qu'il ne suffit pas de savoir quelque chose, encore faut-il savoir le dire.

Votre image télévisuelle est aux premières loges ; pour passer la rampe, il faut connaître les différentes contraintes liées à la technique. Ce n'est qu'après en avoir tenu compte que vous composerez votre image.

Composez votre image pour l'environnement télévisuel

Vous avez lu ce livre et éliminé de votre garde-robe les massacreurs d'image. Vous avez aussi éliminé les gourmettes, les montres trop voyantes, les bijoux qui cliquettent, les boucles d'oreilles imposantes, et vous réservez vos boutons de manchette à la fin du jour. Tout est donc au mieux car les règles de base restent les mêmes. Mais de la même manière que vous tenez compte de l'environnement avant de vous habiller, tenez compte avant de choisir votre tenue de l'environnement visuel et climatique de la télévision.

Les « fonds » ou décors sur lesquels vous serez filmé sont souvent de teinte bleue. Ne négligez pas la couleur du siège sur lequel vous serez assis, c'est elle qu'on voit autour de votre visage. Renseignez-vous afin d'y assortir votre tenue. Le tailleur orange d'une de nos députées, assise sur un fauteuil lie-de-vin, « criait » si fort qu'on n'entendait plus ce qu'elle disait. Pensez aussi à vos lunettes : elles reflètent les projecteurs ; oubliez-les ou portez des anti-reflets.

Mon conseil pour les hommes : le bleu est la couleur sans faute. Attention aux costumes trop clairs (vous seriez fade) ou trop vifs (on vous prendrait pour le présentateur). Une chemise de couleur pastel est préférable à une chemise rayée. Si vous faites partie des aristocrates du décalage, vous pouvez oser vos camaïeux les plus doux : bleus, gris foncé, émeraude. Une pochette de couleur est exceptionnellement admise avant six heures du soir. Brossez bien vos épaules, les pellicules se voient toujours.

Mon conseil pour les femmes : si vous êtes fatiguée de l'éternel tailleur bleu marine, et si les couleurs du fond et celles de vos compagnons le permettent, vous pouvez oser la couleur. Bannissez cependant celles qui saturent l'écran (jaune vif, orange) et préférez des pastel très doux, surtout autour du visage. Les imprimés passent mal le tube cathodique, les rayures fines, les chevrons aux couleurs opposées provoquent un effet d'optique : épargnez le téléspectateur si vous voulez être regardée. Ne portez pas des jupes trop courtes et pensez à la tenue de vos jambes, la caméra aime parfois être indiscrète.

Les groupes dont vous ferez partie devront paraître comme tel au premier coup d'œil du téléspectateur. Si vous intervenez au sein d'une même entreprise, pensez à convenir du code couleur de vos tenues réciproques : bleu marine et rouge, gris foncé et jaune, bleu marine et rose. Demandez au journaliste ou au présentateur la couleur et le style de sa tenue. Si vous êtes accompagné d'une dame, pensez à harmoniser les couleurs et les styles de vos deux tenues. Cette unité de groupe peut être évoquée par un accessoire, une cravate ou une pochette. Le message est alors : « Nous sommes de connivence. »

La température est toujours élevée sur un plateau. Rien n'est plus triste que votre visage transpirant sous les lumières. Habillez-vous léger et, au dernier moment, bougez peu. Poudrez bien et gardez sur vous un petit miroir et une houppette.

Les caméras doivent être placées à hauteur de vos yeux, ne les regardez jamais. Il y a plusieurs caméras mais un signal rouge s'allume sur celle qui filme l'image retransmise au public. Ne la guettez pas. Ne guettez pas non plus le moniteur qui est à côté. Regardez votre interlocuteur. Cherchez à le convaincre, à être présent, à mettre en pratique avec lui ce que vous avez appris dans ce livre. Repérez avant l'émission la place de votre siège par rapport à celui du journaliste et à la caméra. Il se peut que pour lui répondre vous tourniez toujours à la caméra votre « mauvais » profil. Faites part de vos observations. Ne vous enfouissez pas dans votre siège, surtout si vous êtes petit. Restez droit.

Le temps qui vous est imparti est compté : faites-le préciser et tenez-en compte.

Le son est enregistré par trois sortes de micro : micros-cravates pincés sur votre veste (attention au bruit des colliers et des boucles d'oreilles, enlevez-les), micros sur pied ou sur la table, micros à main ou « esquimaux ». Repérez-les et pensez à mettre le micro à main devant votre bouche avant de parler. Ces « esquimaux » sont souvent réservés aux journalistes ; ne répondez à une question que lorsqu'on vous tend le micro ou bien votre réponse serait inaudible. Ne forcez pas votre voix et parlez naturellement, l'intensité est parfaitement réglée en régie. Et si l'on vous demande de prononcer quelques mots avant l'émission pour régler le son, dites sans forcer la phrase fétiche : « Paris-Bordeaux, Le Mans-Paris, Bordeaux-Le Mans. »

Ne lisez pas vos interventions, ne regardez pas vos notes, même si vous les avez apportées. Soyez simple, précis, rapide. Ne laissez pas de blanc : le temps télévisuel vaut de l'or.

Maquillage. Si vous passez sur FR3, la maquilleuse et la coiffeuse seront là, dans les cabines. Il est probable que les stars passeront avant vous, ce qui laisse parfois peu de temps. Posez vous-même avant de partir votre base de maquillage – sans oublier un bon fond de teint. Poudrez au dernier moment. Sur une petite station régionale, le problème est plus épineux : poudrez-vous, messieurs, et poudrez votre calvitie. Évitez aussi d'aller chez le coiffeur une heure avant, cela se voit et vous n'êtes pas à l'aise. Pour vous, mesdames, un léger maquillage de ville suffit. N'abusez pas du *blush* ni des fards à paupières : évitez le mauve, le vert et les couleurs scintillantes. Assortissez soigneusement votre rouge à lèvres à celui de vos ongles et de vos vêtements en évitant les rouges trop vifs et trop foncés qui font dur.

SEPT « TRUCS » DE « PROS. »

✔ Les micros-cravates sont redoutables car ils sont très sensibles et se font oublier. On entendra vos soupirs et votre respiration si elle est trop forte. Vos commentaires aussi. Silence !

✔ **Un léger bronzage** est le plus flatteur des maquillages. Les crèmes auto-bronzantes sont parfaites.

✔ La télévision a horreur du vide : **ne laissez pas de blancs** quand vous parlez. Provoquez l'événement qui attirera la caméra sur vous. Il peut s'agir d'un événement silencieux : expression, réaction, etc.

✔ Messieurs, pour ne pas avoir l'air d'un orang-outang, asseyez-vous légèrement sur le bord de votre veste afin qu'elle ne remonte pas disgracieusement dans votre cou.

✔ Journalistes et psychanalystes savent que leur silence fait parler. C'est une « ficelle » à repérer et à contrôler. On vous regarde sans dire un mot ? Regardez en souriant et ne dites que ce que vous voulez dire. Les mauvais journalistes ont l'habitude de poser leur question en formulant la réponse ; et il ne vous reste plus qu'à dire oui ou non ; **ne dévoilez pas vos arguments** à la préparation.

✔ En direct, les caméras filment l'événement, c'est-à-dire le spectacle. Le journaliste veut voir grimper sa cote médiatique : il compte sur vous, ne le décevez pas. Si vous voulez que les caméras restent longtemps sur votre image, **provoquez le *scoop***, annoncez la bonne nouvelle.

✔ Regardez votre interlocuteur dans les yeux, faites des phrases courtes, soyez détendu, argumentez choc, riez et réagissez, **séduisez la caméra.**

✔ *Last but not least*, les murs des studios ont des yeux et des oreilles. Il y a toujours un micro ou une caméra qui traîne quand vous pensez avoir fini. Silence total quand vous ne parlez pas, **sourire et bonne contenance** quand le générique de fin défile sur votre image. Vous êtes encore en direct.

La photogénie bien comprise

Les photographies de votre nouveau CV et des documents d'entreprise ont un impact important et vous le savez ; n'avez-vous pas vous-même retourné ce livre pour voir la tête de l'auteur ? Évitez donc les photomatons et, en règle générale, n'abandonnez pas au flash le soin de vous faire cette mine tristounette ou ce regard halluciné, sans prendre grand soin de votre photogénie. Car, du journal d'entreprise aux documents communiqués aux médias ou aux services de presse, la photographie fait aujourd'hui partie de votre image de marque. Et de celle de l'entreprise. Elles parlent pour vous.

Les photos sont en noir et blanc ou en couleurs. Ces deux axes vous dirigeront quant au maquillage et au choix des vêtements. Rien de plus laid qu'une peau non maquillée car, en noir et blanc, le flash aplatit les volumes et fait apparaître chaque défaut de la peau. Le maquillage aussi est gommé. En couleurs, c'est encore pire, il accentue les grains de peau et les petits défauts, tout en accentuant la brillance du front et du nez.

> **"**
>
> Préparez soigneusement une séance photo chez un professionnel
>
> **"**

Et prenez soin, avec nous, de votre image. Pour vos vêtements, les femmes préféreront la simplicité et les couleurs claires et douces : du blanc pour le noir et blanc, du rose, du gris ou du beige pour la couleur. Évitez les vêtements trop épaulés ou les cols roulés et préférez les encolures rondes ou en V avec un bijou discret. Les imprimés (rayures ou carreaux) sont à bannir car on ne voit qu'eux. N'hésitez pas à laver vos cheveux la veille car la lumière leur donnera un joli halo. N'abusez ni du *spray* qui cartonne ni des cheveux frisés qui seront plus jolis attachés. Retenez qu'un peu de volume sur le haut de la tête est nécessaire (la photo aplatit et rapetisse) et évitez les cheveux tirés, trop sévères.

POUR LES DAMES	
NOIR ET BLANC	**COULEURS**
● Avec un pinceau et un anti cerne, masquez les petits défauts.	● *Idem.*
● Passez un léger fond de teint et poudrez (pas de poudre trop claire).	● *Idem.* Pas de poudre trop rosée.
● Dessinez et foncez les sourcils.	● *Idem.*
● Creusez les pommettes au *blush* sous la pommette.	● Appliquez un *blush* rose ou chamois sur la pommette.
● Utilisez un trait d'*eye-liner* noir et du mascara.	● Utilisez des ombres foncées (noir ou gris) pour éviter le regard vide (*flash*).
● Dessinez la bouche avec des tons mats, utilisez un rouge rosé et un crayon contour.	● Évitez le rouge vif ou très foncé, les roses mats très clairs et « platrés ».
● Pas de terre de soleil qui durcit.	● *Idem.*
● Pas de fond de teint trop clair.	● Pas de fond de teint trop rosé.

POUR LES MESSIEURS	
NOIR ET BLANC	**COULEURS**
● Appliquez deux jours avant la photo une crème auto-bronzante après vous être rasé de prés. N'oubliez pas les mains et le cou.	● *Idem.*
ou bien	
● Faites quelques séances d'UV.	
Puis	
● Avec un pinceau et un anti-cerne, masquez les petits défauts.	● *Idem.*
● Poudrez légèrement.	● *Idem.*
● Brossez bien vos sourcils (votre barbe, votre moustache).	● *Idem.*
● Mordez vos lèvres.	● *Idem.*

255

Ces conseils sont valables pour les hommes qui choisiront impérativement la correction – plus ou moins *casual* selon leur âge et la position à laquelle ils aspirent – d'un costume cravate, d'un blazer ou d'une veste. Évitez les couleurs fortes et les vestes trop foncées.

Voici quelques indications pour l'expression et la position du corps qui sont valables pour hommes et femmes. Après les avoir lues, pourquoi ne pas travailler vos expressions devant un miroir ? Un joli sourire vient naturellement si vous pensez à des choses agréables. Et puis dites « petite pomme, petite pomme… », comme les dames de la bonne société russe d'autrefois.

Position et expression

OUI !

Vous mettre de trois-quarts pour affiner vos hanches.
Croiser vos jambes de l'un ou de l'autre côté à hauteur de la cheville (surtout si la caméra est en contre-plongée).
Croiser vos jambes à hauteur du genou (si la caméra est à hauteur de votre visage). Un croisement plus ample est toléré pour les hommes.
Vous tenir droit (e), un peu cambré (e) pour avoir un joli buste.
Incliner un peu la tête vers l'épaule.
Baissez les épaules et sortez le cou.
Penser à quelque chose d'agréable.
Regarder le haut du viseur (et non le photographe).
Mettre une main dans la poche (hommes et femmes).
Tenir un objet (crayon, lunettes, etc.).

NON !

Sourire à pleines dents de manière non contrôlée.
Être debout pleine face.
Baisser le visage (attention aux cernes et aux visages ronds).
Placer le visage de face.
Fixer le photographe.
Ne penser à rien.
Avoir un regard vide (re-motivez-vous constamment et demandez à être averti(e) juste avant le déclenchement de l'obturateur).
Laisser son veston, pire, son blazer ouvert.

Pensez, pour les photos de groupe dans une même entreprise, à harmoniser vos tenues. Prévenez chacun à l'avance de s'habiller avec deux couleurs : marine et rouge, marine et jaune, noir et blanc, etc. L'esprit de corps s'exprime mieux ainsi que dans la cacophonie des couleurs disparates.

Ah ! Un petit truc que nous faisions toutes, dans les studios, avant le déclic fatal. Ouvrez tout grand la bouche, puis fermez-la en accentuant le mouvement jusqu'à la grimace. Oui… c'est cela. En crispant la mâchoire au maximum. Puis reprenez votre expression paisible en sentant comme les muscles sont, maintenant, décontractés. Souverain aussi contre les lèvres qui tremblent et le trac des prises de parole en public !

J'ai des émotions, tu as des émotions...

Peur, panique, colère, joie, excitation… les émotions occupent une place fondamentale dans notre vie. Qu'elles soient pénibles ou agréables, j'ai des émotions, tu as des émotions, nous avons des émotions… et c'est bien embêtant, pensez-vous ! Les émotions nous troublent, nous désorganisent, mettent en cause la maîtrise absolue que nous voudrions avoir sur toute chose : elles sont l'ennemi dans la place.

On voudrait bien s'en débarrasser, ou tout au moins les tenir à bonne distance. Elles ont aussi une incidence parfois incontrôlable sur le corps, et c'est particulièrement gênant lorsqu'il faut prendre la parole en public ou paraître devant les caméras. Le rythme cardiaque et respiratoire est modifié, la sécheresse de la bouche et de l'épiderme aussi, les fonctions mentales s'altèrent. C'est le trou noir redouté des orateurs.

Je voudrais pourtant vous réconcilier avec vos émotions car c'est grâce à elles que vous n'êtes pas des robots sans âme. C'est aussi grâce à elles que vous êtes informé sur ce que vous éprouvez. Les émotions, c'est la vie, et si vous voulez en être convaincus, plongez-vous dans *L'Intelligence Relationnelle*[1] où j'explique comment mieux les comprendre.

> « L'émotion, c'est de l'information. »

Vos émotions sont ce que vous avez de plus personnel. Elles se manifestent lorsque votre système psychique fait face à une situation inattendue et se mobilise pour s'y adapter. Elles sont là pour rétablir votre équilibre intérieur lorsque des données nouvelles viennent remettre en cause les structures présentes. Les émotions sont donc fortement liées au changement car elles désorganisent des structures caduques et vous forcent à en produire de nouvelles. Elles vous informent et vous relient à ce grand inconnu : vous-même. Ne leur refusez pas ce rôle, il est essentiel. Là aussi, souvenez-vous de l'axe dilatation/rétraction : certains d'entre nous sont plus émotifs que d'autres. C'est une propriété fondamentale de leur caractère, et on n'y peut rien.

> Sachez que moins vous craindrez vos émotions,
> moins leurs aspects négatifs se feront sentir.
> Faites donc votre allié de ce naturel-là.

---

1. Marie-Louise Pierson, *L'Intelligence Relationnelle*, Éditions d'Organisation, 2003.

Là aussi joue le fameux syndrome de Vénus : montrer en voulant cacher. Vous avez tellement peur de vos émotions (c'est-à-dire de vous-même) que votre peur en accentue les effets. Trac et vide mental sont la grande crainte du communicateur. Les solutions existent pourtant : voyons lesquelles.

La relaxation, dynamique de votre image

Avez-vous déjà essayé de calculer une racine carrée ou de multiplier quarante-neuf par sept en soulevant un piano ? Essayez, c'est impossible. C'est pourtant ce que je vous tentez de faire au quotidien. Comment voulez-vous prendre la parole en public alors que vos muscles sont aussi tendus que si vous souleviez ce piano ?

> " La tension musculaire est l'ennemie de votre mémoire, de votre fonction créatrice et de votre bien-être physique et psychique. "

Cette ennemie agit visiblement sur votre image : contractions musculaires et tension physique se voient à l'œil nu sur vos traits tirés, la raideur de vos gestes, la tension de votre expression. Parfois, même, elle se grave littéralement dans votre chair : sillons de la contracture de chaque côté de la bouche, rides soucieuses sur le front, commissures tombantes. La tension atteint parfois vos organes respiratoires. Votre diaphragme, centre énergétique de tout votre être, s'immobilise et se contracte ; voilà la fameuse « boule à l'estomac », sans parler de désordres plus graves qui vont parfois jusqu'à l'asthme, l'obésité, l'eczéma.

Avant même d'ouvrir la bouche vous avez déjà perdu une grande partie de vos moyens : votre tension musculaire est à l'image de votre rétraction psychologique. Vous êtes replié sur vous-même.

Tellement replié que votre corps, ce grand absent, ne peut même plus remplir ses fonctions. Aidez-le, détendez-vous.

Imaginez un chat allongé sur le sable : si vous le soulevez il laissera dans le sable la trace entière de son corps. Couchez-vous sur le sol et imaginez que vous laissez une trace dans le sable, est-elle continue ? Y a-t-il au contraire des traces fortes à certains endroits, fesses, épaules, chevilles ?

> " Il n'est pas de bonne image sans détente. La détente fait partie de l'action, comme le repos fait partie du travail. "

L'entreprise n'a pas encore intégré cette nécessité : à quand les salles d'isolation où l'on pourrait se relaxer cinq minutes en silence ?

Pourtant il n'est pas absolument indispensable d'être seul pour se relaxer. Vous pouvez le faire en public, assis à votre chaise, dans les transports, et même en pleine conférence. On peut même atteindre une relaxation proche du sommeil les yeux ouverts, et pour quelques minutes, en écoutant quelqu'un parler. Nous en avons convaincu bien des hommes d'affaires aux emplois du temps surchargés qui profitent d'une conférence ou d'une réunion au sommet pour recharger leurs accus. Leur écoute n'en est nullement amoindrie. Dommage que l'entreprise, un peu coincée sur ses codes de bonne conduite, n'accepte pas le bâillement dans les réunions. Bien des performances s'en trouveraient améliorées car le bâillement est formidable ! Il aère vos cellules cérébrales, humidifie vos yeux fatigués, détend votre mâchoire contractée, votre arrière-gorge serrée, et détend votre poitrine et votre ventre.

Prendre l'habitude de vérifier que seuls les muscles concernés par votre action sont contractés, les autres, tous les autres étant relaxés, est une écologie du quotidien qui donnera rapidement ses fruits. En taxi, lorsque vous marchez dans la rue, dans l'ascenseur, ne perdez pas un instant pour bâiller et décontracter les muscles qui ne sont pas nécessaires au maintien de votre position.

SE RELAXER...

Cinq minutes suffisent à vous relaxer
si vous prenez l'habitude
d'intégrer l'idée même de la relaxation
à votre vie et à votre travail.

Je vous propose ici, à titre d'exemple, un exercice de relaxation rapide que nous faisons tous les jours dans nos séminaires. Il ressemble aux exercices de préparation des grands sportifs avant l'épreuve ; pourquoi ne pas l'intégrer à votre parcours professionnel ?

Assis à votre bureau le plus confortablement possible, parcourez votre corps des pieds à la tête en repérant les zones de tension. Pensez à interroger vos fesses, votre ventre, votre plexus, votre cou, vos épaules, mais aussi vos joues, votre crâne, votre langue, votre gorge. Visualisez les zones de tension en y posant la couleur rouge et imaginez que la chaleur et le bien-être issus de cette couleur se propagent et dissipent les tensions.

Laissez vos paupières tomber doucement et, si vous le pouvez, fermez les yeux. Si vous passez doucement en revue les muscles de votre visage pour les détendre, vous observerez que vos globes oculaires chutent à la racine de votre nez, exactement comme ils le font quelques instants avant le sommeil. Laissez-les faire, vous sentirez alors votre gorge se dénouer et un bâillement monter. Ne le ravalez pas, au contraire. Bâillez jusqu'à ce que vous ayez obtenu un vrai bâillement, avec ce qu'il implique de détente totale de l'arrière-gorge.

> " Le bâillement est un merveilleux adoucisseur de muscles.
>
> "

Visualisez alors les zones rouges s'étendant à tout votre corps et leur chaleur bienfaisante se répandre. Imaginez que cette chaleur vous protège et forme peu à peu une « bulle » qui vous entoure et dans laquelle vous reposez. Chassez les pensées parasites et maintenez simplement la sensation d'être bien. Visualisez votre « bulle » protectrice et bienfaisante plusieurs fois au cours de la journée.

Il manque un élément à cet exercice pour être parfaitement réparateur : la respiration. Le souffle est un régulateur de tensions, que celles-ci soient physiques ou psychiques, car il rétablit les échanges de l'intérieur et de l'extérieur. Notre niveau énergétique en dépend et la langue populaire qui ne rate pas une occasion d'appliquer sa sagesse l'exprime aussi : « J'ai eu le souffle coupé », « Il est gonflé celui-là », « Je suis à bout de souffle » font partie de vos expressions courantes. Donnez du souffle à votre image, ne la laissez pas « manquer d'air ».

Respirer pour être inspiré

Regardez un petit enfant dormir, il est parfaitement détendu et son ventre se soulève doucement lorsqu'il respire. Il n'a pas appris, et pourtant il respire de la manière la plus parfaite et la plus naturelle qui soit. Nous ne sommes plus à l'ère des corsets mais il semble qu'un corset mental nous oblige encore à rentrer notre ventre pour respirer. Peut-être est-ce l'envie d'une taille fine ou la contrainte d'une jolie ceinture ? Est-ce l'autorité des profs de gymnastique à l'ancienne qui, en voulant vous faire respirer, vous ont désappris votre respiration naturelle : celle de l'enfant au berceau ?

> Vous respirez mal. Desserrez les ceintures,
> votre image s'en portera mieux.

Votre respiration est en générale costale ou claviculaire, c'est-à-dire réservée à la partie supérieure de la poitrine. Épaules levées, poitrine soulevée, thorax gonflé, ce type de respiration est une respiration incomplète, qui vous fatigue et renforce les effets du trac. Elle vous fait ressembler à un monsieur Muscle qui marcherait comme Aldo Maccione. Votre respiration est nécessaire à la parole, mais aussi à la « digestion » de vos émotions. Le plexus solaire, ce point placé sous vos côtes juste au-dessus de votre estomac, est le siège d'une intense activité nerveuse : c'est là aussi que se concentrent les émotions, là aussi qu'elles sont régulées. Dans la respiration costale que vous adoptez couramment, le plexus n'est pas massé, les échanges énergétiques entre le haut et le bas du corps ne se font pas, le trac et le vide mental ne sont pas loin.

Voyez sur cette figure le trajet de la respiration abdominale :

Donnez du souffle à votre image : la respiration abdominale

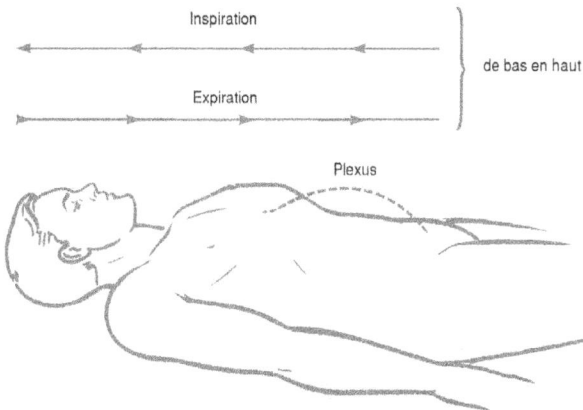

Vous êtes un instrument à vent : la soufflerie, ce sont les poumons, la cage thoracique, et l'abdomen. Les résonateurs sont le pharynx, la bouche et le nez. Les vibrateurs sont les cordes vocales. Imaginez un accordéon posé sur votre ventre. Le plexus solaire, centre énergétique par excellence, est au centre de l'instrument, entre l'abdomen et le thorax ; c'est autour de lui que va s'organiser la respiration. C'est la partie plissée de l'appareil qui va s'élargir et se rétrécir pour que l'air puisse atteindre les vibrateurs et les résonateurs et produire le son. En inspirant, vous allez gonfler légèrement le ventre et remplir d'abord la base des poumons, puis l'estomac, puis vous allez remonter doucement et laisser vos côtes s'élargir. Ce n'est qu'à la fin de votre inspiration que votre poitrine se soulève et se remplit, sans forcer.

À l'expiration, c'est la partie inférieure de l'abdomen qui se vide en premier (aidez-vous en rentrant volontairement le ventre), puis l'estomac et les côtes qui se referment, et vous terminez par le haut de la poitrine. Commencez par effectuer quelques respirations amples et volontaires, durant lesquelles vous accentuerez les mouvements sortis et rentrés de votre estomac. Vous noterez immédiatement la sensation de bien-être qui accompagne cette respiration ample. Comptez doucement à l'expiration et à l'inspiration, en essayant de *retenir* votre souffle à l'expiration de manière à ce qu'elle dure le plus longtemps possible. Allongez la durée à chaque cycle respiratoire. Lorsque vous aurez effectué un cycle d'une dizaine de respirations contrôlées, laissez une petite respiration ventrale s'effectuer d'elle-même et reposez-vous. Enregistrez mentalement les résultats de cet exercice. Ce type de respiration accompagne bénéfiquement votre relaxation sur votre lieu de travail.

Mais le plus intéressant est de penser à la fonction symbolique du souffle, à ce qu'on laisse entrer, puis sortir, puis entrer à nouveau, puis sortir... Quelle souplesse dans la capacité de laisser partir l'air en confiance et de se remplir à nouveau du souffle et de la vie ! N'est-ce pas là une riche métaphore du mouvement même de l'existence et de la nécessité de se vider pour pouvoir se remplir à nouveau ? Quitter, pour pouvoir intégrer ?

CONTRÔLER SA RESPIRATION

Le trac modifie le rythme cardiaque et respiratoire.
Ces effets négatifs peuvent être contrôlés
par une respiration bien rythmée :
le plexus est massé, vos cellules cérébrales
sont oxygénées, vos capacités psychiques
harmonisées et les effets négatifs
de l'émotivité supprimés.

Mais, pour en venir à bout définitivement, pensez simplement à ceci : ne vous donnez-vous pas une importance démesurée en pensant que chacun dans votre auditoire surveille vos faits et gestes ? Il y a là comme un petit enfant mégalomane en face de ses parents, non ? Les temps ont changé, vous êtes aujourd'hui un « grand », en marche vers l'autonomie. Bonne route !

Conclusion

Une légende raconte bien, en images et symboles, les étapes d'une Image de Soi bien à soi.

« On raconte qu'un fils de roi, parcourant le monde, s'arrêta en un pays étranger, et y demeura si longtemps qu'il en oublia ses origines, adoptant le vêtement vulgaire des habitants. Il vit un jour en rêve un vêtement fabuleux que son père lui faisait broder. Il y reconnut l'image de son véritable Moi, intact sous sa mise trompeuse, et rentra chez lui. »

Comme ce fils de roi, nous sommes parfois étrangers à nous-mêmes et nous nous perdons dans le « grand tout » de la fusion (« le vêtement vulgaire des habitants »), oubliant que nous sommes uniques. Comme lui, c'est à travers une identification réussie (« un vêtement fabuleux que son père lui faisait broder »), que – *via* nos origines – nous pouvons retrouver l'image de notre véritable moi. Notre identité.

Solution des jeux

Questionnaire :
Votre image vous fait-elle du tort ?
(p. 15)

À chaque groupe de questions numéroté (1, 2, 3, etc.) *un seul* **« oui » entraîne la notation « oui ».** *Un seul* **« non » entraîne la notation « non ».**

À L'AISE ?	OUI	NON
1. Je suis serré, contraint. Je porte souvent une mini-jupe, un pantalon sans ceinture, de nombreux vêtements superposés.		
2. Ma démarche est raide ou instable		
3. Je porte souvent des talons hauts (plus de 6 cm), des chaussures fatiguées, des mocassins avachis.		
4. Mes gestes sont étriqués ou brutaux, je n'en ai pas conscience.		
5. Ma coiffure et ma mise nécessitent des réajustements fréquents.		
6. Je porte, tous vêtements confondus, plus de trois couleurs différentes (chaussettes-cravate comprises).		
7. Je ne coordonne pas les couleurs.		
8. Mon dos est rond, mes épaules levées, je suis atone ou fébrile.		
9. J'arrive souvent les mains vides, sans accessoires agréables.		
10. Je porte parfois des fibres artificielles ou des vêtements transparents.		
11. Mon vernis à ongles est écaillé, mes bas filés. Le bas de mes pantalons effiloché, le revers de mes vestes usé.		
12. Femmes : mon maquillage est approximatif ou très abondant (plus de trois produits).		
12.bis Hommes : je porte souvent plus d'un de ces attributs : col ouvert, blouson, chandail, gourmette, bague ou boutons de manchette, épingle à cravate.		
13. Je me « coince » souvent tout contre la table ou le bureau, je pose les coudes dessus ?		

À L'AISE ?	OUI	NON
14. Hommes : je porte barbe ou moustache peu ou mal taillées.		
14bis. Femmes : on voit fréquemment les racines de mes cheveux colorés ou décolorés.		
15. Hommes : je suis chauve et je le cache (mèche rabattue).		
15bis. Femmes : ma couleur d'aujourd'hui est opposée à ma couleur naturelle, j'ai les cheveux raides et je suis permanentée.		
TOTAL		

EN CONTACT ?	OUI	NON
1. Les signaux-remparts sont fréquents sur mon image : bras croisés, regards détournés, veston fermé, cigare ou cigarette, vêtements très amples, dossiers.		
2. J'ai des lunettes noires, demi-lune ou métalliques vissées en permanence sur mon nez.		
3. Je ne frappe jamais à la porte et manifeste rarement clairement mon désir d'établir le contact. Je n'utilise jamais les adoucisseurs.		
4. Je m'habille exclusivement en fonction de mon confort, ou pour passer inaperçu (e).		
5. Mon regard se balade partout, sauf sur la zone sociale du visage de mon interlocuteur.		
6. Ma poignée de main est « fuyante » ou « broyante », ou j'ignore comment elle est perçue.		
7. Ma voix est faible, mon débit sans accent.		
8. Hommes : je porte moins de deux couleurs sur moi.		
8bis. Femmes : je porte moins de trois couleurs sur moi.		
9. Personne ne peut « lire » ma fonction de poste hiérarchique sur mon image.		
10. J'ignore comment effectuer les présentations, je ne présente jamais personne.		

EN CONTACT ?	OUI	NON
11. J'ignore les feed-backs visuels : signes de tête, encouragements, relances du regard ou de la voix.		
12. J'ai déjà touché mes collègues.		
	TOTAL	

À L'ÉCOUTE	OUI	NON
1. Je parle beaucoup, j'ai peur du silence, je parle souvent le premier.		
2. Mon corps est en général détourné de mon interlocuteur.		
3. Mon parfum est très fort, ma voix aussi, je n'adapte ni l'un ni l'autre aux circonstances.		
4. Je passe toujours la porte le premier (ou le dernier).		
5. Mon attitude corporelle est tendue, je me préoccupe beaucoup de ce que l'on pense de moi.		
6. Les mots seuls sont importants.		
7. Je ne souris jamais, d'ailleurs je ne soigne pas ma dentition, j'ai peur du dentiste.		
8. Je pense que les rituels sont idiots et encombrants, je les ignore.		
9. Je reste assis derrière mon bureau et j'attends que mon visiteur s'installe.		
10. J'entre dans une pièce où l'on m'attend et je garde mon veston fermé, je ne me présente pas si je ne connais personne.		
11. Je ne demande jamais si j'interromps ou si je dérange.		
12. Je regarde peu mes interlocuteurs, j'oublie facilement leur nom et leur statut.		
	TOTAL	

EN VALEUR	OUI	NON
1. J'achète mes vêtements sur impulsion, je ne m'en occupe pas, c'est ma femme qui le fait.		
2. Tout sur ma personne montre que je passe peu de temps à m'occuper de moi.		

EN VALEUR	OUI	NON
3. Ma silhouette est négligée, je n'ai pas le temps de faire du sport.		
4. Je n'ai jamais porté de cachemire, c'est trop cher, je déteste dépenser pour mes vêtements.		
5. Tous les blazers bleu marine se ressemblent, je prends le premier venu.		
6. Mes complets (mes robes) ont parfois un ourlet, une poche décousus, ça ne se voit pas.		
7. Les chaussures, c'est la dernière chose qui se voit, je ne les cire jamais et les achète bon marché.		
8. Mon veston (ma robe) date un peu et est trop petit (trop grand), ça ira bien encore.		
9. Ma barbe est rarement taillée, elle envahit mon cou (homme). Mes cheveux frisés et tombent sur mon visage (femme).		
10. Un col de chemise en vaut un autre (homme). Je copie systématiquement les journaux de mode (femme).		
11. Mes chaussures jaunes vont avec tout.		
12. Hommes : je porte la grosse épingle à cravate que m'a offert mon client japonais.		
12bis. Femmes : Je porte d'immenses boucles d'oreilles pendantes, je viens souvent en jeans moulants, j'aime les vêtements sexy.		
13. Hommes : mes pantalons sont les mêmes depuis des années : sans plis et je porte pas de ceinture (ni de bretelles), j'aime les chemises qui ne se repassent pas.		
13bis. Femmes : j'achète des « marques » ou des « sigles » comme ça je suis sûre de ne pas me tromper.		
TOTAL		

Question subsidiaire pour les deux sexes :
Je m'habille comme papa ou maman aimaient que je le fasse

Réponse : Vous avez moins de cinquante « non » ? Au travail ! Votre image vous fait du tort. Vous êtes peut-être l'homme (la femme) le (la) plus charmant(e) et le (la) plus doué(e) de la terre mais ça ne se voit pas.

Réponse au jeu : L'effet Gestalt (p. 16)

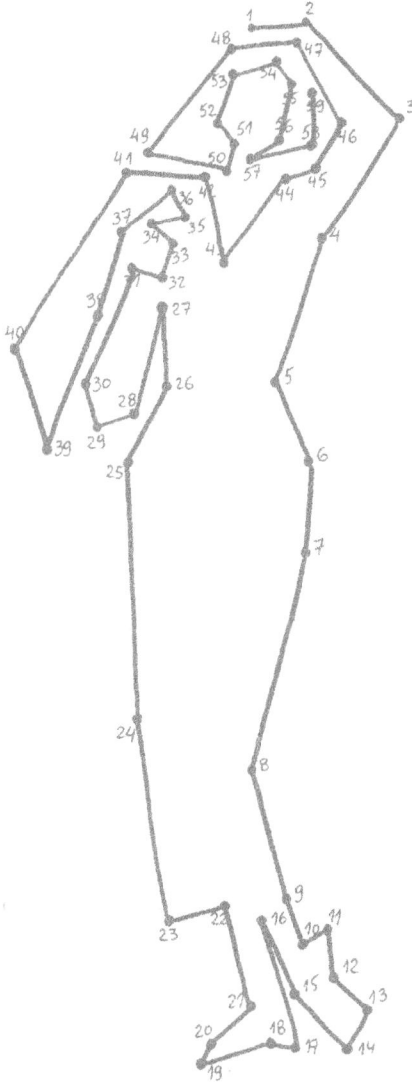

Tous les éléments de votre image sont indissociables. La cohérence de l'ensemble (sa congruence) donne du sens à votre communication.

Lecture d'image

Faites vous-même votre Lecture d'Image

Prenez la « Grille Sémantique » p. 280 et répondez rapidement à la question « Comment est-ce que je me vois ? »

Pour ce faire, entourez l'item qui vous paraît *plutôt* convenir. Vous remarquerez que ces items inter-réagissent par paire. Vous entourerez donc *obligatoirement* un item sur deux. C'est-à-dire deux par ligne.

Aucun item ne décrit parfaitement qui vous êtes. Ne vous en inquiétez pas. Tous les items réagissent les uns par rapport aux autres, se tempérant, s'infirmant ou se confirmant. Pour aboutir à une lecture « impressionniste ».

Puis prenez la « Grille Sémantique » suivante et répondez cette fois à la question « Comment les autres me voient-ils ? »

Prenez ensuite les deux « Grilles Sémantiques » et dégagez les items d'incertitude. Écrivez-les dans la marge du bas. Ce sont les points sur lesquels vous devez travailler.

GRILLE SÉMANTIQUE

Je note mes impressions en choisissant un item sur deux… deux items par ligne.

COMMENT EST-CE QUE JE ME VOIS ?			
Plutot………………que		*marge*	
souple	rigide	efficace	flou
sophistiqué	simple	relax	nerveux
confiant	défensif	sportif	citadin
terrien	intellectuel	convivial	élistite
cordial	sévère	déterminé	incertain
provoquant	respectable	entreprenant	méfiant
insouciant	mature	débordé	disponible
responsable	obéissant	créateur	conservateur
passionné	contrôlé	gai	triste
libéral	rigoriste	affirmé	effacé
spontané	retenu	dynamique	attentiste
extraverti	secret	épanoui	anguleux
séduisant	austère	fantaisiste	sérieux
bluffeur	crédible	engagé	démobilisé
courtois	cassant	compétent	baratineur
partenaire	protecteur	courtois	cassant
convainquant	passif	humoriste	pragmatique

Je note ici les mots entourés :

....

....

....

....

....

....

GRILLE SÉMANTIQUE

Je note mes impressions en choisissant un item sur deux… deux items par ligne.

COMMENT LES AUTRES ME VOIENT-ILS ?			
Plutot....................que		*marge*	
souple	rigide	efficace	flou
sophistiqué	simple	relax	nerveux
confiant	défensif	sportif	citadin
terrien	intellectuel	convivial	élistite
cordial	sévère	déterminé	incertain
provoquant	respectable	entreprenant	méfiant
insouciant	mature	débordé	disponible
responsable	obéissant	créateur	conservateur
passionné	contrôlé	gai	triste
libéral	rigoriste	affirmé	effacé
spontané	retenu	dynamique	attentiste
extraverti	secret	épanoui	anguleux
séduisant	austère	fantaisiste	sérieux
bluffeur	crédible	engagé	démobilisé
courtois	cassant	compétent	baratineur
partenaire	protecteur	courtois	cassant
convainquant	passif	humoriste	pragmatique

Je note ici les mots entourés et je compare avec la Grille Sémantique précédente :

....

....

....

....

....

....

Questionnaire :
Évaluez vos Vecteurs d'Image (p. 48)

Trouvez le quadrant dans lequel vos performances sont les moins bonnes, puis choisissez le commentaire qui vous décrit le mieux et lisez notre réponse.

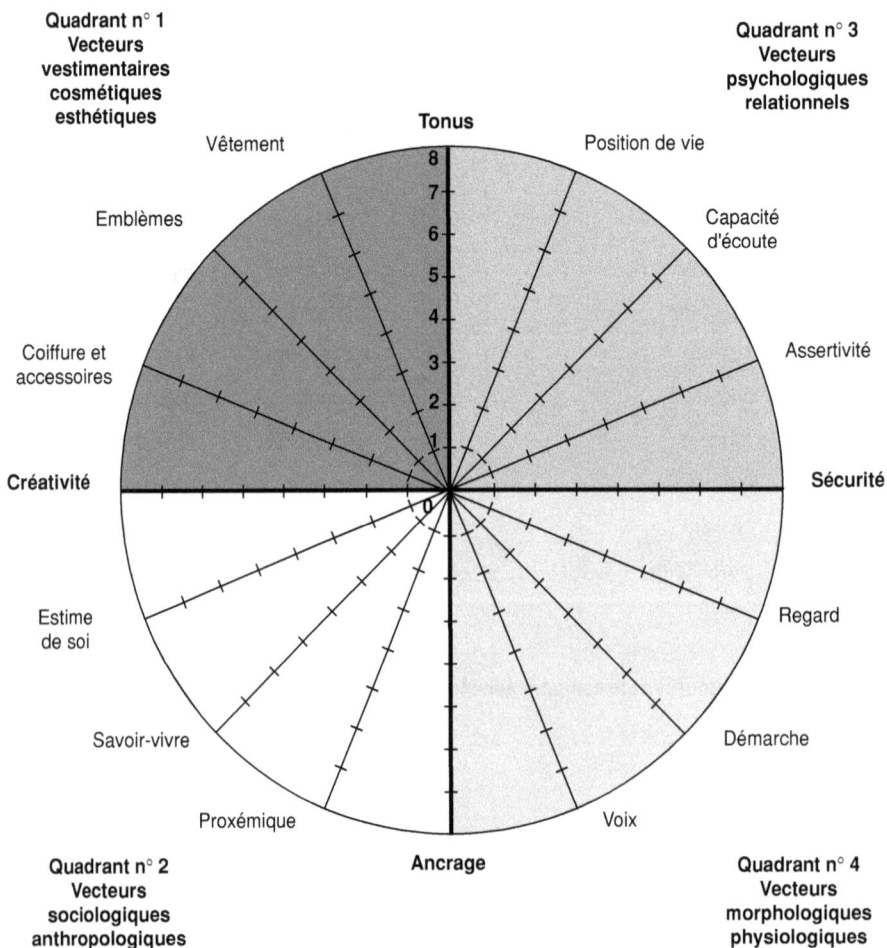

Quadrant n° 1
Vecteurs
vestimentaires
cosmétiques
esthétiques

Quadrant n° 3
Vecteurs
psychologiques
relationnels

Tonus

Vêtement

Position de vie

Emblèmes

Capacité
d'écoute

Coiffure et
accessoires

Assertivité

Créativité

Sécurité

Estime
de soi

Regard

Savoir-vivre

Démarche

Proxémique

Voix

Ancrage

Quadrant n° 2
Vecteurs
sociologiques
anthropologiques

Quadrant n° 4
Vecteurs
morphologiques
physiologiques

8
7
6
5
4
3
2
1
0

Quadrant n° 1 - Vecteurs vestimentaires, cosmétiques et esthétiques

A – Votre commentaire : « Je suis moche et nul (le) ! »

Notre réponse : n'êtes-vous pas enclin(e) à l'auto-dépréciation ? Rendez-vous au chapitre 10 pour tout savoir sur le « syndrome de Vénus ». C'est avec ses défauts que l'on fait des qualités de style. Portez vos défauts comme un drapeau, et montrez-les… chouchoutez-les… ou oubliez-les !

B – Votre commentaire : « Tout cela m'ennuie ! »

Notre réponse : c'est tout à fait votre droit. Apprenez le b.a.-ba de l'alphabet vestimentaire au chapitre 5 ou 9 et tenez-vous en au strict minimum. Comme aux règles de politesse dans lesquelles vous excellez. Le chapitre 6, « Décaler, c'est créer », n'est pas pour vous.

Quadrant n° 2 - Vecteurs sociologiques et anthropologiques

A – Votre commentaire : « Je me fiche des bonnes manières, je préfère être authentique ! »

Notre réponse : attention aux mythes du naturel et de l'authentique ! Votre carrière risque d'en pâtir car vous brûlez les étapes et votre interlocuteur ne comprend pas ce que vous voulez. Marquez clairement feux rouges et feux verts de la communication à travers les codes. Cherchez la bonne distance.

B – Votre commentaire : « Je viens d'un milieu modeste, on ne m'a jamais appris tout cela ! »

Notre réponse : chaque milieu a son excellence. Dans le savoir-vivre de l'entreprise, vous retrouverez sans doute beaucoup du savoir-vivre familial. Pour le reste, traitez l'autre comme vous voudriez qu'il vous traite.

Quadrant n° 3 - Vecteurs psychologiques et relationnels

A – Votre commentaire : « Personne ne me comprend, j'ai des rapports difficiles ! »

Notre réponse : vous manquez de sécurité intérieure et l'estime de vous-même vous fait défaut. Les compensations que vous apportez à cet état de fait (dispersion, manque d'écoute, défi, etc.) n'arrangent pas les choses. Vous auriez beaucoup à gagner à accepter de dire parfois « non ». Calmement. Les couleurs sont vos amies.

B – Votre commentaire : « Impossible en général d'obtenir ce que je souhaite ! »

Notre réponse : votre assertivité vous joue des tours, et vous vous laissez facilement manipuler. Lisez le tome 3 de *L'Image de Soi* sur la gestion relationnelle et apprenez à recadrer les dérives en disant « je ».

Quadrant n° 4 - Vecteurs morphologiques et physiologiques

A – Votre commentaire : « Je suis timide parce que je suis trop petit (ou trop grand ou trop… différent) ! »

Notre réponse : rendez-vous en page 245 au tableau « Dites NON au syndrome de Vénus ». Vous verrez comment accentuer ou minimiser certaines caractéristiques qui vous gênent. Privilégiez toutes les évocations ayant trait à la solidité : bonnes chaussures, épaules un peu larges, couleurs foncées, textures raffinées, etc.

B – Votre commentaire : « On ne peut rien y faire ! Ma voix (mon regard) est comme moi, elle (il) est : atone. »

Notre réponse : de l'air ! De l'air ! Vous vous asphyxiez ! Ouvrez les yeux sur le vaste monde et adoptez ma phrase fétiche : « Comme c'est intéressant ! » Puis filez au chapitre 10 apprendre à gérer vos émotions.

Questionnaire : Les héroïnes compatibles avec l'entreprise (p. 80-81)

✔ Les héroïnes compatibles avec l'entreprise sont :
  - Pénélope (dans le service public, conservateur d'un musée, aux ressources humaines).
  - Diane chasseresse (à la tête d'une PME, vendeuse de voitures).
  - Blanche-Neige (hôtesse d'accueil, relations publiques).
  - Les Amazones (dans l'édition, à la présidence d'un groupe de produits de beauté ou de mode, avocate).

✔ Les héroïnes incompatibles avec l'entreprise sont :
  Lilith (sa puissance démoniaque, sa créativité et ses capacités de transgression s'épanouiront mieux dans les carrières artistiques).

Questionnaire : Les héros compatibles avec l'entreprise (p. 81-82)

✔ Les héros compatibles avec l'entreprise sont :
  - Pygmalion, Socrate (à la tête d'un groupe d'édition, d'un grand journal ou d'un groupe de communication).

- Rambo ou Tarzan (dans le BTP, directeur d'usine).
- Superman (dans l'humanitaire, à la tête d'une entreprise informatique).
- Zeus, Jason, Marco Polo (dans la publicité, voyagiste, dans le secteur du luxe).

✔ Les héros incompatibles avec l'entreprise sont :

Peter Pan, Narcisse (leur immaturité rêveuse les prédispose à la poésie. À moins qu'ils ne s'épanouissent dans le secteur du jouet).

Le quiz des dirigeants (p. 168-169)

Réponses

1 A h O BON. Un grand classique formel pour les seniors et les dirigeants. Un peu trop coincé pour les jeunes.

2 B h O BON. Un « zéro défaut » excellent pour être face au client japonais ou pour votre entretien de recrutement. Un peu trop sage pour certaines professions.

3 C h P BON. Ce prince de galles discret s'accommode d'une chemise de même ton à fines rayures. La cravate unie lie le tout.

4 C m S BON. Correct et relax à la fois, jusqu'aux chaussures.

5 F 1 O MAUVAIS. Trop d'imprimés disparates. Préférez le suivant : 5 G l 4, excellent *friday wear*.

5 A i 4 MAUVAIS. L'incohérence totale. Recommencez le livre au début !

2 D i Q BON. Relax et correct à la fois, c'est un ensemble *casual* pour un jeune dirigeant. L'imprimé « fermière » bleu plus ou moins soutenu donne un joli teint et la cravate à (petits) pois est un décalage heureux.

6 G T BON. Pourquoi pas ce *friday wear* l'été avec un polo de coton à manches longues ?

6 E k P BON. Hormis les chaussures, trop lourdes et trop chaudes. Préférez R ou S.

4 F n P MAUVAIS. Rien ne va plus ! La chemise est trop sport et la cravate en tricot est réservée aux vestes de *tweed*.

5 E n 4 BON. La cravate en tricot calme le jeu de la chemise à carreaux. Un bon *casual* pour l'hiver, pour les jeunes ou pour les professions (durs chantiers) du BTP.

3 C I Q BON. Bien que très « décalée », cette succession d'imprimés forts est agréable si vous restez dans les mêmes coloris. Pas plus de trois en tout.

6 F T BON. Pour les très jeunes, l'été.

2 D k R BON. L'idéal jeune et classique. La cravate de *twill* à l'imprimé léger donne de la gaieté à l'ensemble.

1 D 1 Q MAUVAIS. Les rayures verticales du complet ajoutent à la confusion de la chemise à carreaux. Il faudrait être un as pour réussir cette combinaison, cependant c'est possible. La cravate à imprimés large est vraiment une erreur ; portez-la plutôt sur un complet de flanelle grise.

2 B i Q BON. Voici une combinaison que vous ne devriez jamais rater.

Le questionnaire des dirigeants (p. 170)

Il fallait répondre :

FAUX, FAUX, FAUX, VRAI, FAUX, FAUX, FAUX, VRAI, VRAI, FAUX.

Le zéro défaut des dirigeants : Le jeu des sept erreurs (p. 171)

Les erreurs sont, de gauche à droite : 1) Col de chemise ouvert avec la cravate. 2) Cravate trop courte. 3) Pantalon sans pli. 4) Pantalon trop long qui « godille ». 5) T-shirt imprimé sous la veste. 6) Santiags avec un costume. 7) Jeans *destroy* effilochés.

Le quid des lunettes (p. 194)

Personnalité très exposée ?

Vous tempérerez l'impact général de votre allure et choisirez vos lunettes dans le groupe 2.

Personnalité sous-exposée ?

Vous accentuerez la visibilité de votre allure et choisirez vos lunettes dans le groupe 1 ou 3.

Le quid des jupes (p. 214)

Vous êtes plutôt...

Petite et mince ?

A2, A3, B3, C2, C3, C4, D2, D3, E2, E3, F2, F3.

Petite et « enrobée » ?

A2, A3, C2, C3, E2, E3, F2, F3.

Grande et mince ?

A2, A3, A4, A5, B3, B4, B5, C3, C4, C5, D3, D4, E3, E4, E5, E6, F3, F4, F5.

Grande et « enrobée » ?

A2, A3, C4, C5, C6, D3, D4, E4, E5, F3, F4.

Carrément ronde ?

A2, A3, D3, D4, E2, E3, E4, F3, F4.

Carrément filiforme ?

B3, B4, B5, C3, C4, C5, D3, D4, E3, E4, E5, F3, F4, F5.

C'est votre entretien de recrutement ?

A2, A3, A4, B3, B4, C3, C4, C5, F3, F4.

Vous dirigez une entreprise ?

A2, A3, A4, B3, B4, C3, C4, C5, F3, F4.

Commentaires au questionnaire « Renoncez aux idées toutes faites » (p. 225)

1) Oui… *si elles raccourcissent leurs jupes.*

2) Oui… *c'est même très « tendance ».*

3) Oui…

4) Oui… *Les mocassins et les Derbys à talons sont de retour et les remplacent avantageusement.*

5) Non… *Elles accentuent au contraire le balancement de la partie charnue de votre personne.*

6) Non… *Ils sont même très jolis en été. En hiver aussi, avec une veste* gold.

7) Non… *Ni un jean quelle horreur !*

8) Non… *Ils se portent sans bas et les ongles de pied sont alors soigneusement vernis.*

9) Non… *C'est inconfortable, aussi.*

Bibliographie

Pour ceux qui voudraient creuser le concept de l'Image de Soi, voici quelques ouvrages utiles :

AMADIEU, Jean-François, *Le poids des apparences*, Paris, Odile Jacob, 2002.

BARTHES, Roland, *Histoire et sociologie du vêtement*, Paris, Annales XII, 1957.

BAUDRILLARD, Jean, *L'échange symbolique et la mort*, Paris, Gallimard, 1976 ; *De la séduction*, Paris, Gallimard, 1988 ; *La société de consommation*, Paris, Gallimard, 1996.

BELL, Quentin, *Mode et Société, essai sur la sociologie du vêtement*, Paris, PUF, 1992.

BOUDON, Raymond, *Le sens des valeurs*, Paris, PUF, 1999.

BOURDIEU, Pierre, *La Distinction, critique sociale du jugement*, Paris, Éditions de Minuit, 1979.

BRAUD, Philippe, *L'Émotion en politique : problèmes d'analyse*, Paris, Presses de Sciences Po, 1996.

BRUCHON-SCHWEITZER, Marilou et MAISONNEUVE, Jean, *Modèles du corps et psychologie esthétique*, Paris, PUF, 1981.

CAMUS, Renaud, *Éloge du paraître*, Paris, POL, 2000.

COTTERET, Jean-Marie, *Gouverner c'est paraître*, Paris, PUF, 2002.

COURTINE, J.-J. et HAROCHE, C., *Histoire du visage*, Paris, Éditions Rivage Histoire, 1988.

DELBOURD-DELPHIS, Marylène, *Le chic et le look*, Paris, Éditions Hachette, 1981.

DESCAMPS, Marc-Alain, *Psychologie de la mode*, Paris, PUF, 1984.

KAUFMANN, Jean-Claude, *Corps de femmes, regards d'hommes : sociologie des seins nus*, Paris, Nathan, 1995.

LAURENT, Jacques, *Le nu vêtu et dévêtu*, Paris, Éditions Gallimard, 1982.

LELORD, François et ANDRÉ, Christophe, *L'Estime de Soi : s'aimer pour mieux vivre avec les autres*, Paris, Éditions Odile Jacob, 2001.

LÉVINAS, Emmanuel, *Difficile liberté*, Paris, Albin Michel, 1995.

LIPOVETSKY, Gilles, *L'Empire de l'éphémère – La mode et son destin dans les sociétés modernes*, Paris, Édition Gallimard, 1991.

MANIN, Bernard, *Principes du gouvernement représentatif*, Paris, Flammarion, 1996.

MAUSS, Marcel, *Sociologie et anthropologie*, Paris, PUF, 1950.

MERMET, Gérard, *Francoscopie*, Paris, Larousse, 1999.

MOLES, Abraham, *Psychologie du kitsch*, Paris, Éditions Denoël, 1977.

OBALK, Hector, *Les mouvements de mode expliqués aux parents*, Paris, Éditions Robert Laffont, 1984.

PERROT, Philippe, *Le travail des apparences*, Paris, Le Seuil, 1991.

ROSELLE, Bruno (de), *La mode*, Paris, Imprimerie nationale, 1981.

© Eyrolles

SARTRE, Jean-Paul, *L'Être et le néant*, Paris, Gallimard, 1943.

SÉGUÉLA, Jacques, *Vote au-dessus d'un nid de cocos*, Paris, Flammarion, 1992.

SIMMEL, Georg, *La Tragédie de la Culture*, Paris, Le Seuil, 1993 ; *La parure et autres essais*, Paris, MSH, 1998.

SINGLY, François (de) et THÉLOT, Claude, *Gens du privé, gens du public : la grande différence*, Paris, Éditions Dunod, 1989.

SINGLY, François (de), *Fortune et infortune de la femme mariée*, Paris, PUF, 2002.

STAROBINSKI, Jean, *La relation critique*, Paris, Gallimard, 2001.

TOUSSAINT-SAMAT, Maguelonne, *Histoire technique et morale du vêtement*, Paris, Éditions Bordas Cultures, 1990.

VINCENT-RICARD, Françoise, *Raison et passion : La mode 1940-1990*, Paris, Textile-Art-Langage, 1984 ; *L'honneur, (...) un idéal équivoque*, Série « Morales » n° 3, Paris, Éditions Autrement, 1991 ; *Séduction : la stratégie des apparences* et *L'ironie de la communauté*, n° 17 et 18 de *Traverses*, revue trimestrielle du CCI.

YONNET, Paul, *Vers une anthropologie du vêtement*, Paris, Actes du colloque national, CNRS, 1981 ; *Jeux, modes et masses*, Paris, Gallimard, 1985.